U0068434

故紙風雪

文化名人的背影

張昌華　著

自序　文化名人的背影

白雲蒼狗。

轉瞬之間，一個甲子的時光，從我的指縫中悄悄地溜走了。甲申歲末，歸隱田園。回眸此生，前半輩子當教書匠，為人做蠟；後半輩子做編輯匠，為人作嫁。但絕不後悔，尤其是後半生的編輯生涯，使我有幸結識了中國現當代一批文學前賢：大陸的冰心、巴金、蕭乾、季羨林；臺灣的蘇雪林、林海音、余光中；海外的顧毓琇、夏志清、聶華苓等等。聆聽前輩們的教誨，如沐春風，他們的道德、情操和學問，如春雨潤物，教我做人，示我作文，令我沒齒不忘。

歲月不居。

不知始於何時，每年秋風乍起，文壇書林的枝頭便有落葉凋零，不勝感慨──每每總想把與前賢們的過從記錄下來，奈何忙於紉工，無暇自顧。自告離編席，時間裕富，勞作起來，最初寫點紀念文字，旨在自怡留痕，多侷於曾受教澤的文學前賢。在查閱相關背景資料時，發現他們縱橫的人際關係盤根錯節，有許多鮮知的令我感興趣的人和事，且五彩奪目，萌生把他們寫成一個系列的想法，遂將寫作對象的範圍擴延到民初，試圖

勾勒民國文化人的群像和風采，斷斷續續寫了四十篇，形成刻下的規模，輯成《曾經風雅》和《故紙風雪》。這兩本書同根同心，似一棵樹上的兩片葉子，地道的姊妹篇，分開來看，各自成章；比照著讀，相映成趣。

這兩部書稿寫了四十六位名人（含六對伉儷），以文壇為主，少量的兼及政治、教育、科技和藝術領域。名流雅集，百彩紛呈。除周有光、季羨林等八位先賢仍在「風雅」外，餘皆作古矣。儘管「風流總被風吹雨打去」，往事的「朱顏」已褪，然當年的「雕欄玉砌應猶在」！他們猶如一片片碎了的青瓷，沉睡在歷史的枯井中。瓷已碎，詩仍在。我著意鉤沉並重新拼接，嘗試著還原他們在歷史底稿上的本色；即若不達，權作歷史的注腳存檔，似可資研究者參考。

書稿以齒德為序。

有提倡男人拖辮子、納妾，女人纏足的「怪傑」辜鴻銘；敢向洋人叫板、創造「弱國也有外交」神話的顧維鈞；疾聲「蔣介石一介武夫，其奈我何」的狂人劉文典；殘目臏足、傲骨慈眉的大學者陳寅恪；北大的「終身校長」蔣夢麟；「五四」宣言擬草人羅家倫；向宋子文、孔祥熙開炮的傅斯年；人見人愛、見人愛人的風流才子徐志摩；以及世界「核子物理女皇」吳健雄……且看他們哪一位不風采卓然？哪一位沒有曾經風雅的歷史或故紙風雪的滄桑？

「風雅」集內的人物，都是生於斯、長於斯的大陸人士。「風雪」集內的則是「民國人物」，含1949年前作古者、流徙赴台者以及萍飄海外者。總歸一句話，他們都是中國現當代思想史、科學史、文化史、文學史上不可或缺者，當今年輕一代不可忘卻的前輩！

　　必須說明的是，這兩部書所列人物有相當一部分與筆者有或深或淺的交往，因此行文中介紹、描摹他們時，糅雜著我對他們的直觀印象，摻和著傳主本人或至親摯友提供的軼趣，諸如梁漱溟、邵洵美、王映霞、錢鍾書等，頗有點「獨家新聞」的特色，兼有點亦史亦文亦故事、宜讀宜賞宜收藏的味道。

　　這兩部書的出版，得益於天時地利人和。在寫作過程中得到部分傳主本人或親屬的大力支持，包括已經仙逝的袁家騮先生。所採用的圖片，除署名者外，部分為傳主家屬、親友提供，諸如劉文典、梁漱溟、凌叔華、邵洵美、顧毓琇、夏志清等，一併在書末鳴謝；部分則從歷年各種版本書稿、雜誌中擷取，後者的版權理應得到尊重應予署名，奈何我無法與它們的版權繼承人取得聯繫，特將原圖片的出處附在書末，以表對圖片版權的擁有者、原著作者，以及原出版者的感謝。

　　蒙蔡登山先生的厚愛以及邵建教授的惠助，本書得以在臺灣秀威出版社出版，筆者當銘諸五內。

張昌華　2008年6月1日　於南京

辜鴻銘的東西南北

辜鴻銘，尊者稱其為「怪傑」，鄙者謂之曰「怪物」；且看他周遭的名士們對他的印象。

北大頂古怪的人物，恐怕眾口一詞的要推辜鴻銘了吧。（周作人，〈北大感舊錄〉）

在清末民初一位以外國文字名滿海內外，而又以怪誕見稱的，那便是辜鴻銘先生了。（羅家倫，〈回憶辜鴻銘先生〉）

鴻銘亦可謂出類拔萃，人中錚錚之怪傑。（林語堂，〈辜鴻銘集譯《論語譯英文》〉）

以茶壺譬丈夫，以茶杯譬妻子，故贊成多妻制，誠怪論也。（梁實秋，〈辜鴻銘先生軼事〉）

1

辜鴻銘

這個怪人，誰能跟他比呢！

（凌叔華轉述洋名人的話，〈我所
知道的檳城〉）

「怪物」之謂，是1911年10月25日辜鴻銘致《字林西報》的保皇信發表後，中文報紙譯載時，在標題中贈予的嘉名。

在西方人眼裏，辜鴻銘與印度的泰戈爾不分仲伯，被視為東方的代言人、聖哲，更有甚者說：「到中國可以不看紫禁城，不可以不看辜鴻銘」。而在國人的眼中，歷史留給他的境遇是何等尷尬。他那根辮子是「頑固」、「保守」和「怪誕」的憑證或象徵，他本人亦成為任人譏嘲的小丑。他自詡「是老大中華末了的一個代表」。他曾幽默地對凌叔華說他「生在南洋，學在西洋，婚在東洋，仕在北洋」。鄙人要說他「教在北大，揚我中華」。

（一）生在南洋　學在西洋

　　辜鴻銘，（1856-1928），名湯生（Tomson），又名立誠，自稱慵人，別署漢濱讀易者、冬烘先生。福建同安人。生於南洋馬來半島的檳榔嶼。曾祖辜禮歡是富甲一方的種植家，於英人佔領該島時，以華人身份被委任地方政府首腦。祖父辜龍池任職於本島英政府機關。父親辜紫雲不喜從政，在英國人布朗的橡膠園擔任總管；母親是葡萄牙人。其父辜紫雲的中國傳統文化意識極強，家裏常年供奉祖宗牌位，逢年節必定祭祀，給兒子起名字也是按族譜排序。辜鴻銘後來説：

> 我之姓「辜」，考其姓氏由來，祖先最早必定是些罪犯（「辜」，在漢語裏有「罪」的意思）。但這並不足引以為羞，如果你數典忘祖，那才真正可恥！

　　父親辜紫雲為人精明能幹，善於管理，又特別忠於主人，深得布朗夫婦賞識。恰布朗夫婦膝下無子，便將辜紫雲的次子辜鴻銘收為義子。辜鴻銘混血兒的特徵明顯：黑眼睛泛藍光，黑頭髮微發黃，白皮膚、高鼻樑。他天賦異稟，聰明過人，自幼受東西文化的薰陶和影響。辜鴻銘挾天時地利人和的祥風，如虎添翼，終成大器。

　　歲月如流。義父布朗年事已高，因思鄉心切，決定帶辜鴻銘回蘇格蘭。

　　臨行前，父親辜紫雲在祖宗的牌位前擺上供品，令辜鴻銘焚香跪拜，並語重心長地告誡他：「不論你走到哪裏，不論你身邊是英國

人、德國人，還是法國人，都不要忘記，你是中國人！」還摸著他腦後的小辮子說：「第一不可信耶穌教，第二不可剪辮子。」父親的話，讓中國根深深地植入辜鴻銘的心中。

1867年，十一歲的辜鴻銘隨布朗回英國，他們的老家在蘇格蘭的故都愛丁堡。

愛丁堡，人稱是「歐洲最美的城市」、「北方的雅典」。她的美除自然風光外，更因她是座文化底蘊深厚、名人輩出的城市。

英倫歲月，少年辜鴻銘頭上拖著小辮子，一次他上男廁所，硬是被管理員拽出，塞進女廁。這倒也罷，令他更不能容忍的是被洋人嘲弄。街上的孩子總是衝著他喊：「看哪，支那人的豬尾巴！」因有父訓在先，他不得不忍受屈辱。這壓抑、憤懣，無形地埋植了他對西方人的尖刻心理和對中華帝國崇拜的種子。

有趣的是，一次他偶爾結識了一位英國姑娘，那姑娘可愛、淘氣，竟玩賞他的小辮子，並說希望他能送給她。辜鴻銘好勝，一時興起，把父訓丟在腦後，操起剪刀，喀嚓剪下，真的送給了那位姑娘。

布朗對辜鴻銘寄予厚望，精心地為他設計人生藍圖。為了讓辜鴻銘學好語言，他認為最好的捷徑是背誦世界名著，首先從彌爾頓的《失樂園》開始。這部六千五百行的無韻詩，辜鴻銘很快就攻下，然後，布朗再給他講解詩意。繼之再背莎士比亞、歌德和卡萊爾的著作。同時，布朗請來家庭教師教他數學、物理和化學等自然學科。

經一番寒霜苦，辜鴻銘終於以優異成績考取了愛丁堡大學文學院。

愛丁堡大學是英國著名學府，哲學家休謨、小說家司各特、歷史學家卡萊爾、生物學家達爾文都畢業於此。

辜鴻銘求知欲極強，義父布朗望子成龍，多次帶他拜見老朋友、校長卡萊爾先生。

『現金的王國』，是人民貧困的根源。」、「如今的西方是『混亂加上一條槍』。」卡萊爾先生這些抨擊西方社會的警句格言，辜鴻銘銘諸心版。他盡情地咀嚼大師們的智慧之果，滋補自己。尤其是卡萊爾身上的強烈批判精神、尖苛的詞鋒注入了他的靈魂，影響了他的一生。

盛世難逢，名師難遇。辜鴻銘親聆卡萊爾的教誨，並受賞識。從此，他更潛心於學業，攻克了希臘文、拉丁文。他智慧的火花隨之在生活的撞擊中迸發出來。有一次過節，他在宿舍裏擺上香燭祭祖，並念念有詞。房東英國太太見之，指著桌上的供品揶揄他：「你的祖先什麼時候會來享用這些酒菜？」辜鴻銘回敬道：「在你們的主聽到你們的禱告聲，你們的先人聞到你們孝敬的鮮花香的時候吧！」

他另一次小試牛刀，是在公共汽車上拿倒了報紙。身邊的英國人結夥放肆地嘲笑他：「喂，看這個鄉巴佬，根本不懂英文，把報紙倒著拿，還裝得挺像。」辜鴻銘等他們嘲弄夠了，用流利的英語淡淡地說：「英文這玩意兒太簡單了，不倒過來，實在沒意思。」窘得一夥人瞠目結舌。少年辜鴻銘便學會用智慧和知識來還擊那些高傲的西洋人，維護中國人的尊嚴。

1877年，年方二十一的辜鴻銘獲得了愛丁堡大學文學碩士的學位。對他擁有一手純正的維多利亞時代英文，孫中山先生曾說：「我國懂英文的，只有三個半，其一是辜鴻銘。」林語堂後來也譽辜氏「英文文字超越出眾，二百年來，未見其右」。

畢業前夕，父親辜紫雲在檳榔嶼去世，為了不影響兒子的學業，家人致信布朗保密。布朗對辜鴻銘的呵護是精心的，愛丁堡大學畢業後，又送他到德國萊比錫大學學習土木工程。僅一年時間，辜鴻銘便獲土木工程師文憑。課餘，他精研德國文學、哲學經典。三十年後，蔡元培到萊比錫大學求學時，辜鴻銘在德的聲名已如日中天；四十年後，林語堂到萊比錫求學時，辜的著作已列為哥廷根大學等哲學系學生必讀的書了。其名之盛，無中國人比肩。

萊比錫大學畢業後，辜鴻銘又至巴黎大學留學。令他吃驚的是，義父刻意將他安排與巴黎一位名妓作鄰居。目的是讓他不僅學法語，更重要的是讓他借此之便瞭解更多的人情世故。辜鴻銘在染缸中領略了出入名妓府的政客、軍人、富商們的伎倆，練就了「金臉罩、鐵嘴皮」的硬功夫。他與八國聯軍統帥瓦德西就是在此相識的。

此時，辜鴻銘獲文、哲、理、神等十三個博士學位，會說九種語言。他在德國人舉辦紀念俾斯麥百年誕辰會上所作的即席演講，搏得一片喝彩。他還會用拉丁文作詩。民初上海愚園路廊壁上鑲嵌的拉丁文詩，係辜氏手筆。

辜鴻銘的語言天才大大地提高了他的身價，增強了他的自信與自負。

（二）婚在東洋　仕在北洋

婚在東洋，是辜氏指他有一位日籍的妾，大阪姑娘吉田貞子。

還是先從他的元配說起。辜鴻銘的元配夫人叫淑姑，是他理想中的妻子：小足、柳腰、細眉，溫柔、賢淑。

辜鴻銘雅好小腳，他有一套奇談怪論：三寸金蓮走起路來婀娜多姿，會產生柳腰款擺的媚態，那小足會撩起男人的遐想。他認為女人的奇絕之處全在小腳。他還有一套品味小腳的七字訣：瘦、小、尖、彎、委、軟、正。

辜鴻銘作文時總把淑姑喚到身邊，讓她脫去鞋襪，把小足伸到他的面前讓他賞玩，甚而用鼻去聞腳上的臭味（肉香），他覺得這是「興奮劑」，一邊玩賞一邊寫作。有時文思枯澀，他便把淑姑小足盈盈握在手中，頓覺思如泉湧，下筆千言。

辜鴻銘十分欣賞淑姑的「三寸金蓮」，還吟詩誦之：

春雲重裹避金燈，自縛如蠶感不勝。
只為瓊鉤郎喜瘦，幾番縴約小於菱。

他的這一癖好，竟引出一段荒誕的笑話。在北大執教時，他去一位學生家看藏書，見到開門的丫頭小腳，頓生興趣。本來他是來看學生所藏的宋版書的，此時心意全亂，匆匆流覽，觸景生情給學生寫了一副古人集句：

古董先生誰似我？
落花時節又逢君！

這位學生悟出先生是想得到這個丫頭，自然投其所好，送之。那丫頭行前把小腳洗了又洗。到了辜府，辜鴻銘捉起丫頭的小腳，嗅不到一絲肉香（臭味），趣味索然，差人把丫頭送了回去，並附一信，只書四字「完璧歸趙」……

沒過幾年，辜鴻銘完成納妾的心願，娶了吉田貞子。貞子漂亮、溫柔，只是大腳。他把貞子比作「鎮靜劑」，只要她陪他睡覺。

辜鴻銘日後聲言：

> 我的一生有如此之建樹，原因只有一條，就是我有興奮劑和安眠藥（鎮靜劑）日夜陪伴著我。

辜鴻銘有一次不小心惹惱了這位東洋太太，貞子將門緊閉不理他。辜鴻銘討饒、告罪也無濟於事。三日三夜辜鴻銘寢食難安。他找來一根魚竿，爬上凳子，推開窗戶見到貞子躺在床上，遂煞有其事地釣起桌上魚缸裏的金魚。那魚是貞子從日本娘家帶來的良種珍品。貞子終於忍不住說：「別搗亂了！」辜鴻銘收起魚竿，哈哈大笑著說：「我只不過是要把你的話釣出來罷了！」

1904年愛妾貞子病逝，葬於上海外國人公墓。辜鴻銘親題墓碑：「日本之孝女」。並以詩記其殤：

> 此恨人人有，百年能有幾？
> 痛哉長江水，同渡不同歸。

然而，辜鴻銘畢竟是個花花世界裏的花花公子，拈花惹草時時有，眠花宿柳處處生。

辜鴻銘擁有嬌妻美妾，總現身說法，向友人宣傳一夫多妻的好處。每說到納妾，他興致特高，妙語連珠。一日，他與兩位美國小姐談妾時說：

> 妾字為立女，妾者靠手也（elbow-rest），所以供男人倦時作手靠也。

美國小姐反駁：

> 豈有此理，如此說，女子倦時，又何嘗不可將男人做手靠？男子既可多妾多手靠，女子何以不可多夫乎？

他們以為這下可把辜鴻銘駁倒，不料辜答：

> 否，否。汝曾見一個茶壺四隻茶杯，但世上豈有一個茶杯配四個茶壺者乎？

又有一次，幾位德國貴婦人慕名拜見辜鴻銘，向他宣揚女子也可多夫的道理。辜鴻銘連頭都不回，問道：「府上代步是馬車還是汽車？」這幾位存心刁難他的女人有人回答馬車，有人回答汽車。辜鴻

銘當即應道：「不論你是馬車還是汽車，總有四隻輪胎，請問府上備有幾副打氣筒？」眾人愕然。

後來，陸小曼與徐志摩結婚時，陸對徐立規矩：

> 你不能拿辜先生的茶壺的比喻作藉口，你不是我的茶壺，而是我的牙刷。茶壺可以公用，牙刷不能合用。我今後只用你這把牙刷刷牙，你也不准向別的茶杯裏注水。

這兩則趣聞，都成為世人笑談。

辜鴻銘曾三次投書英文報紙《北京每日新聞》，大肆鼓吹納妾。弄得美國主編十分尷尬，勸他別再寫了。他還大罵「美國男人不敢娶小老婆，沒出息」。同時大罵洋人表面裝正經，一夫一妻，背地裏偷偷摸摸到處尋歡，找情婦、逛妓院，到頭來還唱一夫一妻的高調。

1878年辜鴻銘衣錦還鄉，回到闊別十四年的檳榔嶼，他被政府派駐新加坡。在新加坡偶遇遊學的馬建忠，兩人一見如故，促膝長談三日，馬氏勸他回國立業，辜鴻銘頓悟精深博大的中國文化才是自己的歸宿。辜氏的人生軌跡由此徹底改變了。

1885年，辜鴻銘在張之洞麾下做幕僚，連袂出演了長達二十年的「拯救垂死大清帝國」的悲劇。

辜鴻銘上任伊始，便訂了三十多份外文報紙、五百餘種中外雜誌，資此洞察國際政局、商貿行情，襄助張之洞決策。當時，辜氏兼任對外貿易稅收督察事務。一天，他看到一宗外國來的公文，稱中國貨為「土貨」（native goods），十分惱火，提筆揮毫將「native goods」改成「chinese goods」。他認為「native」一字含有「生番、野蠻不化」的意思，我泱泱大中華文明古國，豈能忍此侮辱，應稱「中國貨」（chinese goods）。同仁中有人對此激賞，也有人不以為然，說「native」一字慣用已久。辜鴻銘斥之：「積非成是，奴隸思想！」，還聲稱：「即令撫臺把它改稱『native』，我也照樣把它翻成『chinese』」。

辜鴻銘自知中華文化底子薄，請幕中翰林、進士教他，孜孜以求進入中國文化的門徑。

1902年慈禧太后六十八歲生日，大小官員祝壽。兩湖總督府也大宴賓客，為助興，席間還伴奏西樂，播唱為慈禧歌功頌德的〈愛國歌〉。辜鴻銘見場面如此奢華，聯想到衙門外是餓殍載道，不勝感慨地對鄰座梁鼎芬說：「現在滿街都唱〈愛國歌〉，卻沒有人唱〈愛民歌〉！」梁戲答：「你何不編一首唱唱？」辜鴻銘沉吟片刻，搖頭晃腦一字一句念了出來：

> 天子萬年，百姓花錢；
> 萬壽無疆，百姓遭殃。

語驚四座，譁然一片。

中法戰爭後，張之洞籌建槍炮廠（後漢陽兵工廠），想把它建成德國的克虜伯，不惜代價，聘英國兵工專家伍爾茲為顧問。辜鴻銘負責接洽，他與伍爾茲一番對話後，毅然將伍爾茲辭了，張之洞大怒。辜鴻銘說那人是騙子，想發橫財來的。辜說伍爾茲是愛丁堡大學商業專

科畢業，根本不會造槍炮。接著他向張之洞推薦自己留德的同學、德國克虜伯兵工廠的監督威廉・福克斯，說要請就請真正的專家。福克斯到任，在宴會上酒喝多了，不經意中洩露了德國克虜伯的秘密。不久，竟被英國《泰晤士報》登了出來。當福克斯告訴辜鴻銘他擔心家屬的安全時，辜鴻銘叫他寬心，說他見到報紙後，稟報了張之洞，已叫人為其家屬辦理來華手續，並已備好別墅供他們全家使用。福克斯深感其情，悉心工作。

1901年，辜氏出版《尊王篇——一個中國人對義和團運動和歐洲文明的看法》，宣傳中華禮教治國的道理。《清史稿》評為：

> 唐生以英文草《尊王篇》，申大義，列強知中華以禮教立國，終不可侮，和議乃就。

辜鴻銘喜歡罵人，凡他看不順眼者一個都不寬恕。他當面幽默盛宣懷「賤貨貴德」，譏諷「各督撫之為吹牛皮」，斥出洋考察的憲政五大臣為「出洋看洋畫」。即便對主人張之洞，也有微詞。而他最恨之入骨的是袁世凱。某次宴會上，袁世凱對駐京的德國公使說：「張中堂是講學問的，我是不講學問，專門辦事的。」後來這話傳到辜鴻銘耳邊，他當場譏諷道：

> 誠然，然要看所辦何等事，如老媽子倒馬桶，固用不著學問。除倒馬桶外，我不知天下有何等事是無學問人可以辦得好的。

辜氏不止譏嘲，還罵袁是「賤種」。袁嚐過辜嘴皮、筆頭的厲害，有點懼怕，想和緩關係，託人請辜做他的家庭教師，月薪五百大洋，並云勾銷此前一切恩怨。辜氏當時囊中雖然羞澀，但立即拒絕。袁世凱死時，北洋政府下令全國停止娛樂三日，以示哀悼，辜鴻銘卻特意在家中開堂會，連續三日懸燈結綵、鑼鼓喧天唱大戲。

辜鴻銘身歷兩次帝制復辟，都如兒戲一般。清王朝從歷史上消失，王公大臣們頭頂的官帽（擎雨蓋）也沒了。唯有張勳和辜鴻銘的辮子（傲霜枝）還拖著。不知出於何種心態，辜鴻銘在張勳六十六歲生日時，集了一副對聯贈之。聯曰：

荷盡已無擎雨蓋
菊殘猶有傲霜枝

（三）教在北大　揚我中華

辜鴻銘與北大結緣，緣於蔡元培。儘管他倆所行的「道」有所不同，在五四運動來臨前夕，保皇黨的辜卻堅持與蔡同進同退。他有一段幽默的自嘲：

蔡元培和我，是現在中國僅有的兩個好人，我不跟他同進退，中國的好人不就要陷入孤掌難鳴的絕境嗎？

有人問「好人」作何解釋。他很從容地說：

好人就是有原則！蔡先生點了翰林之後，不肯做官而跑去革命，到現在還革命。我呢？自從跟張之洞做了前清的官，到現在還保皇。這種人什麼地方有第三個？

1917年辜鴻銘到北大當教授，講授英文詩。羅家倫對他的形象的描繪當最具權威性：

> 我記得第一天他老先生拖了一條大辮子，是紅絲線夾在頭髮裏辮起來的，戴了一頂紅帽結黑緞子平頂的瓜皮帽，大搖大擺地上漢花園北大文學院的紅樓，頗是一景。

學生們對他的辮子當然覺得有趣，發笑。他説：

> 你們笑我，無非是因為我的辮子，我的辮子是有形的，可以剪掉，然而諸位同學腦袋裏的辮子，就不是那麼好剪的啦！

真正出語不凡。同學們戲言，誰要想一夜出名，很容易，就把辜先生的辮子剪掉，中外報紙準會刊登。

上課前，他給同學立三條規矩：

> 第一，我進來時，你們要站起來，上完課我先出去，你們才能出去。第二，我向你們問話或你們向我提問，你們都要站起來。第三，我指定背的書，你們都要背，背不出的不能坐下。

同學們懾於辜先生的大名，不敢提出異議。

他上課引經據典。今天說教學生們洋「大雅」，明天教洋「小雅」，後天要教洋「離騷」（彌爾頓的悼亡友詩）。背誦，同學們倒不怕，最怕翻譯。學生一聽要將「天地玄黃，宇宙洪荒」譯為英文，個個抓耳搔腮。他上課有時天馬行空、喜歡罵人。一次罵袁世凱，從上課鈴響罵到下課鈴響。

辜鴻銘長期受的是西方教育，在黑板上寫錯漢字的事時有發生。有次講《晏子春秋》時，他把「晏」寫成「宴」。經同學指出後，他很尷尬。一邊糾正一邊自語：

> 中國漢字真討厭，「晏」與「宴」不過把「日」字的部位換一下而已，字義就不同了。英語中就沒有這樣調皮搗蛋的。

有個好事的學生指出英語中也有。比如「god」（上帝）倒過來就成了「dog」（狗）了，將了他一軍。辜鴻銘一聳肩、一攤手，一笑了之。馮友蘭說：

> 他在堂上有時候也亂發議論，擁護君主制度。有一次他說，現在社會大亂，主要原因是沒有君主。他說，比如說法律吧，你要說「法律」（說的時候小聲），沒有人害怕；你要說「王法」（大聲，一拍桌子），大家就害怕了，少了那個「王」字就不行。

他講課輔以聲色，很受學生歡迎。

北大是藏龍臥虎之地，有不少洋教授，歷來備受尊重，辜鴻銘卻從不把他們放在眼裏。一天，新聘的一位英國教授到教員休息室，見頭戴瓜皮帽，身著穢跡斑斑的長袍，頭上還拖條小辮子的老頭倦臥在沙發裏，洋教授衝他不懷好意地一笑。辜鴻銘也不介意，用一口純正的英語問他尊姓大名，教哪一科的。洋教授見此人說這樣地道的英語，為之一震，答道是教文學的。辜鴻銘一聽，馬上用拉丁語與他交談，那洋教授語無倫次、結結巴巴，出了洋相。辜鴻銘問：「你是教西洋文學的，如何對拉丁文如此隔膜？」那洋教授無言以對，倉惶逃去。

對洋人，辜鴻銘歷來如此。當年在張府當幕僚時，一外國顧問起草文件時問辜鴻銘某一英文字的用法。辜不答，跑到書架上搬了本又大又重的字典，砰地丟在洋顧問的案頭：「你自己去查去！」

辜鴻銘的辮子，永遠是捏在他人手中的談資、笑柄。他曾自辯：

中國之存亡，在德不在辮，辮子除與不除，原無多大出入。

辜鴻銘與胡適是思想上的論敵。辜常揭胡外語功力不夠的老底：

以粗俗鄙陋的「留學生英語」叫嚷什麼「文學革命」，這個胡適簡直是瞎胡鬧！
連希臘文和德文都不懂，竟敢有臉在大學講壇上大侃西方哲學，這個胡適博士簡直把學生當猴耍！

　　胡適曾拍馬上陣，在《每周評論》上撰〈記辜鴻銘〉，柔中帶剛、綿裏藏針，剖析辜氏留辮子的原因：「當初是『立意以為高』，如今是『久假而不歸』了。」指出他並不是真的留戀前清，而是標新立異罷了。文章發表不日，酒會上兩人正好相逢。胡將那張報紙給辜看。辜閱後厲聲斥責：

> 胡先生，你公然誣謗我，你要在報紙上公開道歉。否則，我將到法院控告你！

胡適也不示弱：

> 辜先生，你是開玩笑吧。要是恐嚇我，請你先去告狀，我要等法院判決了，才向你正式道歉！

半年後，兩人再度相逢。胡戲問：

> 辜先生，你告我的狀子遞進去沒有啊？

辜正色答：

> 胡先生，我向來看得起你，所以才不願意控告你，可你那段文章實在寫得狗屁不如，誰願意跟你計較？

對辜鴻銘的這種清高、自大、傲慢和怪癖,蔡元培能容。陳獨秀看了曾大發牢騷:

> 辜鴻銘上課,帶一童僕,為他裝煙倒茶,他坐在靠椅上,辮子拖著,慢慢吞吞上課,一會吸煙,一會喝茶……蔡元培能容忍他擺架子,玩臭格,居然一點也不生氣!

更刺激的是,在北大一次教員會上,辜鴻銘公然揚言:「如果今天沒皇帝,倫理學這門功課可以不講了。」時為文科學長的陳獨秀差點氣暈了過去。

對於辜鴻銘的種種復辟論調,陳獨秀、胡適以及蔡元培都曾把他作為東西方文化論戰的靶子,在報刊上唇槍舌劍地交鋒過。

1923年蔡元培辭去北大校長職務,辜鴻銘也緊隨辭職,一時賦閒在家。不久,經人推薦到一家日人辦的英文報館當總編,月薪五百元。這倒真應了他的老話:「中國人不識古董,所以要賣給了外國人。」

1901年清廷曾以「遊學專門」的名譽賜他為「文科進士」。「惟王為尊」一生的辜鴻銘,於1924年初終於見到宣統溥儀一面。這是第一次,也是最後一次。之後,辜鴻銘赴臺灣遊歷講學,1927年秋返國。

1928年4月30日終老於北京。

論名士、說風流,辜鴻銘或許是中國近代史上首屈一指的。他是一位矛盾、複雜的人物。溫源寧說得中肯:「辜鴻銘之所以會成為中國近代最有趣的人物者」,即是他自身的矛盾。

辜鴻銘服膺、推崇我國的固有文化。他認為：

> 英國人博大而不精深，德國人精深而不博大。惟有中國，既博大而又精深。

關於愚忠清室，辜氏有一段夫子自道：

> 許多外人笑我癡心忠於清室，但我之忠於清室非僅忠於吾家世受皇恩之王室——乃忠於中國之政權即繫忠於中國之文明。

　　辜鴻銘是位反傳教鬥士。辜氏之愛國最顯著地表現在1891年引發的「長江教案」事件上。當時，侵略分子大造輿論，歪曲中國人民反洋教運動的真相，謾罵中國人野蠻，叫嚷要用「炮艦鎮壓」。這時，辜鴻銘拍案而起，用英文撰寫專論〈為祖國和人民爭辯〉，送到上海《字林西報》刊發，譴責西洋在華的一些傳教士假藉不平等條約的特權，在中國土地上為非作歹，對侵略者進行義正辭嚴的批駁，為國人反洋教行運動辯護。文章被英國《泰晤士報》摘要轉載並加以評論，引起英國人民對侵略者的不滿和對中國人民的同情。1901年，侵略者叫囂要中國拆除大沽炮臺時他挺身而出，一語驚人：

> 我在此貿然提醒世界注意，在中國存在一個更危險的炮臺——傳教士炮臺。

他以筆代炮，炮轟那些偽善的傳教活動和文化侵略。辜氏的名字因此受到西方的關注。

他反對亂用洋人。他不迷信西洋「改良」一切。他擺足架子接見毛姆，數落毛姆對中國文明的歧視：

> 你們憑什麼理由說你們比我們好呢？你們的藝術或文字比我們優美嗎？我們的思想不及你們的深奧嗎？……唉，當你們穴居野處茹毛飲血的時候，我們已經是進化的人類了。
>
> 那麼為什麼你們白種人輕視黃種人呢？因為白種人發明了機關槍！

並預言：「你們喜歡機關槍，你們也將被機關槍判決！」說得何等暢快、深刻。

上世紀二十年代，他在美國報紙上發表〈沒有文化的美國〉，調侃美國只有愛倫坡的一行詩。

辜鴻銘在做黃浦浚治局督辦的幾年，手中有實權，敢於頂住洋人的壓力，為民做主，大膽處理不法洋人，揭露中國貪官與洋人勾結的貪污行為……

對於辜氏「睥睨中外，誠近於狂」的種種，林語堂說得十分精彩：「原亦只欲替中國人爭面子出氣而已。」

辜鴻銘確實為中國人爭了不少面子。他是中國文化輸出的功臣，最大貢獻是把中國儒家經典古籍譯成外文，遠揚海外，影響深遠。林語堂評論辜氏的譯著「卓越聰明」、「正確明白」。在英國、法國，

特別是德國人眼中，辜鴻銘是受人尊敬的中國哲學家。1921年，德國哲學教授奈爾遜對中國留學生說：「辜鴻銘的著作，我有幸讀了幾種，據我看來，他的哲學意義是很深厚的，我很佩服他。」（指《哀訴之音》、《中華民族之精神》和《中國對於歐洲思想之抵抗》）當奈爾遜教授從《泰晤士報》獲知辜鴻銘於北大辭職，生活窮困時，準備匯款濟助。德國人曾將辜氏作品譯刊為《怒吼之聲》（Vox Clamantis），且組織辜鴻銘俱樂部與讀書會，以示尊崇。

上世紀初，西方認可的東方文化人只有兩位：印度的泰戈爾和中國的辜鴻銘。他們同為1913年諾貝爾文學獎提名人（泰戈爾獲獎）。

且看辜鴻銘與世界名流的過從：

1891年，俄皇儲來華，贈其鏤皇冠金錶；

1898年，日本首相伊藤博文晤訪；

1906年，與俄國作家托爾斯泰書信往來；

1920年，英國作家毛姆來訪；

1921年，日本作家芥川龍之介來訪；

1924年，印度詩人泰戈爾來訪。

丹麥作家勃蘭克斯作專著《辜鴻銘論》。

日本作家清水安三作《辜鴻銘》。

甚而連無緣面晤的印度偉人聖雄甘地，也稱他是「最尊貴的中國人」。

辜氏逝世第二天，吳宓在《大公報》發表的悼文中說：

除政治上最主要之一二領袖人物應作別論外，今日吾國人中，其姓名為歐美人士所熟知，其著作為歐美人士所常讀

者，蓋無有如辜鴻銘氏。自諸多西人觀之，辜氏實中國文化之代表，而中國在世界惟一有力之宣傳員也。

「揚我中華」辜鴻銘當是響噹噹的一個！

（四）名士風流　獨領風騷

名士辜鴻銘的風流與他的語言天才一樣，獨領風騷，似無人可及。

辜氏一妻一妾。吉田貞子去世後，老牛夕陽的他又覓得一位碧雲霞以慰老懷。他在一本鼓吹中國文化救世論的英文書中，振振有辭地鼓吹「納妾並非不道德」，像為辮子保駕一樣，為納妾護法：

> 許多西方人在談中國官大人納妾如何如何不道德，其實，這比那些開著小轎車，從馬路上拾回一個女人消遣一夜後，次日凌晨又將其推到馬路上的歐洲人，要無私和道德的多。納妾的中國官大人可能是自私的，那麼開小轎車的歐洲人不僅自私，而且是懦夫。

他還認為，中國男人納妾是光明磊落的，不像歐洲男人搞秘密情婦，偷偷摸摸，見不得人。

辜鴻銘喜歡狎妓。民國以後，辜鴻銘做了北京袁世凱政府的議員。一天，開完會後，他收到三百塊大洋「出席費」。他知道這是袁世凱收買人心，立即拿了這筆錢去逛妓院，把北京八大胡同每個妓院

溜了一遍，讓妓女們魚貫地從他身邊走過，每唱一次名，他就賞一塊大洋，直到三百元大洋散光，他才揚長而去。他同情妓女，認為她們賣淫是賣窮。

辜氏不僅喜歡嫖，還喜歡賭。嗜好麻將。有次與人「叉麻雀」，摸得一手好牌，極有可能會贏，最後因少了一張牌，做了「相公」。洗牌再戰時，眾人發現這副牌的確短了一張，遍尋不著，最後發現掛在辜鴻銘嘴邊。原來他打得太專心了，誤將麻將當雪茄叼了起來。

他還賣過文憑。這是他親口向胡適講的。

安福部當權時曾立法，部分參議員須經中央通儒院票選，凡有外國文憑的碩、博士文憑者都有選舉權。有人兜買，二百元一張。

×××找辜鴻銘，希望投他一票。辜說他文憑丟了。×××說您老親自去投，不用文憑。辜說要五百元。兩人幾番討價以四百元成交。選舉前一天，×××送四百元和選舉入場券給辜，叮囑務必到場。辜鴻銘拿到錢立馬到天津，把四百元「報效」給妓女一枝花，玩了三天才回來。事後，×××大罵辜不講信義，辜順手拿起一根棍子，指著那小子的頭，大罵他瞎了眼，「敢拿錢來買我？」把那人嚇跑了。

辜鴻銘偏激。他瞧不起嚴復（又陵）和林琴南（林紓）。一次酒酣耳熱時，辜發怪論：「如果我有權在手，我定要殺兩個人以謝天下。」鄰座問殺誰（另一說，他與嚴、林同桌），他說：「嚴又陵和林紓。」鄰座問為什麼，辜說：

嚴又陵所譯《天演論》，主張物競天擇，於是國人只知道物競而不知有公理，以致兵禍連天，民不聊生。林紓譯《茶花女》，教青年侈談戀愛，而不知禮教為何物。假若不殺此二人，天下安得太平？

辜鴻銘性狂。在一次社會名流、政界要人出席的宴會上，有位外國記者問辜鴻銘：「中國國內政局如此紛亂，有什麼法子可以補救？」他信口答道：

有。法子很簡單，把現在在座的這些政客和官僚，拉出去槍決掉，中國政局就要安定些。

辜鴻銘幽默。一次，一位外國朋友在家宴客，客人中只有他一個是中國人。大家推他坐首席。坐定，大家討論中西文化。洋主人問他：「孔子教育究竟好在哪裏？」辜答：「剛才諸君你推我讓，不肯居上座，即是行孔子之教。若照爭競原理，以優勝劣敗為主，勢必等到勝敗決定，然後定座，然後舉箸，只恐怕大家這一餐都不能到口了。」說的眾人點頭稱是。席間，一個洋人問他為什麼留辮子。他指著那人嘴唇反問：「你為什麼要留鬍子？」
……
辜鴻銘還有一個令人敬佩的品格：「我向來不拜客。」

蔣夢麟二題

（一）「有種」

一次，曹聚仁與幾位好友圍爐夜話，突然有人問他生平所欽佩、所敬仰的是誰？曹聚仁答是蔣夢麟，舉座皆驚。曹聚仁見狀忙申明，他絕不做違心之論，也絕不依草附木，更不是北大的學生。友人問為什麼敬佩蔣夢麟？曹聚仁說蔣夢麟「有種」。

種者，膽量、骨氣也。

五四運動後，蔡元培淡出北大，蔣夢麟當代校長。

> 半年的欠款，六百的饑餓教職員，三千惹禍的學生，交到我手裏，叫我怎麼辦？

接收這一堆爛攤子，蔣夢麟當算是臨危受命。他為人低調，謙虛地說：「蔡先生派我來捺印子的。」他一面「謹守蔡校長餘緒」，一面矢志改造北大。他認為：

北京大學為新思潮發源地，既有新精神，不可不有新組織，猶有新酒，不可不造一新壺。

無奈的是，當時北大經濟困窘到「已差不多到了山窮水盡的時候」，所幸得到胡適、傅斯年的鼎力支持，幫他網羅人才，籌措經費，以「維持北大的生命，絕不讓它中斷」。蔣夢麟是杜威的門生，力圖以美國大學的教育思想改造北大，以「教授治校」為原則，來建立行政管理制度。

蔣夢麟上任的第一招是靜心觀察，把診問脈：學校「紀律弛，群治馳」，他致力「整飭紀律，發展群治，以補本校之不足。」他説他平生做事全憑「三子」：以孔子做人，以老子處事，以鬼子（洋鬼子，指科學務實精神）辦事。他大膽放權，對文、法、理三學院院長説：「辭退舊人，我去做；選聘新人，你們去做。」在全國範圍內廣羅賢才。他把辭退舊人這種得罪人的事攬在自己身上，這體

蔣夢麟

現了他「有魄力，敢擔當」。羅家倫說得中肯：「他用人也專，待人也恕，不以察察為明，所以許多人樂為所用。」理學院的丁文江、李四光、曾昭掄；文學院的周作人、湯用彤、徐志摩；法學院的劉志揚、趙乃摶等教育界名流雲集其麾下。蔣夢麟用人還不拘一格：重用新人吳晗，選用沒有高學歷的錢穆，接納學生運動的活躍分子、研究《資本論》的千家駒等等。

　　蔣夢麟與蔡元培不同的是，十分重視自然科學的教學與研究，不惜重金「武裝」物理系，「費了很大的力量發展理學院，希望從基本自然科學為骨幹，進而發展其他有關部門」。

　　為確保學生專心求學，蔣夢麟主持制定《國立北京大學學則》，取消選科單位制，實行學分制；在管理上保持自由、寬容，注重個性發展的北大傳統，師生間達成「只有陶冶，而無訓練」的共識。在經費不足的情況下，對教授仍禮遇甚厚，恢復建立學術團體，營造學術氛圍，開展中外學術交流，期以「教育救國」、「學術救國」。

　　這一系列的措施，使北大的教學、科研在那風雨飄搖的戰火年代，能平穩有序地發展，「蔚成全國最高學術中心」。孫中山曾致函蔣夢麟，以「率領三千子弟，助我革命」之語，予以鼓勵。

　　「九一八」事變發生後，在那「華北之大，已安放不下一張平靜的書桌」的多事之秋，北大的學潮幾乎綿延不斷，面對一發不可止的學生愛國運動、罷課，蔣夢麟與清華的梅貽琦等大學校長聯名發表〈告同學書〉、〈第二次告同學書〉，提出「赤手空拳的群眾活動只有荒廢學業，絕非有效的救國方法」，希望同學們「馬上復課吧！先盡我們的責任」。在多次無果的情況下，蔣夢麟無奈，沉痛地說：

「我是中華民國國立大學校長，我不得不服國家的命令！」這一期間他確實打擊過支持學生運動的進步教授許德珩、馬敘倫，開除過韓天石等一批又一批學生；但我們也應看到，蔣夢麟後來親自向馬敘倫道歉並「再三」退回聘書的悔改表現；也得承認蔣夢麟親自向北平市長秦德純交涉，保釋了因反日遊行被捕的二十八名學生的事實。也不應忘記「三一八」慘案發生後，蔣夢麟是追悼會的主祭，他悲憤地說：「我任校長，使人家之子弟，社會國家之人才，同學之朋友，如此犧牲，而又無法避免與挽救，此心誠不知如何悲痛！」說到此，「汪然淚下」。接著他猛烈抨擊軍閥暴行：

> 處此人權旁落，豺狼當道之時，民眾與政府相搏，不啻如與虎狼相鬥，終必為虎狼所噬。古人謂苛政猛於虎，有慨乎其言矣！[註1]

另一耐人尋味的事情是，1933年蔣夢麟以「不交學費」為由，開除了九個左傾學生。奇怪的是，這些被開除的學生後來都收到一封匿名同情信，裡面附了三百大洋的支票。千家駒後來回憶說「我至今不明白這錢是誰送的」。這是一筆不小的數目。學生們分析，共產黨想送，沒錢，社會上急功好義的人士想送，也不知被開除學生的姓名、地址。千家駒說：

> 我判斷這是蔣夢麟校長耍的兩面派手法。蔣一面開除學生，一面又怕他們留在北京鋌而走險，對他發生不利行動，乾脆

花一筆錢叫他們早早離開。果然，九位同學得了錢後，有的東渡日本，有的去了德國，各奔前程去了。註2

再說許德珩、侯外廬和馬哲民三位當年是北大的左派教授，在對待學生運動的問題上與蔣夢麟尖銳對立，有怨在前。但「七七」事變後，他們被國民黨政府逮捕時，蔣夢麟毅然與胡適聯手，多方奔走，終將他們營救出來，也當算不計前嫌，關愛呵護。

最能顯出蔣夢麟「有種」本色的是，他在日本人面前表現出的骨氣和民族精神。

1935年11月，冀東有人陰謀搞「華北自治會」，蔣夢麟領銜與北平教育界諸多名流發表聯合宣言，痛斥「脫離中央，乃賣國的陰謀」。此舉在全國產生廣泛的影響，故有人稱蔣夢麟在三十年代前期是「北平正氣的代表者」。

北大的學生運動十分活躍，日本人視北大為反日運動的中心。由於蔣夢麟在北平教育界的地位與名望，日本人早就想拉攏他，希望與他建立所謂的「友誼」。蔣夢麟多次公開表露日本侵華是「不友好」的態度後，日本人便對他施以威脅、恐嚇等卑鄙手段，企圖迫其就範。

日本人指責蔣夢麟煽動學生反日，要求宋哲元嚴加懲罰並強逼其離開北平。宋哲元將此資訊告知蔣夢麟，蔣卻我自巍然，繼續留在北平主持北大校務。在蔣夢麟領銜表態反對華北自治後，日本軍方十分惱火，於11月29日，請蔣夢麟到日軍司令部「談話」。

蔣夢麟將此事告知家人和幾個朋友，於天黑之前單槍匹馬到日本軍司令部。日本兵戒備森嚴，持槍以立。

蔣夢麟在自傳《西潮》中有生動精彩的描述：

「我們司令請你到這裏來，希望知道你為什麼要進行大規模的反日宣傳。」他一邊說，一邊遞過一支香煙來。

「你說什麼？我進行反日宣傳？絕無其事！」我回答說，同時接過他的煙。

「那末，你有沒有在那個反對自治運動的宣言上簽字？」

「是的，我是簽了名的。那是我們的內政問題，與反日運動毫無關係。」

「你寫過一本攻擊日本的書。」

「拿這本書出來給我看看！」

「那末，你是日本的朋友嗎？」

「這話不一定對。我是日本人民的朋友，但是也是日本軍國主義的敵人，正像我是中國軍國主義的敵人一樣。」

「呃，你知道，關東軍對這件事有點小誤會。你願不願意到大連去與阪垣將軍談談？」這時電話鈴聲響了，大佐接了電話以後轉身對我說：「已經給你準備好了專車。你願意今晚去大連嗎？」

「我不去。」

「不要怕，日本憲兵要陪你去的，他們可以保護你。」

「我不是怕。如果我真是怕，我也不會單獨到這裏來了。如果你們要強迫我去，那就請便吧——我已經在你們掌握之中。不過我勸你們不要強迫我。如果全世界人士，包括東京

在內，知道日本軍隊綁架了北京大學的校長，那你們可要成為笑柄了。」

他的臉色變了，好像我忽然成了一個棘手的問題。「你不要怕呀！」他心不在焉地說。

「怕嗎？不，不。中國聖人說過，要我們臨難毋苟免，我相信你也一定知道這句話。你是相信武士道的。武士道絕不會損害一個毫無能力的人。」我抽著香煙，很平靜地對他說。

羅家倫評價說：「蔣夢麟先生是郭子儀第二，大有單騎見紇的精神。」

曹聚仁在盛讚蔣夢麟「臨難不苟免」的骨氣為「有種」時，還說：「這男子漢的氣度，並非胡適、魯迅諸氏所能及的。」註3

蔣夢麟的「有種」還表現在他到臺灣後，在「中國農村復興聯合會」主任任上。他敢於「為天地立心，為生民立命」。他極力主張在臺進行農村社會改革，以實現「社會公道」或「公平分配」。上世紀五十年代初，他先後發表〈三七五減租面面觀〉、〈土地問題與人口〉和〈為什麼要限田？限田以後怎麼辦〉等十篇闡釋土改政策的文章。時任臺灣「行政院內政部長」的黃季陸認為蔣夢麟「對土地改革的決策，是一位忠誠而努力的推行者」，有「首義之功」。

蔣夢麟在臺還提倡興修水利，倡導、推動人口節育。尤其是後者，他曾遭到無端的指責、惡毒的攻擊：「基於極端個人快樂主義之邪念」，為「主張性交自由，而以人為的方式或性交技術以遂其快樂」。有人辱罵他比秦檜、汪精衛還可恨、可殺，聲言要「殺蔣夢麟

以謝國人」。蔣夢麟直面以對，依然故我。1959年4月13日，他在記者招待會上公開表示：

> 我現在要積極地提倡節育運動，我已要求政府不要干涉我。
> 如果一旦因我提倡節育而闖下亂子，我寧願政府來殺我的
> 頭，那樣太多的人口中，至少可以減少我這一個人。[註4]

後來的事實證明，他做得對。國民黨元老王世杰稱讚說這是「一件最不平凡的功業……將來影響一定是很深遠的」。

這些都叫「有種」。

但顯然用「有種」來評價蔣夢麟畢生的作為，是遠遠不夠的。蔣夢麟有勇有謀，能幹、肯幹、也善幹。臺灣《仙人掌》雜誌評論說：

> 蔣夢麟生在一個左右中都不是的年代，但他卻慎重地選擇了
> 自己的路，向時代做出了他的貢獻，對後代獻出了他的寶貴
> 經驗，他應死而無憾了。

還是他的老朋友傅斯年評說得得體、到位且有趣：

> 孟鄰先生學問比不上子民（蔡元培）先生，辦事卻比蔡先生高明。

傅又詼諧地說他自己的學問比不上胡適，辦事卻比胡適高明。蔣夢麟當時在場，聽後笑著說：

孟真，這話對極了。所以他們
兩位是北大的功臣，我們兩個
人不過是北大的「功狗」。

　　蔣夢麟在處理個人的婚姻問題上，
也表現出鮮明的個性。凡他認準的事九
匹馬也拉不回頭；一旦發現錯了，當機
立斷，易轍改道。

　　他的第二任太太陶曾穀於1958年
病逝。時年已七十五歲的蔣夢麟動起續
弦的念頭，不顧家人的反對、朋友的勸
阻，欲與某將軍的前夫人、四十九歲的
徐賢樂結婚。他的老朋友胡適聞訊，抱
病給他寫了一封長信，對此表示異議，
細述朋友們對徐女士看重錢財，人品不
端的種種反映。言詞懇切地說：「我是
你和曾穀的證婚人，是你一家大小的朋
友，我不能不寫這封信。」、「你我
五十年的友誼，使我覺得我不須為這封
信道歉了。」力勸他謹慎行事。同時，
蔣夢麟的老朋友陳誠、張群，以及宋美
齡都一致表示反對這樁婚姻。然而，蔣
夢麟終不為眾多老友苦口婆心地勸說所

徐賢樂

動，毅然與徐結婚了。他認為：「結婚是我個人的私事，我有我個人的自由，任何人不能管我。」可是，婚後不久，蔣夢麟因不慎跌斷腿骨，住院治療。

徐賢樂對正在住院的蔣夢麟托言回家做年肴，將自己原在蔣家之戶口遷出，行李亦搬離蔣家，置於中央信託局原宿舍中。稍後，蔣夢麟遷出病房，徐賢樂不知去向。

此時，蔣夢麟才幡然大悟，「以不堪徐娘虐待之苦」為由提出離婚。他對記者們說：

（從結婚）到現在一年多，我失望了，我受到人生所不能忍的痛苦；家是我痛苦的深淵，我深深的後悔沒有接受故友胡適之先生的忠告，才犯下錯誤。我愧對故友，也應該有向故友認錯的勇氣，更要拿出勇氣來糾正錯誤。

同時，蔣夢麟竟不怕難堪，把胡適1961年6月18日夜寫給他的那封長信公開發表。

蔣夢麟晚年的婚變，一時成為臺灣重大的社會新聞，鬧得滿城風雨，港臺大小報紙爆炒。

法院判決他們離婚後，香港《自由報》刊發打油詩針貶、調侃蔣夢麟，詩云：

　　聞道先生負舊盟，金錢為重美人輕；

　　徐娘解得夫妻味，從此蕭然抱獨身！

　　也有人認為這首打油詩失之偏頗，便譏諷徐賢樂，把他們的名字嵌入一副對聯中。聯云：

　　蔣徑全荒，孟母難鄰之矣！

　　徐娘半老，賢者亦樂乎此？

　　面對沸沸揚揚的社會輿論，蔣夢麟十分坦然：「這是我個人的私事，我發現錯誤便應該改正，所謂『人作孽，不可赦』，我願面對事實，接受不幸的後果。」解除婚約後，蔣夢麟一度又精神煥發，專心投入到石門水庫建設中去。

　　蔣夢麟敢做敢當，自暴家醜於眾，當也算作「有種」。

（二）為周作人作證

　　據史載：1945年8月15日，日本宣佈無條件投降。大小漢奸們惶惶不可終日，或出逃或隱匿。周作人比較平靜，他自認為並沒有做什麼對不起人民的事，還保護過北大校產，救援過李大釗子女和國民黨幹部。他亦曾託人向解放區接洽，試請共產黨接納，未遂。12月6日，周作人被捕，關押在北平。1946年5月26日，周作人被移交南京首都高院，押在老虎橋監獄。

此時，家屬及友人四處奔走、託請。由老友沈兼士牽頭與俞平伯等十五位國內知名教授、文化界名流聯名向南京高院呈文，還寫了〈周作人服務偽組織之經過〉，為周陳情。與此同時，「周作人的兒子周豐一給蔣介石寫了一封信，申說周作人在抗戰期間做過有利於抗戰的功績，請求赦免。蔣介石把這封信轉給司法部，司法部又轉給了南京首都高等法院。」[註5]

　　結果是：1946年11月16日，首都高院對周作人以「共同通謀敵國，圖謀反抗本國」罪，被判處有期徒刑十四年。

　　周作人不服，聲請複判。

　　1947年12月19日，最高法院撤銷了原判，改判為有期徒刑十年。世人認為，法院對周作人判得不算重。原判「唯因有國家機關公文及現行公務人員具結之有利證明，故予減處有期徒刑十四年。」[註6]，複判又減為十年。有研究者分析，這是周作人子女、親友奔走、請託，胡適、蔣夢麟等「挺身而出作證」所為。

　　在眾多的「挺身」作證者中，最為重要的當屬蔣夢麟。

　　1946年7月19日，南京政府首都高院，對周作人第一次公審。周作人在辯訴狀中稱：

> 學校南遷，教授中年老或別因家庭關係不能隨行者，有已故之孟森、馮祖荀、馬裕藻及被告四人，由校長蔣夢麟特別承認為北大留平教授，委託保管校產。[註7]

周作人在庭審自述中再度重申：「蔣夢麟校長曾有電報要我留北平看管校產。」法官要他出示電報。周作人說「丟了」，並說了丟失的經過。

8月9日，法院再次公審。周作人呈上了八件材料，要求法官調查、確認。他自稱有點「小功勞」，其重要的一點是前北大校長蔣夢麟曾委託他等四人保管北大校產。

其間，周作人的辯護律師王龍向法庭提出：

> 周作人之子周豐一曾有一文呈報給蔣主席（指蔣介石），證明其父在敵偽時期曾做有利抗戰工作，蔣主席已將原件發交司法部轉交首都高等法院，希望法庭予以重視。註8

審判長認為，蔣夢麟及教育部平津特派員沈兼士的信函是私函，且有疑點，必須再調查。

8月13日，首都高等法院院長趙琛致函蔣夢麟，函云：因蔣夢麟出具證明文書未填年次，「是否即為臺端手筆，無從懸揣。茲為慎重起見，相應函請查照，即希據實見覆，以憑核辦。」註9

次日，蔣夢麟覆趙琛函。全文如下：

> 准貴法院本年八月十三日函刑字第五七四號公函，以審理周作人漢奸乙案，囑查覆有無為該被告出具證明文件等語。查本人在前北京大學校長任內，於華北淪陷時，確曾派已故之孟森、馮祖荀、馬裕藻及現在押之周作人保管北京大學校

產。該被告所持此項證明文件確係本人於本年七月二十二日
出具，准函前由，相應複請查照為荷。此致
首都高等法院
趙院長琛　　　　　　　　　　前國立北京大學校長　蔣夢麟
　　　　　　　　　　　　　　現任行政院秘書長
　　　　　　　　　　　　　　三十五年八月十四日[註10]

顯然，蔣夢麟出具的證明函對法院的判決是具有相當的影響力的。
以上是筆者目前所見到公諸於世的蔣夢麟為周作人作證的材料。

2006年5月，筆者在南京第二歷史檔案館查閱檔案，發現一宗案
卷[註11]中存有蔣夢麟致司法行政部部長謝冠生的親筆函，以及司法行政
部致首都高院「司密函」和司法行政部覆蔣夢麟的「箋函」。現將蔣
夢麟親筆函錄於下：

冠生部長吾兄勳啟　茲據周豐一呈歷呈其父周作人在任偽職期
中維護文教及從事消極抵抗等各情　特將原文及附呈各件一併
送請核對依法辦理為荷　專此並頌
勳綏

　　　　　　　　　　　　　　　　弟蔣夢麟（印）謹啟
　　　　　　　　　　　　　　　　七、二十四[註12]

該信可能是新發現的史料。以前研究者認為，周豐一寫信給蔣主
席（蔣介石），「蔣主席已將原件發交司法部轉交高等法院」一說，

值得商榷。蔣夢麟為周作人出具證明文件是七月二十二日，可以推斷是周豐一呈送的，與此同時，他將為其父申辯的材料一併呈蔣夢麟，委託代轉。受人之託，忠人之事。蔣夢麟是認真的、從速的，只隔一日便致函司法行政部長謝冠生並轉交周作人的申訴材料。由此判斷，周豐一並沒有將信呈蔣介石，而是逕呈蔣夢麟。因蔣夢麟與周作人有舊交，蔣此時又在行政院秘書長任上，經辦此事順理成章，方便有效；試想審判在即，如呈蔣介石，七轉八轉，反可能延誤（當然也不排除是蔣介石將此信批轉蔣夢麟處理的可能）。

對周作人這個「巨奸」，當時「國人皆曰殺」。胡適為周作人作證，社會輿論就譴責他為漢奸洗刷罪名；為周作人辯護的律師王龍也一度被控以漢奸的嫌疑。蔣夢麟在當時敢於挺身為周作人作證，並接受他的託請，是需要勇氣的。當然，首先蔣夢麟所說的是基於事實，或是他受到北大傳統的「相容」精神的驅使，或是他眷顧老朋友之情吧。

總之，蔣夢麟是不乏人情味的。

【注釋】

註1：《北京大學日刊》，1926年3月25日。

註2：孫善根，《蔣夢麟傳》，192頁，杭州出版社，2004年6月版。

註3：曹聚仁，《我與我的世界》，北岳文藝出版社，2002年版。

註4：張研田，〈蔣夢麟先生倡導節育運動的經過〉。

註5：王錫榮，《周作人生平疑案》，第289頁，廣西師大出版社，2005年7月版。

註6：〈文化漢奸周作人處徒刑十四年——因有利證明故予減輕〉，載上海《民國日報》，1946年11月17日。

註7：見南京市檔案館編《審訊汪偽漢奸筆錄》，第1448頁，江蘇古籍出版社，1992年7月版。

註8：王錫榮：《周作人生平疑案》第297頁，廣西師大出版社，2005年7月版。

註9：南京市檔案館編《審訊汪偽漢奸筆錄》，第1461頁和1462頁，江蘇古籍出版社，1992年7月版。

註10：南京市檔案館編《審訊汪偽漢奸筆錄》，第1461頁和1462頁，江蘇古籍出版社，1992年7月版。

註11：南京第二歷史檔案館「全字號七（4）221」案卷。

註12：蔣夢麟親筆信用毛筆寫在「行政院秘書處用箋」上。因檔案館不給複製，故原件照錄。

顧維鈞及其四位夫人

大浪淘沙。

史學家唐德剛說，中國百年出了「兩個半」外交家：李鴻章、周恩來和顧維鈞。他的理由是：前兩位在邦交上多少有點「說一不二」，而後者均為奉旨行事，為君作嫁，只能屈就為「半個」；但唐氏又認為顧維鈞在巴黎和會(1919)上面對列強霸道，不卑不亢，直面群雄叫板說「不」，拒簽對德和約，贏得世人敬仰，值得稱頌，「細察全部近現代中國外交史，我國外交人員，真正出了大鋒頭，也只此一次」。在此後二十年，顧維鈞在國際論壇上，折衝樽俎，縱橫捭闔，不畏強暴，為國爭光，創造了「不戰而屈人之兵」的奇跡，書寫了「弱國也有外交」的神話。鑒此，筆者竊以為他那個半個也不「半」了。

顧維鈞（1888-1985），江蘇嘉定（今屬上海市）人，美國哥倫比亞大學博士。學成回國後，逕入國家決策中樞，初為袁世凱秘書，

五年內七任總長，六長外交部，一長財政部，兩任攝閣，其中一任為攝政內閣，1927年居然做了五個月零三天的攝閣總理，成為實質上的國家元首。他是位三朝元老的不倒翁，百年不見；七十六歲竟當選國際法庭副庭長，稀世珍聞；為後人留下一部迄今為止中國最長的回憶錄，英文原稿一萬餘頁，漢譯本十三巨冊，空前絕後。

　　回首縱觀顧維鈞百年人生，娶的四位夫人都出自名門望族、權貴顯要之後，其趣味、其傳奇，令人拍案稱絕。

（一）張潤娥，強扭的瓜

　　自古名士多風流。

　　嚴格地說，顧維鈞一生擁有四位女性，或曰有四次婚史。唯第一次與張潤娥（航麗）的結縭是有名無實。

　　二十世紀初，上海灘有句名言：「得了傷寒病，去找張聾子」（張驤雲）。張潤娥是張聾子的侄孫女。張家是名中醫世家，張潤娥是獨生女，父母的掌上明珠。其父的醫術也很高明，常出入顧府。張大夫為顧家小少爺顧維鈞診病時，覺得這個小傢伙聰穎過人，十分欣賞，便萌聯姻之意。時顧維鈞之父顧溶執上海財政，權高望重。「門楣求其稱，婿婦唯其賢」是舊時聯姻之道。經媒人一撮合，雙方父母一拍板，十二歲的顧維鈞就與十歲的張潤娥訂了親。

　　1904年，十六歲的顧維鈞赴美留學，四年後他在哥倫比亞大學讀三年級時接到父親來信。信云：念及顧維鈞的兄妹均已成家，五個兒女之中唯他一人尚獨身，自感父責還沒盡竟。溫和地表示，希望他不

日學成之後，回國與張小姐完婚，了卻父母最後一樁心願。顧維鈞接信後，很覺茫然，他早把幼時訂婚的事忘在腦後，遂以完成學業事大為由，婉拒父意。父子經過數封信函往還，非但不能溝通反而結怨。顧維鈞與大哥顧敬初最貼心，家裏便讓大哥出面調停顧維鈞與父親的僵局。大哥寫信詳述張小姐人品賢淑又聰明漂亮，是位好伴侶。飽讀詩書的顧維鈞理解為父的舐犢之情，不想再拂家人的美意，改變策略以守為攻，明確提出，女方必須解放小足和學習英文。大哥覆函時說對方不再纏足並正學習英語；但語焉不詳，唯強調張小姐美貌。已受西方文明薰陶的顧維鈞，對這樁陳舊婚事早已沒有興趣，希望一拖了之。但長兄卻頻頻追逼，並說他已去過張府，見過才貌雙全的張小姐，又說父親為了他的拒婚很失面子，十分傷心云云。顧維鈞於百般無奈中作了讓步，同意假期回國探望雙親，但聲明不結婚。父親表示諒解且「絕不強迫」。

是年夏，顧維鈞回到家中，不料父母雙管齊下，軟硬兼施。母親好言勸慰，顧維鈞寸步不讓，氣得父親拂袖而去，閉門不見家人，以拒食示威。大哥不得不一面破窗而入慰藉父親，一面再度勸戒顧維鈞，批評他太摩登、太新思想，並曉以父言：

> 他從未想到他曾竭盡全力養育兒子，並給他以優良教育，但結果兒子毫不理解他的心意。這怎麼不令他大失所望，生趣全滅！……

父母情之拳拳，長兄言之殷殷，顧維鈞心軟了。他憂心父親絕食萬一不測，自己將無顏處世。為博父母歡心，保全他們的面子，他表示「願意在形式上結婚」。父母聞言大喜，心想什麼「形式」，一旦生米煮成熟飯，豈能返飯為米？父親當日進食，並令家人準備婚禮。

吉日，雖是舊式婚禮，不乏洋排場，騎警、提燈隊、鼓樂隊，列隊穿街過巷，鼓樂喧天。一頂花轎將新娘抬到顧府，家人才把看客中的新郎捉住，穿上長袍馬褂，戴禮帽、繫紅花迎親。

有趣的是，婚禮大堂上，拜過天地後新人要互拜。新郎、新娘雙方早都有人耳語警示，互拜時不要急於向對方跪拜；因迷信說法，先拜的一方將來要受到對方的控制。結果，司儀呼磕頭時，雙方對恃而立，誰也不肯先行。僵持許久，最後彼此同時相互磕頭，打個「平手」作罷。

更令人啼笑皆非的是，洞房花燭夜新郎於鬧酒的混亂中失蹤，伴郎好不容易才在新郎的母親房中把他抓到。母親怕事情弄僵，袒護兒子在自己房中過了兩夜。此舉引起大嘩，父親大為不快。由於母親的懇求，顧維鈞不得不回到自己的房中，但不肯上床。張潤娥大感驚異，真心相請。顧婉辭，說大床是為她而設。張潤娥說：「如果你喜歡獨眠，我可睡沙發」……就此井水不犯河水，一直相安無事。晚年顧維鈞回憶時，仍感慨地稱讚張潤娥寬容、忍耐和天真、純樸。

顧維鈞要回美國時，父親令他攜妻子同行。顧維鈞不悅，申辯無果。父親告誡他，張潤娥是張家獨女，要對她負責。顧維鈞無第二條路可走，只得攜張潤娥赴美。

　　顧維鈞對她是負責的，把她當作親妹妹。到美國後，顧維鈞透過朋友把張潤娥寄居在費城一對慈祥的德裔老夫婦家，和他們共同生活，補習英文；而他獨自回紐約上學去了。

　　強扭的瓜終究不甜。

　　1909年秋，顧維鈞終於提出令雙方棘手又痛心的問題：協議離婚。顧維鈞向她坦言長此以往的利弊。張潤娥既不表示贊同也不表示反對，一般只聽不說，但還是申言：「我們既是正式結過婚，還有什麼可說的？」顧維鈞告之：「如果雙方同意，婚約便可解除。」顧維鈞將相關法律文書寄給張潤娥。過了些時候張潤娥考慮散局已定，覆函表示要與其面商。談判時，顧維鈞表示，她可以繼續留在美國讀書，費用由他負擔；也可以返國與他的父母共同生活，或者回娘家，其陪嫁及顧宅房間物品，她可自由掌管、支配。隨後，顧維鈞草擬一離婚合約，徵求張潤娥的意見。數月後，他們再次晤面。張潤娥說她看不出合約有什麼要改的，但表示如果顧維鈞要她簽，她便簽。顧維鈞畢竟是個法律大家，他說為避免外界的無稽之談和非議，為避免雙方父母的不快，證明這不是他逼她所為，他希望她親手謄抄四份副本交給雙方父母、各持一份。張潤娥十分寬容和豁達，順從照辦。

　　1911年，他們簽了離婚協議，「以極友好的態度彼此分手」。

　　——知識的懸殊，境界的不同，是幸福的婚姻的最大礁石。

（二）唐寶玥，紅顏薄命

「當愛神拍你的肩膀時，就連平日不知詩歌為何物的人，也會突然間成為詩人。」何況顧維鈞本就是一位比詩人還詩人的智者呢！

顧維鈞與第二位夫人唐寶玥的連理，其月老便是他後來的老岳丈唐紹儀。

1908年，唐紹儀以清廷特使名義訪美，向美國政府部分退還庚子賠款一事致謝，同時亦肩負磋商東三省借款和謀求中、美、德三國聯盟的問題。唐紹儀返國前夕，發函邀請四十位在美留學的學生代表作為他的客人訪問華盛頓。此舉一為鼓勵莘莘學子好好學習，將來報效國家，二是物色傑出人才，日後好引薦他們回國服務。當時顧維鈞已嶄露頭角，擔任全美《中國學生月刊》主編，能言擅寫，自然在邀請之列。在唐紹儀舉行的歡迎宴會上，顧維鈞又自然地被代表們公推為代表發言。他的演說言簡意賅，才華橫溢，「不僅受到我所代表的人們的歡迎，而且受到唐和他的同僚的賞識」。會後唐紹儀私下接見了顧維鈞，對他的發言表示了欣賞並予以鼓勵。

辛亥革命爆發後，袁世凱竊國就任大總統。唐紹儀本與袁世凱是拜把兄弟，私交甚篤，被任命為首屆內閣總理。顧維鈞由於唐的推薦，被袁世凱邀任為總統府秘書兼內閣秘書。顧維鈞受寵若驚。

唐紹儀有心將顧收為東床快婿，便千方百計提供方便，製造女兒唐寶玥與顧維鈞接觸的機會。他親自安排了一次內閣青年同事的野炊會，讓顧維鈞與女兒同時參加。唐寶玥，外文名「may」（梅），端莊大方、性情溫柔，會英語，受過良好的西方教育。顧維鈞與唐寶

玥彼此相識後，男才女貌，互生好感。不久，唐紹儀與袁世凱政見不一，分道揚鑣，唐辭職去天津，顧維鈞步其後塵，也辭職同往津門，客居英國飯店。唐紹儀以各種名義，常邀顧維鈞到家中作客。顧維鈞心有靈犀，銘感唐紹儀的知遇之恩，同時，唐寶玥的端莊大方、溫柔賢淑，給他留下了美好的印象。唐寶玥先為父親對顧維鈞的讚不絕口而生發欽慕，相處一段時日，深深為顧維鈞的人品、風度的魅力而傾倒。兩人的關係猶隔一層窗紙，只是盡在不言中罷了。

顧維鈞自1914年初受命回國後，因公務纏身，一直沒有時間回上海探望父母。他想返滬探親時，「恰好」唐寶玥也向父母提出到滬上看望姑母的要求。兩人自然結伴，唐紹儀順水推舟，囑顧維鈞順便多照料女兒。到了上海，兩人朝朝暮暮，頻頻相約，很快就墜入愛河。顧家父母已諒解兒子離婚的苦衷，現在兒子又追上內閣總理的千金，真是求之不得。一對才子佳人的結合，便水到渠成了。

戲劇性的是，顧維鈞與唐寶玥的喜日原定為6月2日，顧府正在緊張地籌備喜事，唐紹儀突然通知他們的婚禮改期。原來，唐紹儀自正室亡故後，終未續弦。是年經伍廷芳搭橋，與上海某洋行買辦家的小姐聯姻，日子也適巧定在這一天，且地點也選在公共租界體育場公園（今虹口公園）。父女兩人同日辦婚事，實在令人尷尬。顧維鈞欣然從命，另行擇日。

唐紹儀字少川，顧維鈞後來也將字易為少川，創造了一個翁婿同名的趣話。由此可見，顧維鈞對唐紹儀的知遇、獎掖和擢拔的感激之情。

紅顏薄命。1915年，二十七歲的顧維鈞奉命出任駐美公使，唐寶玥同往。顧維鈞活躍於美國朝野人士之中，唐寶玥不僅照顧小家庭的一子一女，作為外交官夫人，為襄助丈夫的事業不遺餘力，出席各種交際活動。愛是一種甜蜜的痛苦。某日，美國有兩大盛會同日舉行，一在華府，一在費城，顧維鈞分身無術，便令夫人擇一地代表自己出席。唐寶玥憐愛丈夫，主動奔赴路遙的費城，周旋於外交場上，不辱使命。不幸的是，歸途中染上西班牙流感。唐寶玥本已身心俱憊，回到華盛頓後，又一次強行赴會酬應，就此一病不起。那時醫學還不怎麼發達，兩天後她便撒手人寰，留下一雙稚男童女。顧維鈞突然遭此打擊，有種有緣無福的宿命和悲哀。但巴黎和會召開在即，他從悲慟中振奮精神從容赴會，在會上以他的睿智與口才為國爭光，贏得大名，登上他的人生峰巔。

　　「楚歌吳語嬌不成，似能未能最有情。」顧唐之姻，緣已盡，然情未了。顧維鈞不惜重金，厚殮唐寶玥，將她的遺體置於玻璃棺中運回國內，暫厝在老家嘉定顧氏宗祠內，在原棺外又加上一層槨。據說1924年至1925年期間，清明時節還揭去外槨，讓鄉人瞻仰唐氏遺容。後來軍閥開戰，散兵破棺劫去棺內珠寶，遺骸改為土葬。入土時，顧維鈞親率一雙兒女回國參加葬禮。1949年前，顧維鈞在大陸的日子，經常假公餘之暇，到唐氏墓前祭掃。

　　——婚姻是一種緣，亦如一張兌獎券，究竟能收穫多少是無法預卜的。

（三）黃蕙蘭，兩股道上的車

顧維鈞喪妻時正值盛年（三十有
二），膝下尚有一雙兒女。孩子需要母
愛，他何嘗不想娶個賢妻，然外交官的
太太是可遇不可求的。

命運與愛情永遠與勇者親善；顧維
鈞是位勇於且善於抓住機遇的天才。

某日，顧維鈞造訪當年聖約翰大學
的同窗簡崇涵時，一眼瞥見主家鋼琴上
陳著一幀漂亮女孩的玉照，她那份天生
麗質令顧維鈞怦然心動。一問方知是友
人家的小姨子黃蕙蘭，芳齡十九。顧維
鈞當即向主人表示對黃小姐的愛慕，並
請求襄助玉成。

《黃蕙蘭回憶錄》書影

黃蕙蘭的父親黃仲涵是華人企業
界赫赫有名的「糖業大王」，富可敵
國。黃蕙蘭三歲時戴的金項鏈上嵌的鑽
石竟有八十克拉！時下她已出落成一個
亭亭玉立的大姑娘了。她從小接受良好
的教育，會荷蘭語、馬來語，精英語、
法語；音樂、舞蹈、書法樣樣精通，騎
馬、開車、交際樣樣出色，是位渾身充

滿靈氣的女孩。她樣子摩登，但舉止文明，有東方女性賢淑的美德。（一說她生性浪漫，有西方女性的風流）她驕嬌，不屑於拜倒在她石榴裙下的公子哥們。當她與顧維鈞比肩坐在宴席之初，她也沒把他當回事，暗將顧的長相、髮式和穿著，與她在倫敦、巴黎結交的男友們比較，相去甚遠。最先對他簡直有點漠視，但交談一深入，不得不刮目相看，頓為顧維鈞的口才、智慧所折服，更為他對她的關愛、體貼而動情：「宴會還沒有結束，我已覺得有些陶醉了。我們在一起友好而不感拘束。」緊接著，顧維鈞一鼓作氣，連續不斷差人給黃蕙蘭送糖果、鮮花，有時自己一天內數次登門，請聽音樂會、看歌劇，散步、喝咖啡，各種邀請接二連三。當黃蕙蘭坐在法國政府專為顧維鈞提供的轎車裏在馬路上兜風時，坐在只有外交官才能享用的國事包廂裏欣賞音樂時，她都感到無比的自豪和榮光。她不能免俗，她慕榮華更羨權貴。她明白，錢不等於權，這些都是父親用再多的錢也買不到的。顧維鈞又適時地向黃蕙蘭描述在英國的白金漢宮、法國的愛麗舍宮和美國白宮進行外事活動的隆重和典雅，當然更不忘炫耀外交官夫人的風光：

> 我到那些地方進行國事活動時，我的妻子是和我一起受到邀請的。
>
> 可是你的妻子已經去世了。
>
> 是啊，而我有兩個孩子需要一位母親。
>
> 你的意思是說你想娶我？
>
> 是的，我希望如此，我盼望你也願意。

　　面對顧維鈞一個寡人帶著兩個小孩的現實，黃蕙蘭感到不知所措。她請教母親，母親希望女兒能打入歐洲上流社會出人頭地，態度鮮明地支持她，認為一顧做大官，有名氣，可光耀門楣；二顧肖豬，蕙蘭肖虎，兩人命造相合，琴瑟和諧，可白頭偕老。但其父親黃仲涵堅決反對，理由是顧窮；已婚兩次，還有兩個小孩。堅決反對，堅決到拒絕參加他們的婚禮。

　　「願做鴛鴦不羨仙」，他們終結秦晉。1920年10月21日，他們在布魯塞爾中國使館舉行了婚禮。娘家陪嫁之闊綽讓人掉眼珠子：枕頭上釘的是金扣絆，每朵花中鑲一粒鑽石；鑲金餐具六六三十六套；顧維鈞書案上的名片架也是金的，鏨雕著「顧」字；母親送給他們一輛高級的勞斯萊斯牌轎車……婚禮上高朋滿座，場面之盛大與熱烈，令黃蕙蘭覺得自己是天下最幸福的女人。洞房設在豪華旅館內。禮畢，當她精心打扮一番，想給新郎一個意外的驚喜時，她傻了——她走進新房的起居室，正在辦公的顧維鈞連頭幾乎都沒抬，向身邊四位秘書口述備忘錄。因為翌日國聯大會要召開，身為中國代表團團長的顧維鈞必須出席。顧維鈞偕同夫人與工作人員連夜乘火車趕往日內瓦。黃蕙蘭做夢也沒想到，她的新婚之夜是在火車上度過的。

　　夫貴妻榮。

　　黃蕙蘭成了外交官夫人後，倩影頻頻伴隨夫君出現於外交場合，她伶牙利齒，周旋於王公伯爵左右，遊刃有餘。因為她年輕貌美，氣質典雅，又諳熟歐洲風俗和各國語言（她的法語，連顧維鈞都自歎弗如），在外交舞臺上如魚得水、左右逢源。顧維鈞晚年回憶說：「她很幫忙，昔在巴黎時，帝俄時代的王公伯爵都逃亡法京。他們雖失政

黃蕙蘭在中國駐美使館「雙橡園」

顧維鈞晉見法國總統

權，但在法國的高級社會裏擁有勢力。她喜歡和他們結交，並以此自傲。在使館裏常三日一大宴，五日一小宴地招待他們。」全用她自己的錢。黃蕙蘭不僅成為顧維鈞得力的助手，還成為一道亮麗的中國風景。黃蕙蘭為樹立中國人的形象，憑藉父親的財力，不僅把自己打扮得珠光寶氣，還「改造」顧維鈞，從他的髮型、穿著入手，以至教他跳舞、騎馬。她還斥鉅資把破舊的中國駐巴黎使館修葺一新。她説：

> 法國，以及別的國家，在很大程度上要根據維鈞和我的表現來確定他們對中國的看法。我們是中國的櫥窗。

此言不虛，一次，當來使館訪問的中國官員稱頌顧維鈞的外交業績時，宋美齡指著黃蕙蘭説：「別忘了大使夫人起的重要作用呀！」曾與顧維鈞夫婦有著深誼的外交官袁道豐也坦言：

老實說，在我國駐外大使夫人
如林當中，最出色的大使夫人
要以黃蕙蘭為首屈一指了。

黃蕙蘭終於圓了她少女時代就做的、躋
身於歐洲上流社會貴夫人的夢。難能可
貴的是，黃蕙蘭不僅能「陽春白雪」，
也能「下里巴人」。她還熱心投入華人
的慈善事業。二戰期間在倫敦，她加入
當地紅十字會組織的救護工作，被派入
遭敵狂轟濫炸的貧民區，每日工作八小
時，堅持了四個月之久。

　　然而，黃蕙蘭畢竟是黃蕙蘭，畢
竟是富甲東南亞糖業大王的嬌女。面
對黃蕙蘭一身的珠光寶氣，顧維鈞很
有苛詞：

宋美齡（中）與顧維鈞、黃蕙蘭在華盛
頓舉行的慈善會上

顧維鈞夫婦在中國駐英大使館與英國瑪
麗王太后合影

　　　以我現在的地位，你戴的為眾
　　　人所欣美的珠寶一望而知不是
　　　來自於我的。我希望你除了我
　　　買給你的飾物，什麼也不戴。

而黃蕙蘭不以為然：

這將有助於使他們理解中國不能忽視，我們並非如他們所想像的來自落後的國家。我們來自有權受到重視的國家。

黃蕙蘭一意孤行，我行我素。不改驕奢之習，養狗、飼魚、賭博、收藏古玩，遊戲人生。在顧維鈞回京任內閣期間，他用父親贊助的二十五萬鉅資，一舉買下當年吳三桂寵妾陳圓圓的故居，（北京鐵獅子胡同內。當年孫中山應邀北上以此為行轅）風光至極。家傭二十餘名。她喜歡養狗，多達四十餘隻。晚年寓居美國曼哈頓，坐享父親給她的一筆五十萬美金的遺產。一次歹徒入室，將她封嘴捆綁，性命岌岌可危時，仍說：「請不要傷害我的狗！」

在情感方面，顧維鈞對她的支持當不忘懷。但顧是位敬業的強人，對妻子的關懷自然便少了一份，黃蕙蘭怨言日多：

> 顧維鈞很有才華，但他缺少溫柔和親切的天賦。他對我不是很親熱，而是常常心不在焉，有時令人生厭。他最關心的是中國，為國家效命。

他們常常被邀去參加宴會，黃蕙蘭很想得到顧維鈞的欣賞，「但是當我打扮整齊，等待他的讚許時，他往往只不過心不在焉地看我一眼而已。」

> 他對待我，就是忍讓，供吃供住，人前客客氣氣，私下拋在一邊。

於是，她下了判詞：「他是個可敬的人，中國很需要的人，但不是我所要的丈夫。」

他們是兩股道上跑的車，珠聯璧不合，有緣乏趣。道不謀，難以合卒也。

他們共同生活了三十六年（1920—1956），其數恰與當年陪嫁的三十六套鑲金餐具等同。這位象牙塔裡的千金終於與顧維鈞平靜地分手。

——婚姻是一部書，第一章是詩篇，其餘則是平淡的散文。

（四）嚴幼韻，黃昏的拐杖

愛情猶如出麻疹，年紀愈大出得愈重。

顧維鈞經歷了三次婚姻的洗禮，備嘗酸甜苦辣，在已入老境之年的七十二歲時與小他二十歲的嚴幼韻女士結合了。這是一段沒有任何功利色彩的純情之旅。老伴、老伴，伴老也。他們攜手在夕陽的餘暉裏，相濡以沫，更多的是

顧維鈞與嚴幼韻

嚴幼韻照顧顧維鈞,她是他黃昏的拐杖。顧維鈞把愛的方舟泊在嚴幼韻溫馨的港灣,永不啟航了。

嚴幼韻,浙江寧波人,上海著名綢緞莊「老九章」老闆之後裔,復旦大學畢業,是位時尚的新女性。她有一綽號叫「愛的花」,緣逢汽車牌號。大學時代的嚴幼韻便學開汽車,其時髦可想而知。那時擁有汽車的人實在如鳳毛麟角,她的車牌號為84,英文為「Eighty Four」,中文譯為「愛的花」。嚴幼韻的前夫楊冠笙,係普林斯頓大學國際法博士,早年在清華大學執教,後入外交界,曾任駐菲律賓總領事,1942年日軍佔領馬尼拉時遇害。早在三十年代,因丈夫的關係,嚴幼韻便與顧維鈞熟識。丈夫去世後嚴幼韻便到紐約,1959年前後任職於聯合國。那時顧維鈞正出任駐美大使。由於工作上的關係,兩人便有交往,相互心儀。其時顧維鈞與前妻黃蕙蘭的關係正處在「冷凍」狀態,散局已定。華盛頓、紐約近在咫尺,顧、嚴的過從益發頻繁起來,戀情漸漸地發展到心心相印了。

1956年顧維鈞辭去駐美大使職務,幾乎同時與黃蕙蘭仳離。他決心「采菊東籬下」,歸隱田園,安度晚年了。後突然受命(臺灣當局),要他參加海牙國際法庭競選,復東山再起,並當上國際法庭副庭長。1959年秋顧維鈞與嚴幼韻正式結婚,定居海牙。

嚴幼韻是位善於理家、精於治家和好客的女主人。顧、嚴做為繼父、繼母,對雙方各自的子女來探拜,一律歡迎,不分彼此,一視同仁;對故舊親朋的造訪,殷勤款待,禮數周致。婚後的嚴幼韻把主要精力傾注在照顧丈夫的生活瑣屑上:為他準備大量的中、英文報紙供他閱讀;同他聊天,讓他身心愉悅;陪他散步,讓他恬靜怡然;為他

安排牌局，供他消遣取樂。牌局的定率出入甚微，顧維鈞視它為「統戰」。他打牌從不算牌、不扣牌，十九必輸。有人表示禮貌，讓他當贏家，他絕不接受，總把錢塞在輸家的手中。往往「牌完站起來，幽默地問：我是贏了，還是輸了？倒在床上，便入夢境了」。嚴幼韻熟知丈夫有晚眠宴起的習慣，考慮到晚餐到次日早餐有十多小時不吃東西，怕影響他的健康，每日凌晨三時必起，煮好牛奶放在保溫杯中，還附上一張「不要忘記喝牛奶」的紙條放在床邊，溫馨地督促，呵護有加，百分百地充當了「好管家、好護士、好秘書」的角色。顧維鈞在九十六高齡時，還完成一萬一千頁的口述回憶錄，歷時十七年，是與嚴幼韻的精心照護息息相關的。晚年過著「不忮不求，不怨不尤，和顏悅色，心滿意足」的生活。大兒子顧德昌感動地說：「如果不是她（指嚴幼韻），父親的壽命恐怕要縮短二十年。」顧維鈞晚年在談到長壽的秘訣時，總結了三條：「散步；少吃零食；太太的照顧。」

　　1985年11月14日顧維鈞無疾而終。前一日，還邀牌友在家「雀戰」，次日中午洗澡時跌了一跤，便遽歸道山。顧維鈞去世後，哥倫比亞大學設立「顧維鈞獎學金」；嚴幼韻在國內為他訂做了一套中式壽衣，將顧維鈞的一百五十五件遺物捐給上海嘉定博物館，並捐十萬美元，以資助建立顧維鈞生平陳列室，以慰夫君。

　　──男人最珍貴的財產是有一位溫情的、善解人意的妻子。

梅貽琦，清華的名片

（一）愛家愛國　儒雅謙沖

「他的確是蔡子民先生而後最值得我們學習的一位教育家。」教育家傅任敢先生如是說。

「他」是誰？清華大學校長梅貽琦也。

世人知道梅貽琦的已不多了，也難怪，1949年6月梅貽琦代表國民黨政府出席聯合國教科文組織的科學會議後，如泥牛入海。他先在美國管理「清華基金」，1955年赴臺，用清華基金籌辦「清華原子科學研究所」和新竹清華大學，至1962年病歿臺北。

「梅貽琦先生可以回來嘛！他沒有做過對我們不利的事。」[註1]周恩來的這句話，可視為共產黨對梅貽琦的政治定位。

梅貽琦，字月涵（1889-1962），祖籍江蘇武進（今常州），生於天津，遠祖梅殷是朱元璋的駙馬，受命駐防天津，從此成為津門望族。詩書傳家，梅貽琦的父親梅臣中過秀

才。清末，家道中落。梅貽琦1904年入南開學堂，因品學兼優，頗得張伯苓賞識。1908年保送保定高等學堂。次年，以第六名的優秀成績被錄取為第一批庚款留學生，放洋，赴美國吳士脫工業大學攻讀電機專業，1914年畢業後回國，不久應清華邀約回母校執教。此後，由教授到校長，連續為清華服務近半個世紀，這在中外教育史上是罕見的。他出任清華校長後創造了清華的黃金期，全面提升了清華的素質和聲譽，厥功至偉，被譽為清華的「終身校長」。

一位西哲説：「教育的出發點就是愛。」

梅貽琦愛家。

梅貽琦有姐弟多人，兒時每人都有一個奶媽，可是等到么弟貽寶出世時，家已日暮途窮，奶媽都辭了。十歲的梅貽琦當了嬰兒貽寶的「奶媽」，每日必做的功課是餵弟弟的奶糕、照料弟弟。放洋期間，梅貽琦從牙縫中摳出十元、五元，不時寄回家中濟窮，助弟弟

梅貽琦

們上學。回國後他任職清華，說媒提親者踏破門限，面對三個弟弟讀中學，特別是見到二弟梅瑞因無錢而中斷學業，他很難過，為贍養父母，為幫助弟弟們上學，他決計不考慮自己的婚姻，直到三十歲時才與韓詠華結婚。弟弟們上中學、大學的費用全部由他一人負擔。即使是婚後，他還把每月的薪水分成三份：贍養父母，助弟弟們上學，自己的小家僅留三分之一。梅貽琦逝世後，么弟梅貽寶（曾任燕京大學校長）含淚回憶說：「五哥長我十一歲，生為長兄，業為尊師，兼代嚴父」。

梅貽琦愛國。

早在1927年，他對清華遊美預備部畢業班作臨別贈言時，意味深長地說：

> 贈別的話，不宜太多，所以吾最後只要勸諸君在外國的時候，不要忘記祖國。

1931年，他在出任清華校長時的就職演說中強調：「中國現在的確是到了緊急關頭，凡是國民一分子，不能不關心的。」、「刻刻不忘了救國的重責」。當然，他的想法是：

> 我們做教師做學生的，最好最切實的救國方法，就是致力學術，造成有用人才，將來為國家服務。

次年，在紀念「九一八」事變一周年的紀念會上，他沉痛地說，那是「國難追悼會」，面對東北地圖變色的悲劇，他堅信「不甘淪為奴隸的極眾，將群起而圖之」，他信心十足：

> 東北三省雖亡，東北人心未死，……有此民族精神存在，則東北將不致終亡。

在西南聯大時，到梅貽琦家作客的人，梅夫人都會捧出一塊自製的叫「定勝糕」的點心招待大家，即米糕上嵌有「定勝糕」三個字，表達他們對抗戰勝利的信心。

梅貽琦向以「訥於言，而敏於行」稱著，更以「言必行，行必果」而名世。由於他身居清華校長的特殊位置，對學生運動是十分敏感的。四十年代末清華中共地下黨幹部白祖誠回憶說：

> ……在那兩年中，以梅貽琦校長和諸士荃訓導長等主持的校務當局，始終基本上沒有干涉、限制過學運和學生的活動。[註2]

二十年代末、三十年代初中共清華地下黨負責人之一陶瀛孫回憶說：

> 梅貽琦比較明智，捐十元大洋做活動經費（指中共地下黨活動）。[註3]

西南聯大時期，梅貽琦「曾積極提倡師生為抗戰工作而努力」。在清華校友通訊上，他發表過兩篇〈抗戰期中的清華〉，在報告校務的字裏行間充滿愛國激情。1938年春，國民黨政府發動訓練機械化部隊，梅貽琦倡導機械系二、三、四年級學生參加交輜學校受訓，畢業後分赴各地工作。1939年，抗戰部隊急需電訊人才，他就在電機系專設電訊專修科，為抗戰服務。1943年盟軍來華徵集譯員，隨軍上前線，那是很危險的。梅率先垂範，支持正在二年級（本不屬應徵對象）就讀的兒子梅祖彥棄筆從戎、參加遠征軍，二女兒梅祖彤參也加了戰地醫療隊。

受梅貽琦的影響、薰陶，兒子梅祖彥在部隊服務三年後，赴美留學。1949年畢業於梅貽琦的母校吳士脫工業大學，並在美工作。1954年梅祖彥毅然回到大陸，為新中國服務。此舉是得到梅貽琦的默許而成行的。當梅貽琦聽説兒子「回到清華母校任教，感到快慰」。梅貽琦故去後，夫人韓詠華於1977年也落葉歸根，回到大陸安度晚年。政府給予優厚待遇，安排她為全國政協第四屆特邀委員。

梅貽琦儒雅、謙和。他雖是工科出身，但喜愛音樂、書畫和詩詞，又通曉四書五經、史地和社會科學，洞悉人性的隱微。人稱他是「寡言君子」，望之岸然，即之也溫，對人和顏悦色。如遇工作上的問題，他總先問旁人：「你看怎樣辦好？」得到回答後，如果他同意，便説：「我看就這樣辦吧！」如不同意，則説我看還是怎樣怎樣辦為好，或説我看如果那樣辦會如何如何；或者説「我看我們再考慮考慮」，從無疾言厲色。

1940年9月，西南聯大的清華師生為他舉行公祝會，紀念他為清華服務二十五周年，國民政府主席林森送他一塊「育材興邦」匾額，他的美國母校吳士脫工業大學授他名譽工程博士學位。面對朋友、同仁的道賀，他在答辭中說：

> 方才聽了幾位先生以個人為題目，說了不少誇獎的話，自己不敢說他們的話是錯的，因為無論哪個人總有一些長處，但也必有他的短處，只是諸位不肯說這個人的短處罷了。仔細想來，或許諸位因為愛清華的緣故，愛屋及烏，所以對於這個人不免有情不自禁的稱揚的話語；就是吳士脫工業大學贈給個人的名譽學位，也是因為他們敬重清華，所以對於這個學校的校長，做一種獎勵的表示。註3

他在「教育部」任內，一所新大廈落成，僚屬請梅貽琦立碑紀念，並舉行儀式。可梅貽琦只在簽呈上畫了個圖，標明尺寸，指示只要求在新廈牆上加一碑石，記上興工、竣工日期即可，其他都不要。晚年有人要為他設立「梅月涵獎學金」，他執意不肯。這些，都在在顯示他的人格魅力。

（二）生斯長斯　吾愛吾廬

「生斯長斯，吾愛吾廬」。梅貽琦用這八個字概述了他與清華的血緣之親，也表達了他對清華的摯愛。他說：

學校猶水也，師生猶魚也，其
行動猶游泳也，大魚前導，小
魚尾隨，是從游也。

1931年底，他出任清華校長，可
稱得上受命於危難之時。自羅家倫於
1930年離職（當屬被逐）後，清華長時
期沒有合適的校長人選，連續空缺了
十一個月，不斷易人，反覆被逐。國民
黨政府只好令擔任「留美學生監督」的
梅貽琦出山。梅貽琦感到榮幸、快慰，
但又擔心自己不能勝任，雖一再請辭，
終未獲准，遂赴任。他在〈就職演說〉
中有極為中肯的表白：

清華大學匾額

清華大學匾額（朱自清題）

（我）又享受過清華留學的利
益，則為清華服務，乃是應盡
的義務，所以只得勉力去做。
但求能夠稱盡自己的心力，為
清華謀相當發展，將來可告無
罪於清華足矣。

他藉此提出一句關於大學教育的經典名言：「所謂大學者，非謂有大樓之謂也，有大師之謂也。」他是這麼說的，也是這麼做的。他不拘一格地攬用人才，被「三破格」的華羅庚即是典型一例。

在治校方面，梅貽琦倡導「吾從眾」的民主作風。他以京劇中的「王帽」自喻，把主戲讓別人唱，並說：

> 那是自己運氣好，搭在一個好班子裏，……「與有榮焉」而已。

大家都說他是個只知有事，不知有「我」的人。他博采眾議，無為而治，但又擇善固執。他在主張學術獨立、自由教育的同時，審時度勢，極力推行通才教育。他認為在抗戰的特殊背景下，大學重心「應在通而不在專」，以滿足社會、國家的需要為宗旨。顯然，他的這一辦學方針與國民政府頒佈的《抗戰建國綱領》是相悖的，但他一意堅持唯實，不唯上。他還強調對學生操行的培養，要求教授在指導學生讀書、做學問時，「必須指導學生如何做人」。

西南聯大八年的主要校務工作是由梅貽琦負責的（另有南開的張伯苓和北大的蔣夢麟）。從《梅貽琦日記》（1941-1946）中，可以看到在國難當頭、校務繁重、生活艱苦的環境下，有梅貽琦的嘔心瀝血，才創造出聯大「篳路藍縷，弦歌不輟」的局面。

1940年9月，梅貽琦的美國母校邀請他參加校慶，並頒給他榮譽博士學位，他丟不下艱難竭蹶中的聯大，沒有前往。他的胸懷是寬廣的。為度危艱，當時清華的教師組織「清華服務社」，透過為社會服

務取得一些報酬，以改善教職員生活。梅貽琦將該社所獲的利潤，讓西南聯大全體同仁分享，每人多發一個月的酬薪，深得大家的擁戴。

1948年時局發生變化，是年底梅貽琦與一些名教授被當局接到南京。次日（12月22日）國民政府要梅貽琦出任教育部長，梅堅辭。據當時一起同行的張起鈞教授回憶，梅貽琦在清華同學會上沉痛地表示，他身為清華校長，把清華棄置危城，隻身南來，深感慚愧，怎好跑出來做官？這「表現了學人的風格，樹立了師德的典範。」，不愧是個「人物」。註5

身為校長的梅貽琦，對清華的一草一木寄有深情。在他離平前夕，設立了一個「校產保護小組」，把一批賬目和物資轉移到城裏。對「清華基金」，他更視為命根子。1949年後他在美負責管理這筆基金。葉公超每到紐約都去看他，勸他回臺，把清華的這筆錢用到臺灣。他每次都說：「我一定來，不過我對清華的錢，總要想出更好的用法來我才回去。」因他不願用這筆錢拿到臺灣蓋大樓、裝潢門面，他想用在科學研究上。就算臺灣有人罵他「守財奴」，他也不在乎。1955年他終於找到「更好的用法」，他到臺後，把這筆款子用在籌建清華原子科學研究所和新竹清華大學上。

晚年的梅貽琦患病住院，無力支付醫藥費。而在他的病桌旁始終有只從不離身的手提包。在梅貽琦去世後，夫人韓詠華打開包一看，竟是清華基金的歷年賬目，一筆一筆，清清楚楚，在場者無不動容。註6

梅貽琦愛廬，亦愛廬內的同人、朋友。

聞一多被害，令他悲憤欲絕。

日間披閱兩校公事頗忙。夕五點余潘太太跑入告一多被槍殺，其子重傷消息，驚愕不知所謂。蓋日來情形極不佳，此類事可能繼李後再出現，而一多近來之行動又最有招致之可能，但一旦可竟實現；而察其當時情形，以多人圍擊，必欲致之於死，此何其仇恨，何等陰謀，殊使人痛惜而更為來日懼爾。急尋世昌使往聞家照料，請勉仲往警備司令部，要其注意其他同人安全……註7

梅貽琦為防止類似慘案發生，旋將潘光旦夫婦、費孝通一家和張奚若安排到美駐昆明領事館避險。他一面妥善安排聞一多的善後，一面向當局交涉追查兇手，向報界發表談話，揭露特務的罪行。

潘光旦是清華的教務長，梅貽琦的老同事、老朋友。1936年2月29日，警察局到清華大搜捕，逮捕數十位無辜的同學。學生們誤認為是潘光旦向當局提供名單，圍攻潘。潘是殘疾人，一隻腿，雙拐被丟在地，只能用一隻腿保持身體平衡。梅貽琦覺得他是一校之長，不能讓朋友代己受過。他挺身說：

你們要打人，來打我好啦。你們如果認為學校把名單交給外面的人，那由我負責。

他對情緒激動的同學們說：

晚上，來勢太大，你們領頭的人出了事可以規避，我做校長的是不能退避的。人家逼著要學生住宿的名單，我能不給

嗎？我只好抱歉地給了他們一份去年的名單，我告訴他們可能名字和住處是不大準確的。……你們還要逞強逞英雄的話，我很難了。不過今後如果你們信任學校的措施與領導，我當然負責保釋所有被捕的同學，維護學術上的獨立。註8

　　吳晗教授思想活躍，當局曾令清華解聘吳晗。梅貽琦一面拒絕，一面悄悄地通知吳晗離去。

　　梅貽琦愛生如子。他說：「學生沒有壞的，壞學生都是教壞的。」

　　國難當頭，學生運動迭起。梅貽琦完全理解、同情學生的愛國熱忱。他以超人的冷靜維持穩定局面。學生進城遊行後，梅貽琦派卡車把同學接回。對當局逮捕、開除學生，他總想方設法予以保護，或通知可能會遭逮捕的學生立即離校；一次為掩護郭德遠同學脫險，甚至同意把他藏在自己的汽車裏偷運出去（並未付諸實行）。有學生被逮捕，他總費盡周折去保釋。學生們也很體諒梅貽琦，每要鬧學潮時，又怕影響梅校長的地位，總要先貼出擁戴梅校長的大標語。對於梅貽琦與警察局周旋呵護學生的行跡，學生們模仿梅校長的口吻，編了一首順口溜：

　　　　大概或者也許是，不過我們不敢說。
　　　　傳聞可能有什麼，恐怕彷彿不見得。註9

　　儘管他自己很節儉，但對窮困、病難的學生，梅貽琦總是慷慨解囊，予以濟助。學生林公俠在香港中風，貧病交加，梅貽琦聞訊，從

美國匯一筆「數目巨大」的款項，幫他度過了難關，並勉勵他：「好好養病，保留此身，將來為國家出力。」

梅貽琦在1941年曾說：

> 在這風雨飄搖之秋，清華正好像是一條船，漂流在驚濤駭浪之中，有人正趕上負駕駛它的責任。此人必不應退卻，必不應畏縮，只有鼓起勇氣，堅忍前進。雖然此時使人有長夜漫漫之感，但吾們相信，不久就要天明風定，到那時我們把這條船好好開回清華園，到那時他才能向清華的同人校友敢說一句「幸告無罪」。

梅貽琦以他的智慧、務實精神和果斷的態度，在那非常的歲月，保存了清華的元氣，也實現了他的理想。

（三）一身正氣　兩袖清風

梅貽琦在學術界享有崇高的聲譽，除了他的「勤政」之外，「廉政」也是一個重要因素。其儉德的口碑極隆。

他在〈就職演說〉中第一個便談經濟問題。「力圖撙節與經濟」是他用公家錢奉行的原則。他掌清華後「刪繁就簡」，盡量減少辦事機構，裁減冗雜人員，多次表示：

> 當此國難嚴重時期，各事更應
> 力求節省，期以最廉之代價，
> 求得最高之效率。

最可貴的是身教。梅貽琦一到任，住進清華園甲所（校長宅），便放棄傳統的校長特權：家裏用工的薪金、電話費，以及學校免費提供的兩噸煤，全部自付。他認為：「雖是款項有限，但這是個觀念和制度的問題。」

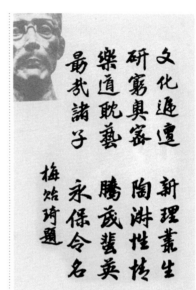

梅貽琦手跡

西南聯大的歲月裡，他與普通教授一樣租用的是民房，窄小，兩把硬椅子放在階臺上算是客廳。學校配給他一部小車，當物價飛漲時，他毅然封存了汽車，辭退了司機，安步當車。外出應酬，則以人力車代步。那時，他是知名大學校長，官場應酬多，對某些奢華的宴請之感慨，在日記中多有流露：

> 座中有何本初縣長及呂專員、
> 黃參謀主任。菜頗好，但饢肉
> 餡者太多，未免太糜費爾。
> （1941.6.11）

71

晚，×××請客，在其辦公處，菜味有烤乳豬、海參、魚翅……飲食之餘，不覺內愧。（1941.10.13）

在現存的北京清華檔案袋中，還存有梅貽琦當年用廢紙起草的公函、報告提綱等原稿。

某年，他與羅常培、鄭天挺到成都辦事，準備由昆明回重慶。學校本為他買好機票，後他見有郵政汽車可乘，立即退了機票，改乘郵車。雖在途中多受了一天的罪，但為公家節省了二百多元。

1943年當他獲知老母去世後十分悲痛。原定當天下午由他主持聯大常委會，同人建議暫不開，他仍堅持照常：

不敢以吾之戚戚，影響眾人問題也。（1943.3.4）

並在當天的日記中寫道：

蓋當茲亂離之世，人多救生之不暇，何暇哀死者，故近親至友之外，皆不必通知。……故吾於校事亦不擬請假，唯冀以工作之努力邀吾親之靈鑒，而以告慰耳。

西南聯大有時為職工謀一點福利，由他主持制定的校規卻明令「沒有三位常委的份」（其時，蔣夢麟、張伯苓另有兼職）。

> 還有一次，教育部給了些補助金，補助聯大的學生，我們當時有四個子女在聯大讀書，月涵都不讓領取補助金。

他們家的生活極為艱苦，「經常吃的是白飯拌辣椒，沒有青菜，有時吃點菠菜豆腐湯，大家就很高興了」。為了補貼家用，夫人韓詠華與教授夫人們一道繡圍巾、做帽子上街去買。後來與潘光旦、袁復禮夫人組成「互助組」，自製一種上海點心，取名「定勝糕」（抗戰一定勝利），由韓詠華跑到很遠的冠生園食品店寄售，來回要一個半小時，夫人又捨不得穿襪子，光著腳穿皮鞋，把腳都磨破了。

夫人韓詠華參加昆明女青年會活動，與名流龍雲夫人、繆雲臺夫人在一起。活動時大家輪流備飯。一次輪到梅家，家裏沒有錢，夫人就上街擺個小地攤，把子女們小時候的衣服、毛線編結物拿去賣，賣了十元錢待客[註10]……校長夫人擺地攤賣糕被世人認了出來，一時成為美談。

固窮守節。1951年，梅貽琦主持清華紐約辦事處，只有一間辦公室，只聘一位半時助理，自己給自己定薪每月三百元。後臺灣當局有令，要他把薪水改為一千五百元，梅貽琦不肯，「以前的薪水是我自己定的，我不情願改」（趙賡颺）。原住一通常公寓，為了給公家省錢，「搬進一個很不像樣的住處」，「小的連一間單獨的臥室都沒有。」

1955年，梅貽琦抵臺，卻把夫人留在美國。他在臺掙的臺幣，根本無法照顧夫人生活。夫人不得不自謀生計，在衣帽廠做工，到首飾店站櫃臺，去醫院做護理照料盲童，從六十二歲一直幹到六十六歲。

生活拮据，有時靠在洛杉磯的大女兒梅祖彬，業餘幫研究生打論文稿賺五塊、十塊貼補家用。而某年，梅貽琦回臺參加一次國民黨的「國民大會」，會議給他一筆津貼，他卻將錢全部為「清華駐美辦事處」買了一大批書。真是君子憂道不憂貧。

梅貽琦做人外圓內方。

園，對人謙沖、誠篤、公正。他有濃厚的民主作風，有對事不對人的雅量。葉公超評價他：「慢、穩、剛」。該剛的時候，他則剛。他與秘書有約定，凡是求情的信件，不必呈閱，不必答覆，「專檔收藏了事」。抗戰前的清華總務長，是梅貽琦的好友。他是位有聲望而幹練的「回國學人」。一次，那位總務長要求梅貽琦聘他為教授，以「重」視聽。梅認為行政人員與教授，職司不同，不可混為一談。他不同意，結果那位總務長拂袖而去。梅終不為友情所動，顯示他擇善固執，「剛」的一面。

有一則趣事。據清華畢業生孔令仁的回憶：西南聯大辦了一個附中，由於教學質量高，昆明市民都想把自己的子弟送到這所學校去讀書。雲南省主席龍雲的女兒龍國璧、梅貽琦的小女兒梅祖芬都想轉到附中，同時報考了這所學校。龍國璧沒有考上。聯大創立時，龍雲曾給予許多支持，這次他的女兒沒被錄取，十分生氣，認為梅貽琦太不給面子，就派他的秘書長到梅貽琦處疏通。但秘書長躊躇不動，龍雲生氣地問他：「你還站著幹什麼？」秘書長說：「我打聽過了，梅校長的女兒梅祖芬也未被錄取。」龍雲這才不氣了，對梅更加敬佩。

　　梅貽琦生病住院，「其間醫藥喪葬，在在都承若干若干知不詳說不盡的先生們、朋友們關懷維護。」（梅貽寶）人們之所以如此厚愛他，不止是他瀟灑的「兩袖清風」，還有那錚錚的「一身正氣」。

　　清華校史研究專家黃延復說：「他長母校幾十年，雖然清華基金雄厚，竟不苟取分文。在貪污成風的社會，竟能高潔、清廉到這樣地步，真是聖人的行為。只這一點，已足可為萬世師表。」

　　梅貽琦曾親自為清華校刊題寫校訓：「自強不息，厚德載物」。

　　梅貽琦，以畢生的實踐，躬行了清華的校訓，弘揚了清華精神。

　　——梅貽琦，清華的名片。

【注釋】

註1：全國解放不久，周恩來在北京協和醫院禮堂對北大、清華兩校教授講話。見《梅貽琦與清華大學》，第125頁。山西教育出版社，1995年版。

註2、3：見《梅貽琦與清華大學》，山西教育出版社，1995年版。

註4：見《梅貽琦教育論著選》，人民教育出版社，1993年版。

註5：見《梅貽琦與清華大學》，山西教育出版社，1995年版。

註6：見《梅貽琦先生紀念集》，吉林文史出版社，1995年版。

註7：見《梅貽琦日記》（1941-1946），清華大學出版社，2001年版。

註8：徐修賢，〈懷念梅校長〉，臺灣《傳記文學》第40卷第6期。

註9：見《生斯長斯，吾愛吾廬——清華大學校長梅貽琦》，山東教育出版社，2004年12月版。

註10：見《梅貽琦與清華大學》，山西教育出版社，1995年版。

註11：見《生斯長斯，吾愛吾廬——清華大學校長梅貽琦》，山東教育出版社，2004年8月版。

王世杰二三事

（一）崇陽之子

　　王世杰（1891-1981），字雪艇，行五，湖北崇陽人。父王步瀛，經商業屠，富甲鄉里。王世杰五歲入私塾，生賦異秉，敏而好學，深得業師周子熙（西）讚許。清室廢除科舉制度、興辦學堂，他剛十歲出頭，由家裏傭人帶著步行到省城武漢考學校。途經咸寧一商號前休息，老闆見他這麼小小年紀就去應考，出於好奇出對子考他。老闆出上聯：「小孩子三元及第」。王世杰信口對答：「老大人四季發財」。眾人見之，交口稱讚。王世杰以優異成績考取湖北省南路高等小學堂。他在校學習成績出類拔萃，得到主持兩廣學政的梁鼎芬激賞。當時兩湖制臺張之洞聞他才華橫溢，召見了他，並問他的志向是什麼。王世杰說：

富與貴，是人之所欲也，不以其道得之，不處也；窮與賤，
是人之所惡也，不以其道得之，不去也。

張之洞十分欣賞，賜他為舉人。王家祖居老屋上有塊橫匾「五經
魁」，署名「王世杰立」，即由此而來。他小學畢業後入湖北優級
師範理化專科學校就讀，1911年考入北洋大學冶金系。旋辛亥革命
爆發，王世杰擁護革命，輟學南歸，返武昌投身起義，擔任都督府秘
書，參加了守城戰鬥。

　　1912年，同盟會改組為國民黨，王世杰受命參與組建國民黨湖
北省支部。他見鄂省政要與袁世凱勾結，就脫離政府，出版《經濟雜
誌》，以策劃二次革命，曾遭不測之危。次年參加二次革命，失敗後
赴英留學，1917年獲倫敦大學政治經濟學學士學位，後轉入法國巴黎
大學。1919年參與巴黎的中國工人、學生阻止中國代表團在《凡爾賽
和約》上簽字的愛國活動。1920年獲法學博士學位。畢業後他應蔡元
培之邀執教北大，兼法律系主任，講授「比較憲法」和「行政法」。
1922年與李大釗等人發起組織「民權大同盟」，又與胡適、陳源等創
辦《現代評論》。1927年始棄文從政，歷任南京國民政府首任法制局
長、武大校長、教育部長、中宣部長、外交部長等職。1949年隨蔣介
石到臺灣，先後擔任總統府秘書長、中研院院長等職。1976年辭職引
退。1981年逝世。

　　王世杰主要著作有：《比較憲法》、《憲法原理》、《王世杰先
生論著選集》以及與羅家倫合作選編的《故宮名畫三百種》、《藝苑
遺珍》等。

王世杰求學、工作長期背井在外，一生只回故鄉兩次，但不忘桑梓，眷眷為懷。特別是在他擁有一定的社會地位和權力之後，凡見到家鄉有什麼困難，只要在不違反原則和自己力所能及的情況下，總想方設法予以幫助。

1925年，崇陽縣自立夏後大旱無雨，持續三個月，大河斷流、田地龜裂，莊稼枯焦，顆粒無收，出現歷史上罕見的大饑荒。樹葉、草根被吃光，老百姓只得吃觀音土，吃多了大便解不出，要用挖耳挖，慘不忍睹，一時餓死了不少人。身在北京的王世杰聞訊後，不得不找拜把兄弟、時任湖北建設廳廳長的李介如借一筆鉅款，寄回家中，讓父親從江北買回兩船大米、三船大豆，計有三萬斤之數，在縣裏回頭嶺和白霓橋等處賑災救民，使不少在死亡線上掙扎的饑餓貧民得以緩生。這筆錢直到抗日戰爭前王世杰才還清。1934年，又遇大旱，王世杰東借西挪地湊出一筆錢，買了一批大米，讓其父在花涼亭和白霓橋兩處開設施粥點，憑票供應。

王世杰

據當時設計、印刷粥票的王文藻回憶，票上蓋著「王壽春」字號的圖章，由村人孫香谷發放。此義舉深得故鄉人民好評。

1937年抗戰爆發，崇陽面臨戰禍，同時處在苛稅和地租的雙重壓榨下，又逢瘧疾橫行，天災人禍奪去不少人的性命。王世杰將平時所得的版稅和積蓄，在南京透過私人關係購了一大箱奎寧丸，派人送回崇陽，請他堂弟王懷謹發揚醫師的人道主義精神，發給鄉鄰的患者，並囑託：凡王姓患者一律免收藥費，其他患者只收成本費，作為王懷謹的報酬。再三叮囑：「萬萬不能多收一分錢，藉以牟取暴利」。崇陽淪陷後，日寇實行經濟封鎖，老百姓買不到鹽。家境好一點的，熬硝鹽吃，從糞池周圍的地下挖地皮土和老陳磚土中提煉；此鹽有毒，明知吃了會得病也得吃。也有的人用辣椒粉代替食鹽，患病的人越來越多。王世杰於1940年，透過各種渠道在重慶弄到二十萬斤鹽，運回崇陽，交由當時崇陽縣政府鹽務局的甘楚臣具體承辦，平價發售。崇陽淪陷後，農民有家不得歸，顛沛流離。雪上加霜的是，當時駐紮湘鄂贛邊區的三十集團軍司令王陵基趁火打劫，令崇陽縣額外繳納二十萬斤軍糧。族人王鏡遠寫信給王世杰求援，王世杰火急將此情況向九戰區總司令、湖北省主席陳誠（王鏡遠的頂頭上司）反映，最後由陳誠出面，免除了這二十萬斤的額外軍糧。

1945年抗戰勝利，王世杰回到久違的家鄉，見到的是滿目瘡痍，民不聊生。他回到南京後為民請願，有關方面把崇陽1945年的公糧任務免了。

王世杰逝世後，其客居美國的侄兒王德芳遵叔父宿願，於1985年寄回一筆款項，在故鄉崇陽回頭嶺修建了一口飲水井，並在井邊立

一石碑，刻有「敦睦飲水井」五個大字。字簡意深，既有飲水思源之意，又有熱愛祖國、懷念家鄉之情；亦表達了「祖國要統一，親人要團聚」，炎黃子孫的共同意願。[註1]

（二）書生本色

　　王世杰身材矮胖，圓圓的面孔，外加一副眼鏡，很有學者的風度。夫人蕭德華（音樂家蕭友梅之妹）身材比他要高過一個頭，有次王世杰訪美歸來，夫人去機場接他。王世杰剛從飛機扶梯走下，中央社記者大叫：「『開麥拉』，快！不然王部長就太矮了！」眾人大笑。王世杰也不介意。他做人向來嚴肅。據說他在外交部長任上，部裏下屬都很畏懼他。他一進外交部大樓，各司局辦公室鴉雀無聲，他前腳剛走，大家便談笑風生。初識者以為他「道貌岸然」、「擺架子」、「官僚氣」，相處久了，便發現他的「一本正經」，正是他內外一致的表現。

　　作為書生從政的王世杰，一直未改書生的本色。「嚴謹、清廉、謙遜，並主張自由主義思想」。那時的學者一般喜歡「問政」而不「參政」，王世杰卻「參」了，而且參得深。有人認為：

　　　　王世杰參政的主要目的，是想根據西方的民主原則一點一滴
　　　　的從事政治制度的改革。

他熱衷於當年的國民參政會。

參政會提供了一個間接的代議制雛形，也為他提供了一塊施展夙願的試驗田。他從國民參政會成立之初的性質、人選，到起草保障人生自由的權利法令，以及擴大參政會職權等種種努力，都浸透了他理想主義的色彩。註2

他反對共產黨的宣傳，也反感國民黨的壓制輿論、禁錮思想。他曾說：「（自己）將寫一書，表彰黃梨初反對君主制主張法治之法。」耐人尋味。他與中共高層多有接觸。在他主持起草的文告中措辭比較「理性」，對共產黨從未使用「共匪」的字樣，在和人談話中對蔣介石、毛澤東、周恩來都統稱「先生」。

王世杰做為蔣介石的智囊之一，他的見解有時影響了蔣介石的決策。如1944年冬，孔祥熙為進一步搜刮民脂民膏，向蔣介石提出徵收人頭稅，美其名曰「國民義務勞動稅」。蔣介石把此提案批轉到參議室，由於王世杰極力反對，這一提案最後被撤銷。在用人的問題上，他打破門戶之見。他是留歐的，而楊振聲、錢端升等是留美的，他倒曾推薦他們為教育部次長候選人。他還主張：「不能專取材於中央委員或本黨黨員，而須向黨外破格用人」，顯示一種相容並包的氣度與卓識。

他當年剛到武漢大學時，選用教授都是量才而用，不濫用私人，連行政人員也搞公開招聘。到教育部長任上，重用與其無私人背景的雷震即是一例。他的家族侄孫輩有二、三十人，他只薦用兩人，也未重用，以致還招來族人的一些非議。

國民黨的大員們都很貪，而王世杰是公認比較廉潔的一位。他不煙不酒，也很少看戲或出入娛樂場所。他生活崇尚儉樸，尤其反對鋪張。抗戰期間，有次夫人蕭德華娘家來客，夫人本以為王世杰中午不回來吃飯，便辦了較豐盛的一桌酒菜，沒想到偏偏被王世杰撞上。送走客人後，他狠狠數落了太太一番：「我們應該把眼睛往下看看。」在重慶時吃的是糙米，一次王世杰見米好吃多了，問怎麼回事。夫人說她把米又加工了一次。他一臉嚴肅：

> 大敵當前，國難當頭，糙米也來得不容易，人們都能吃，我們又為什麼不能吃？

在單位裡，王世杰從不搞特殊化，上下班有專車他不用，步行。一次，下班晚了，秘書派轎夫去接，他也不肯坐。上面給他配一廚師，他謝絕：「蕭夫人完全可以頂替，我們應該為國家節省一份開支。」王世杰對子女的要求也很嚴格，對他們提出「五要」：「品行要端正，求學要勤奮，惡習要戒除，交友要謹慎，生活要艱苦。」他不以權謀私。長子王紀武高考失利，按成績只能以旁聽生的身份在中央大學讀書。當時中大校長羅家倫是他北大時的學生，現在又是他的下級，有人提議去遊說一下。王世杰就是不找，以致當時流傳「原教育部長王世杰的兒子是中大的旁聽生」這句笑話。

在重慶時的歲月，公教人員生活困難。王世杰的堂侄王德晃家中人口多，子女要上學，入不敷出。他想在重慶夫子池國民參政會旁邊開一熟食店。王世杰知道後立即警告：「公務人員不得經商，這是一

條法規，你要做生意，就得辭職。」王德晁迫於生計，為做生意真的辭職了。王世杰嫉惡如仇。他有個堂哥王世英，好吸鴉片，在湖北潛江工作，因貪污被革職。王世英三番五次哭著要求給他找一份工作，王世杰一直不予理睬。

王世杰雖受西方文化的薰陶，但某些方面也很傳統。次女王秋華在美國留學時與一美國青年戀愛，都已經準備結婚了。他知道後寫信問道：「在美國的中國留學生中，你難道找不到一個合適的對象嗎？」這一句話，卻害了女兒一輩子，女兒秋華竟終生未嫁。奇怪的是，那個美國青年竟也終生不娶。

在酬世上，他恪守原則，不阿諛曲迎。在教育部長任上，當時的國民黨大員居正為其朋友陳時說情，要求王世杰把陳時辦的「私立中華大學」改為「國立」。王世杰堅持原則，拒辦，以致後來他與居正、陳時結成冤家，成為政敵。

早年王世杰在北京大學當教授期間，有不少同仁在多所大學間奔走兼課，以便改善生活。王世杰不流俗，靜心堅守在北大耕耘。因他是憲法權威，一度被國立政法大學請去講授法學，他教了一年多，卻毅然謝絕酬薪，分文不取。他就是這樣一個「擇善固執」的人。

王世杰是學人從政，既受蔣介石的重用，又置身於各派之外，處境尷尬。他兩次擔任中宣部長，卻不是中常委。《中美商約》本是宋子文、宋美齡定案、蔣介石支持的，最後受眾人指責的卻是王世杰。

1949年，王世杰隨蔣介石去臺後，由原外交部長改任國民黨總統府秘書長。1953年11月他因「蒙混舞弊、不盡職守」的罪名被究職查辦。（擅自批准政學系同仁吳國楨購外匯十二萬美元案）。此事頗多非

議，有人評說是「蔣介石此舉旨在打擊政學系勢力」。他在中研院的一位老部屬說：

王世杰與胡適、梅貽琦（中）

> 雪公的氣質尤不宜於官場生涯。官場的習氣，多的是巧言令色之輩，而他要言不煩，不苟言笑；官場習氣，多的是酒肉徵逐的應酬，而他生活謹飭，幾乎全無世俗的嗜好。單單這兩款，就足以使他獨來獨往，無朋黨奧援。註3

蓋王世杰在臺針對臺灣的政治黑暗、特務橫行，對蔣經國大權獨攬多有批評，與蔣氏政權不和。六年後，王世杰復出，擔任中央研究院院長。任內，他增設物理、經濟兩個研究所，促進臺灣與世界間的文化學術交流，在各重點大學成立數、理、化、工程生物等研究中心。廣籌經費、充實設備，改善科研人員待遇。王世杰八十七、八歲時，仍不時地去他的「中研所」參加學術活動，

像一位普通學者一樣，聽名流們演講，指導工作。李國鼎在追憶王世杰的文章中説，王世杰主持對外科學合作近十五年，對臺灣的「科學教學、科學研究以及經濟發展，均有顯著的貢獻」。

王世杰自上世紀三十年代起一直是故宮博物院的常務理事，他十分關心古文物的保存和利用。鑒於藏品只限於保存，不便於欣賞的缺憾，他於五十年代提議成立「特別出版小組」，由他主持、選編出版了《故宮名畫三百種》、《藝苑遺珍》兩書，使「中國畫不只是有閒階級消遣歲月的良伴，也是現代忙人所必須的精神食糧」。為了弘揚中華文化，加強世界性交流，早在1935年時他促成倫敦「中國藝術國際展覽會」，1961年又組織臺北故宮文物赴美展覽，讓全世界人一睹中華文化的風采。

倘説嗜好，王世杰只有一件，喜歡收藏字畫。他把節衣縮食省下來的錢，全用在庋藏古字畫上。亦喜鑒賞，他覺得鑒賞古文物能擴充知識、增益涵養、陶冶性情、提升品味。更令人感佩的是，垂暮之年，他將畢生精心收藏的稀世珍品，包括梁武帝、唐周昉以及宋元明清的沈周、八大山人、石濤等人的作品八十多件全部捐給了臺灣故宮博物院。

王世杰逝世後，陶希聖在誄詞中云：

> 子曰「君子欲訥於言而敏於事」雪艇先生謂歟！先生勇於著作，怯於辯論。講學忠於法而依法為政。居安不苟一笑，臨危不辭三命。

一位他五十年前的老學生説，先生當年的演講內容大多忘光了，只記得他慢吞吞講的兩句話：

> 希望你們畢業之後，希望你們每天要抽出一小時來讀書，每月要拿百分之一的收入來買書。

（三）魂牽武大

王世杰一生涉獵政治、教育、文化、藝術和法學多種學科，歷任民國的大學校長、教育部長、宣傳部長、外交部長、總統府秘書長和中央研究院院長等。但他留下遺囑，死後墓碑上只鐫刻「前國立武漢大學校長王雪艇先生之墓」。

蔣經國賀王世杰九十華誕

武漢大學舊影（蘇雪林提供）

1928年7月，國民政府大學院正式決定籌建國立武漢大學。

1929年1月5日，武漢大學隆重地補行開學典禮，王世杰當時是國民政府首屆立法委員，代表教育部蒞校祝賀。他在祝詞中説，要辦好武漢大學，使其

能夠真正履行傳播知識、提高深邃學術的使命，必須要做到四點：經費獨立、完成新校舍的建築、教授治校和選擇教授並提高其待遇。

是年5月，王世杰正式出任武漢大學校長。此前他在教育部時說，關於武大「經深思熟慮後，認為不辦則已，要辦就當辦一所有崇高理想，一流水準的大學」[註4]。他認為：

> 武漢市處九省之中央，相當於美國的芝加哥大都市。應當辦一所有六個學院——文、法、理、工、農、醫，規模宏大的大學。[註5]
>
> 十年以後，學生數目可達萬人。[註6]

上任之初，他即表示：

> 留校一天，當努力盡自己的力量，絕不敷衍於苟且，空占其位置。[註7]

在全校師生歡迎他的大會上，他提出創造新武大的五個條件，即：「巨大的校舍」、「良好的設備」、「經費獨立」、「良好教授」和「嚴整紀律」。

在上述五個條件中，王世杰把「巨大的校舍」作為首要條件。走馬上任，他便積極奔走於珞珈山新校址的圈定和新校舍的建設中。

新校址雖圈定了，但由於地方政府不積極合作，加之一些「群眾」橫刀作難，讓王世杰傷透腦筋。興建新校舍要修路，必須遷動一

些墳墓。當時民間風俗迷信風水，墳主們聯合起來向政府請願，要求制止武大遷墳修路。負責武大遷墳的葉雅各教授，曾留學美國，年輕氣盛，認為這是迷信，率數十名工人一夜之間將有阻礙修路的墳全部挖掉。墳主「憤而上訴，事情鬧到中央去了」。所幸王世杰上下求索，多方奔走，才逐漸將此事平息。孰料，興建校舍時要遷武昌豪紳家的墳塚，豪紳們依人仗勢向教育部、湖北省政府捏詞呈訴，並寄發大批恐嚇信給王世杰，更有甚者直面指斥，恐嚇王世杰說：「如果強迫遷墳，我們就不保證你王世杰的人身安全」，聲言：「王世杰如果挖我們的祖墳，我們也要去崇陽挖他的祖墳。」面對各方面的壓力，王世杰以驚人的膽魄據理力爭，一面不妥協、不退讓，一面又多方溝通、求援，直至請行政院長譚延闓下達訓令飭令湖北省政府，才把這一幫豪強墳主們掀起的反遷墳事端平息。迫於無奈之無奈，王世杰還是被舊軍閥石星川敲詐了五千元。

遷墳風波平息，王世杰又為建校舍經費不足而犯愁。他不得不親赴上海找宋子文。宋子文違時不守約。到了，卻以一句話打發：「一個錢沒有。」王世杰疲於奔命，再度進京，求見行政院長譚祖庵。好歹「才算是解決經費上二分之一的難題」。……

經過兩年的努力，美奐美輪的武漢大學，在風景如畫的珞珈山旁、碧波蕩漾的東湖邊屹立起來。

硬體建設有了。在聘用教授上，王世杰的原則是要有學術成就，而無門戶之見。教授中，國民黨員極少，不同學派、不同政見者多，相容並包。連帶有濃厚左傾色彩的陶因、范壽康也聘，允許他們講授

包括《資本論》在內的經濟理論和歷史唯物主義、辯證唯物主義。王世杰認為：

> 一家大學能否至臻於第一流，端賴其文學院是否第一流。有了第一流的人文社會科學諸系，校風自然活潑……有了好的文學院，理工學生也會發展對於人文的高度興趣，可以擴大精神視野及胸襟。註8

唯此，當年武大文學院人才盛極一時：聞一多、陳源、朱光潛、葉聖陶、錢歌川、吳其昌、蘇雪林和袁昌英等等。

在教育學生方面，他注重「人格訓練」，他認為：

> 人格的訓練……至少應該與知識灌輸占同等地位。註9

要求學生「好學、吃苦、守紀律」。

> 在課堂上、考試上，以及人品性格修養上……造成良好的學風。註10

他給青年最喜歡題的是：「擇善固執」。

1933年，王世杰升任教育部長，武大校長由王星拱接任。他在離別講話中說：

無論現在或將來，無論兄弟在校或不在校，對於四五年來我們百餘名教職員與數萬名同學共同扶植與共同愛護的這個大學，必須繼續努力。本校今後的一切發展，兄弟聞之固然要引以為愉快；本校今後如果遇到有任何艱難困苦，兄弟必不視為在校同人義當獨任的艱難困苦，而是離校者與在校同人當共同背負的艱難困苦。

1938年秋，日寇逼近武漢，武大已遷四川樂山，武漢籠罩在一片惶恐之中，國民黨黨政大員捲上細軟紛紛撤往陪都重慶，有一位要員於某天晚上悄悄地來到珞珈山，獨自「佇立珞珈山頭，俯視著山下這片曾經為之嘔心瀝血、慘澹經營的巍巍校舍，想著它即將落入日本侵略軍之手，不禁潸然淚下，久久不願離開」。——他就是國立武漢大學首任校長、珞珈山新校舍的奠基人王世杰。

武大校史中對他有中肯的評價：

王世杰任國立武漢大學校長期間，致力於珞珈山新校舍的建設，制定了發展藍圖，四處籌集經費，嚴格遴選教授，要求師生有嚴明的紀律，養成良好的學風，支持師生的抗日愛國運動，注重發展科學研究，提出大學「總理紀念周」要增加學術演講。

王世杰與武大的感情是有淵源的，他的「發跡」也是從武大開始的。

「九一八」事變，武大學生紛紛要求赴南京請願，要求政府抗日。湖北省政府主席何成俊刁難、阻撓，並逮捕了一些學生。王世杰為此兩次過江找何交涉，促使他釋放了被捕的學生，並放行兩、三百學生乘船到南京。

王世杰運用自己的影響力，並透過南京的羅家倫等做工作，使武大的學生請願團在南京遊行和與蔣介石對話時，基本上體現了「克制精神」，同其他大學相比，頗有「秩序」，也未參加焚毀《中央日報》行動，因此受到蔣介石的特別關注，認為王世杰「辦學有方」。這與他後來受到蔣介石的重用應是不無關係的……

據王世杰在海外的子女們回憶，衰年的王世杰纏綿於軟椅上，常在花園中輕吟低哦蘇東坡的〈西江月〉：

武漢大學校園內王世杰紀念碑

世事一場大夢，
人生幾度秋涼。
夜來風葉已鳴廊，
看取眉頭鬢上。

酒賤常愁客少，

月明多被雲妨。

中秋誰與共孤光，

把盞淒然北望。

有一次，當他讀到〈定風波〉的末句「回首和來蕭瑟處，歸去，也無風雨也無晴」後，不禁淚如雨下。

王世杰到臺後，對武漢大學仍情深意篤。為寄託他對武大的思念，他刻了一方「東湖長」的圖章，一一鈐在他所收藏的名貴字畫上。他生前曾對家人表示：其所珍藏的書畫日後應移贈武漢大學保存。這批書畫現藏臺灣故宮博物院。

東湖長，勿相忘。

武漢大學也不忘老校長王世杰，在美麗的校園內為他立了一方紀念碑。

【注釋】

註1：見《崇陽文史資料》第二輯（王世杰專輯），1986年3月版。

註2：見《學者的悲哀——從政文人的最後結局》，華文出版社，2006年1月
　　　版。

註3：見〈追念王雪艇先生〉，臺灣《傳記文學》，第39卷第4期。

註4、5、6：見《國立武漢大學週刊》，民國18年5月27日。

註7：註7見《國立武漢大學週刊》，民國18年6月3日。

註8：同註3。

註9：見《國立武漢大學週刊》，民國18年6月17日。

註10：見《國立武漢大學週刊》，民國19年9月13日。

註11、12：見《名人名師武漢大學演講錄》，武漢大學出版社，2003年2月
　　　版。

毀譽參半傅斯年

一個肥頭胖耳的大塊頭，他有一頭蓬鬆的亂髮，一副玳瑁的羅克式的大眼鏡。他經常穿著那時最流行的大反領ABC襯衫，不打領帶，外面罩上一套卡其西裝，那副形容，說起來就是那類不修邊幅的典型，但卻顯示了與眾不同的風度。他似乎永遠是那麼滿頭大汗，跟你說不上三句話，便要掏出一方潔白的手巾，揩抹他的汗珠。

——這就是傅斯年。

是時，朋友們叫他傅胖子，取其形。抗戰期間在重慶，他與李濟、裘善元赴宴。宴畢，主人替他們雇好三乘「滑竿」，裘善元第一個出來，抬夫見他胖，不願抬，大家推讓。第二個走出來的是李濟，比前一個更胖，剩下來的四個人又互相推委一番。等到傅斯年走出來，剩下的兩位抬夫，扛起滑竿拔腿就跑，弄得主人很狼狽。

傅斯年

後來，他「參政」了，持續向皇親國戚宋子文、孔祥熙們宣戰，世人譽他「傅大炮」，則擷其神。褒乎，貶乎？傅斯年不屑，苟利國家生死以，豈以褒貶趨避之？

有人說，他與胡適一樣，是位「譽滿天下，謗滿天下」的複雜人物；也有人說，他是知識份子中唯一一個敢在老蔣面前蹺起二郎腿說話的傢伙。而傅斯年也姑妄言之：「誰都沒有資格罵胡適之，只有我可以罵，只有我才有資格罵。」他也真膽大妄為：竟在一份關於蔣介石與孔祥熙說情的絕密函件上鉤出要害處，並在「委座」的名側大筆一揮批道：「不成話」。

悲夫！傅斯年對蔣介石忠貞不貳，最終上了他那條船，漂零到孤島上，他賚志以歿，站著死在臺灣大學校長席上。如今他木墓高拱已半個世紀，對大陸讀者言及「傅大炮」，或把眾人轟啞，許會鬧出「笑問客從何處來」的驚詫。但傅斯年畢竟是傅斯年，誰能說他不是個「人物」？

「不成話」

傅斯年身份證

傅斯年（1896-1950），是二十世紀上半葉在中國知名度頗高的學者、社會活動家。不過，自四十年代末，他便成為大陸文化界不受歡迎的人物。究根，他是國民黨政治官僚的「幫忙文人」，既深且久，讓人無法歡迎！「學林霸才」的傅斯年，似不足稱道，唯視民族為重、唯國家為最的傅斯年，倒令人不能不刮目。

　　傅斯年，山東聊城人。家世頗顯赫，祖上傅以漸是清朝第一任狀元，榮登清宰輔位，故聊城的傅宅被稱為「相府」。其父傅旭安係光緒二十年的舉人，曾任山東東平縣龍山書院山長，英年早逝。時傅斯年九歲，祖父傅淦蓄意栽培。傅淦先生執意把傳統的倫理觀念、文人氣節和做人道理授之。傅斯年之弟傅斯岩說：「祖父生前所教我兄弟的，盡是忠孝節氣，從未灌輸不潔不正的思想。」

　　說來有趣，傅斯年給兒子命名為「仁軌」，連羅家倫聞之，也不知典出何處，遂問傅。傅斯年笑話他：「枉費學歷史，你忘記了中國第一個能在朝鮮對日本兵打殲滅戰的，就是唐朝的劉仁軌」，由此聊見他的民族精神是何等的根深蒂固。在學術上，傅斯年對羅振玉是尊重的，可是後來每言及羅振玉，他總加上「老賊」兩個字，咬牙切齒之恨，全因羅振玉後來幫溥儀弄出了「滿洲國」。非但如此，他也羞於向人炫耀做過清朝宰相的祖先傅以漸。

　　「時危始識不世才」。

　　「九一八」事變，北平學者集會，譴責日軍侵華的罪行，傅斯年即席講演，首倡「書生何以報國」的話題，喚起了民眾的覺醒，眾人紛紛各抒己見。當時，日本為尋找侵華的藉口，利用御用文人寫文章，杜撰「滿蒙」在歷史上非中國版圖之所有。為駁此謬說，傅斯年

主持並邀史學界同人，挑燈夜戰撰寫《東北史綱》，一面駁斥日人指鹿為馬的胡說，以正視聽；一面讓國人瞭解東北歷史，激發國人愛國的激情。同時，他又委人將「史綱」主要部分譯成英文，遞交給「國聯」，俾迫國聯做出「東北三省為中國之一部，此為中國及各國共認之事實」的結論。

次年，傅斯年在《獨立評論》和《新青年》上發表了〈中日親善〉和〈中華民國是整個的〉等分析評論時局的文章，極力主張抗戰，反對妥協。他堅信最後的勝利屬於中國，同時指出贏得勝利的力量在民眾之中。令人感興趣的是，他的某些見解與共產黨領導的抗日政府對時局的分析，不謀而合。

戰火蔓延到平津周邊，有人害怕，發起建立北平文化城的運動，想把北平變成「中立區」，以避戰亂。傅斯年揭竿反對，認為此舉「有損於國民人格」，以致在他讀到胡適的〈保衛華北的重要〉一文後，大動肝火，認為這是胡適在附和政府的妥協政策，宣稱要退出《獨立評論》，與胡適斷交。這或許就是他揚言敢罵胡適的理由。後由丁文江調停才作罷。在民族社稷的大事上，傅斯年眼裏容不得一粒沙子，冰炭不容，哪怕是師長！他說：「適之是自由主義者，我是自由社會主義者。」胡適也感慨的說，傅斯年是他「最好的諍友和保護人」。嗣後，日人網羅我民族敗類，陰謀實行「華北五省自治」，主操北平政務的蕭振瀛在教育界人士座談會上大放厥詞，說「在日人面前要保持沈默」之類。傅斯年聽罷，憤然作色，拍案而起，對這種公然為敵張目、有損民族人格的言論痛加駁斥。會後，教育界人士發表聯合聲明，表明抗日立場。傅斯年撰文疾呼：

我們只有在國家統一的環境中才能謀生存，一旦分裂，則成為他人的「俎上魚肉」。

指出華北「自治」的結果，只能是「外治」，只能是「亡國」。

抗戰開始了。將北大、清華、南開三校聯合組成「西南聯大」的方案是傅斯年提出的。抗戰勝利的消息傳到重慶，傅斯年高興得成了瘋子，在大街上一手拎酒瓶喝酒，一手拿拐杖，把帽子挑在拐杖上亂舞……

抗戰勝利後，胡適被任命為北大校長，當時胡在美未歸，由傅斯年代理。傅斯年一再表示：凡做了「偽北大」的教員的，復員的北大一律不聘。周作人、××即在此列。××曾跑到重慶拜訪傅斯年，傅見面就大罵：「你這民族的敗類，無恥的漢奸，快滾，不要見我！」次日《新民報》以此大做文章，題為〈傅孟真拍案大罵，聲震屋瓦〉。

曾在「偽北大」任過職的人員，採用多種方式向傅施加壓力，組織請願並以罷課相挾。傅斯年毫不示弱：「就是殺了我也要說上面的話！絕不為北大留此劣跡！」他以赤子之心維護了北大的愛國主義傳統，並毫不手軟地對「偽北大」校長鮑鑒清提出控告。上循天理，下合人心。

為了促進國共合作，1945年6月2日，傅斯年以無黨派人士身份，聯合國民黨、民主黨派的黃炎培、章伯鈞等七人，致電毛澤東、周恩來，正式提出訪問延安，6月18日毛澤東、周恩來等覆電，對其以國家利益為懷的精神表示欽佩並歡迎。7月1日，傅斯年一行六人在王若

飛的陪同下抵達延安，毛澤東、周恩
來、朱德親自到機場迎接。傅斯年與
毛澤東是二十多年前的北大舊識，傅在
他的〈《新潮》之回顧與前瞻〉中列舉
全國六大「最有價值」的刊物中，就有
毛澤東主辦的《湘江評論》。在談到
「五四」運動時，毛澤東稱頌傅的貢
獻，傅則以陳勝、吳廣自況，説你們才
是劉邦、項羽。毛澤東報之以微笑，並
未作正面回答。傅向毛索墨寶，毛遵囑
慨允，條幅上寫道：

毛澤東致傅斯年手書及詩

> 竹帛煙銷帝業虛，
> 關河空鎖祖龍居。
> 坑灰未燼山東亂，
> 劉項原來不讀書。
> 唐人詠史詩一首書呈

> 孟真先生
> 毛澤東

毛澤東還附一親筆信：

孟真先生：遵囑寫了數字，不像樣子，聊作紀念。今日間陳
勝吳廣之說，未免過謙，故述唐人語以廣之。

敬頌旅安　　毛澤東上　　七月五日。

據說此物藏於史語所的傅斯年檔案中。

在民族氣節、國家操守上，孟真最頂較真，黑白分明，寸土不讓。

一位西哲說：「真正的愛國是不分黨派的。」另一位西哲說：
「愛國主義是歹徒最後的庇護所。」傅斯年非黨、非派、非歹徒，
「一身憂國家之難」的傅斯年有權立在愛國主義的大旗下。

「孟真貧於財，而富於書，富於學，富於思想，富於感情，尤其
富於一股為正氣而奮鬥的鬥勁。」羅家倫評論傅斯年時如是說。

不平則鳴。傅斯年淋漓的元氣之中，包含了天地的正氣和人生的
生機。他畢生嫉惡如仇。早在北大讀書時，授《文心雕龍》的朱蓬仙
教授，是章太炎的弟子，授此課非其所長，在講壇上常說錯話，「解
惑」越解越惑，有「濫竽」之嫌。學生們很不滿意，想向校方反映，
但課堂筆記又不足為據，一張姓同學，從朱教授處借得他的講義，轉
給傅斯年，傅斯年通讀了一夜，捉列出三十餘處讓人貽笑大方的錯
誤。他發動全班同學簽名，上書蔡元培。蔡校長不相信這些錯誤是學
生發現的，他擔心教授間的相互攻詰，於是，突然宣佈要召集簽名的
同學。同學們慌了，怕校方發現這事是傅斯年一人幹的，責任太大，各
人分頭準備若干條，才應付過去。那位不稱職的先生終於被炮轟出局。

　　傅斯年的好友、同學朱家驊和羅家倫等都先後踏入政界，操持一方權柄，而傅也有多次機遇，國民黨政權屢屢示意欲委以重任，淡泊明志的傅斯年不為所動。當胡適顧盼垂青某個官位時，傅斯年在致胡適的信中義正辭嚴地提醒他，不要做有損自己「名節」的事，並揭露蔣介石的虛偽，拉名人做官是「借重先生，全為大糞堆上插一朵花」。緣於對國家、民族之憂，傅斯年對政治感興趣，且捲入頗深。他不喜歡從政，但願參政。他的邏輯是：「我們是要奮鬥的，唯其如此，應永久在野，蓋一入政府，無法奮鬥也。」同時，他另有考慮：「與其入政府，不如組黨；與其組黨，不如辦報。」一個迂腐的酸儒也。

　　「風簷展書讀，古道照舊色。」

　　國民黨的參政會始於1938年。自1938年7月到1947年6月，國民黨參政會共舉行四屆十三次會議。傅斯年連續四屆被推選為參政員，並多次擔任「駐會委員」。1945年蔣介石打算在北方知名人士中補選一名國府委員，他欽點傅斯年。陳布雷知傅的秉性，說他不會幹，但蔣仍作禮賢下士狀，親自召見傅，面提此事，傅力辭不允。事後，傅斯年致長信於蔣，再表絕不從政的志向。信云：

> 斯年實愚戇之書生，世務非其所能，如在政府，於政府一無裨益，若在社會，或可偶為一介之用。
> 此後唯有整理舊業，亦偶憑心之所安，發抒所見於報紙，書生報國，如此而已。

同時雙管齊下，又寫信給陳布雷，請他向蔣進言，別再拉他當官。

傅斯年有個雅號「傅大炮」，他一生放炮不計其數，簡直有百發百中之奇。其威力最大、影響最深遠、最令人拍手稱快的，就是炮轟孔祥熙與宋子文了。

　　不端人碗、不站在人屋簷下，就能保持自己的獨立人格，保持對政府的批評權。面對國難當頭、政局腐敗的現狀，傅斯年第一個把炮口對準孔祥熙。他要在太歲頭上動土。

　　孔祥熙與蔣介石關係淵深，許正為此，孔長期竊居國民黨財政部長、行政院長之位達十年之久，政績全無，劣跡昭著，世人敢怒不敢言。傅斯年從孔氏的人品、才幹、政務等諸方面列舉多條劣跡，上書蔣介石，強言抗戰爆發，民族危難之時，用人要「盡職奉公」、「其直如矢」，要求罷免貪污腐敗份子孔祥熙。信發出，如泥牛入海。傅斯年十分氣憤，利用參政會舞臺，多次質詢孔，並督請政府「整刷政風」。1938年7月12日，傅又寫信呈蔣，從才能、用人，從縱容夫人、兒子與不法商人勾結、發國難財等六個方面，全方位地抨擊孔。言據鑿鑿，可蔣介石仍不動聲色，這更激怒傅大炮。他殫精竭慮，千方百計地搜集孔氏貪贓枉法、以權謀私的材料，準備在參政會上公開揭露，彈劾孔祥熙。這時在美的胡適聞之，寫信勸阻，傅斯年不聽，決意「除惡務盡」，抓住六起貪贓大案中影響最大、手段最卑劣的美金公債案（太平洋戰爭爆發後，美國政府同意借給中國五億美元。孔祥熙決定從中拿出一億作為美金儲蓄準備券，後因覺有利可圖，其手下央行國庫局長呂咸以巧妙方法為孔氏鯨吞了大量美金）。

　　中央銀行國庫局的正直人士，揭露孔祥熙、呂咸一夥營私舞弊的內幕，並將有關「炮彈」提供給傅斯年。傅擬成提案，交大會秘書

處。當時的大會主席團成員、外交部長王世杰擔心事態擴大，怕被人作為藉口「攻擊政府，影響抗日」，弄得左右不是，勸他歇手為安。傅斯年不以為然。陳布雷獲知，向蔣介石進言，説明孔趁火打劫，實在太渾，傅要揭露的事怕也攔不下來。蔣介石也感到棘手，一面盡力偏遮，一面以避免造成國際影響為由，制止傅在參政會上提出此案，建議可改成書面檢舉交蔣處理。蔣託陳布雷説情。陳布雷深知傅斯年的耿直，不會罷手，遂建議蔣再以爭取世界各國對抗戰的支持，以國家利益為重為由，請傅改變解決問題的方式。此招果然靈驗。一提國事為重，傅斯年答應退讓一步，決定將提案改為質詢案公之於眾，以求有果。

1944年9月7日，張群向參政會作完施政報告後，傅立身發難。他責問：國家法律規定政府官員不能經商，但孔祥熙為什麼卻辦祥記公司、廣茂新商號？黃金債券過去很少有人買，為何後來卻買不到？央行應該國家化、機關化，為何成了孔氏山西同鄉的「私人結合」？裕華銀行低價買進黃金，高價賣出。向美國借的黃金怎能供私人發財之用？孔氏在開秘密會議時當場給大家發黃金債券，是不是行賄？傅大炮「炮口」一開，地動山搖，朝野大嘩。（傅斯年發言結束時，特別作鄭重聲明，他講的這些話不但在會場內負責，即使到場外他也負責。他願意到法庭對薄公堂！）蔣介石也慌了手腳，馬上取走質詢書原稿，並在會後親自宴請傅斯年。

席間，蔣問傅：「你信任我嗎？」

傅答：「我絕對信任。」

蔣説：「你既然信任我，那麼，就應該信任我所任用的人。」

傅一聽，十分激動：

> 委員長我是信任的，至於說因為信任你也就該信任你所任用
> 的人，那麼，砍掉我的腦袋，我也不能這樣說！

蔣介石看中的不是他傅斯年的人品和學問，而是他所發揮的政治
作用。一種點綴而已。

時已騎在驢上的蔣介石，不得不派財政部長俞鴻鈞調查。眾人
拍手稱快，最高法院檢察長鄭烈致函傅斯年，懇求他提供秘密證
據，信云：

> 滿腔熱血，不知灑向何地。此事若得公助，巨憝就擒，國法
> 獲申，為公為私，當泥首雷門以謝也。

燈下黑。令人扼腕的是，蔣介石並沒有對孔案公開查處；不過迫
於強大的社會輿論壓力，終究罷免了孔祥熙。

一炮轟走了大瘟神，國人興奮，傅大炮遂名震天下。

令傅斯年失望的是，虎前走，狼後來。蔣介石安排他的妻舅宋
子文接任行政院長，這種任人唯親之舉，本就為人不齒。宋子文上臺
後，以行政院名義頒佈《黃金買賣細則》、《管理外匯暫行辦法》等
文件，他打著抗日救國的幌子，犧牲中產階級利益，他與孔祥熙等藉
外匯市場開放之機，利用只有他們才擁有的官僚企業進口許可證，大
肆進行非法進口倒賣活動，越演越烈，致使國民黨政府的財政、金

融，乃至國民經濟陷入一片混亂，最後釀成1947年以上海為中心的、席捲國民黨統治區的「黃金風潮」。

傅斯年忍無可忍，在《世紀評論》（1947.2.15）發表〈這個樣子的宋子文非走開不可〉，再次宣戰。文中，他從歷史的經驗教訓入手，分析得力透紙背。開首第一段便寫道：

> 古今中外有一個公例，凡一個朝代、一個政權，要垮臺，並不由於革命的勢力，而由於他自己的崩潰！有時是自身的矛盾分裂，有時是有些人專心致力，加速自蝕運動，唯恐其不亂，如秦朝「指鹿為馬」的趙高，明朝的魏忠賢，真好比一個人身體中的寄生蟲，加緊繁殖，使這個人的身體迅速死掉。

文末他又寫道：

> 我真憤慨極了，一如當年我在參政會要與孔祥熙在法院見面一樣，國家吃不消他了，人民吃不消他了，他真該走了，不走一切垮了。

傅斯年揮戈痛打落水狗，緊接著他又發表〈宋子文的失敗〉和〈論豪門資本之必須剷除〉等，對當局的黑暗腐敗、對官僚資本集團的營私舞弊進行猛烈抨擊。

文章面世後，各報紛紛轉載，全國上下群情激憤，這一炮又把宋子文轟成過街老鼠，灰溜溜地辭職。

世紀評論

論評紀世

世紀出版社出版印行
每逢星期六出版　民國三十六年二月十五日

街西京門華第三卷九號續之二

社論
論美國軍人的干政

專論
這個樣子的宋子文非走開不可　傅孟真
文明往那裏走（上）　潘光旦
衛生事業在困難中　吳景超
關於「兩個世界」的種種　楊鳳室
汽車（雅舍小品）　梁實秋

第七期①

編輯後記
紀委　沈金銓
時事　出口應被東進口報加

專論

這個樣子的宋子文非走開不可

傅孟真

傅斯年在《世紀評論》上撰文抨擊宋子文

傅斯年手跡

　　傅斯年不僅把炮口對準國內的貪官污吏，就是有定評的世界級大文豪，他也敢批評。他的絕筆文字〈我對蕭伯納的看法〉就是與眾人唱反調，調侃蕭伯納「江郎才盡」，他化蕭氏「神奇」為「腐朽」，對蕭氏的評論苛言鋒詞令人咋舌：

> 他在政治上，是看效能比人道更重的。
> 他在思想上，是剽竊大家。
> 他在文章上，是滑稽之雄。
> 他在戲劇上，是一人演說。
> 他在藝術上，是寫報紙文字。

不平則鳴，實話實說，這是傅斯年的作風；
毀譽由人，榮枯隨化，這是傅斯年的風格。

關於傅斯年的才幹，幾乎是交口稱譽。
蔣夢麟說：

> 孟真為學辦事議論三件事，大之如江河滔滔，小之則不遺涓滴，真天下之奇才也。

羅家倫說：

> 縱橫天岸馬，俊逸人中龍。

胡適説：

　　孟真有絕頂的天才。

　　稱傅斯年的才幹「百裏挑一」絕不為過。他五歲進私塾，十一歲讀完十三經。鄉鄰皆知他是出口成章、下筆成行的神童。讀小學堂時，家境不好，有些同學常送他燒餅，請他代寫作文，以至先生跟他開玩笑：「傅老大（據兄弟排行稱），你是不是又拿文章換人家燒餅吃了。」他年甫十二，遠離故土，負笈津門。1913年以優異成績考入北大預科乙部（經史），與顧頡剛、沈雁冰、俞平伯、毛子水同窗。他的學習成績出類拔萃，成為劉申叔、黃侃等國學大師們物色的「衣缽傳人」。

　　孰料，傅斯年在胡適的引導下，毅然扔棄下「國故」，義無反顧地投入到新文化運動中去。1918年傅斯年與羅家倫創辦《新潮》雜誌，擔綱主編，請胡適作顧問，宗旨是批評精神、科學主義和革命的文詞。校長蔡元培支持，月撥兩千元作經費。1919年元旦創刊，「發刊旨趣書」由傅斯年執筆，宣稱今日的北京大學，已經「脫棄舊型入於軌道」，不再是培養「一般社會服務之人」，而是以「培植學業」、發展學問為目的……創刊號出版後反響十分強烈，重印三次，印數達一萬五千冊之巨。有評論說，這個追步《新青年》的《新潮》，「表現得甚為突出，編寫皆佳」，超過北大教授編的《新青年》。

　　《新潮》問世四個月後，「五四」運動爆發。這期間，傅斯年在《新青年》和《新潮》上發表的文章達五十篇之多，涉及政治、經

濟、文學、歷史、哲學和語言等門類，大肆鼓吹倫理革命、文學革命，抨擊封建禮教，宣揚個性解放。他自然地成為北大新文化運動中的學生領袖。5月3日晚上七點，傅斯年與「新潮社」社員參加北大千人集會，5月4日，他主持被推舉的二十名學生代表會議，商討策劃遊行路線，下午二時半，示威開始，他扛著大旗走在前面，在東交民巷受到外國員警的阻攔，學生們認為在國土讓洋人管著是一大恥辱，遂奔向趙家樓找曹汝霖「算賬」……傅斯年勸大家不要太激動，但局勢已無法控制，學生們擎著大旗，去痛打章宗祥、火燒趙家樓了。傅斯年一直主張用和平請願的方式解決政治問題，不主張暴力行動。遺憾的是，傅斯年與「五四」運動的最後一個句號沒有畫圓滿。根據傅樂成的〈傅斯年先生與「五四」運動〉一文說，5月5日，傅斯年與一陝西籍學生發生口角，兩人拳腳相向，傅斯年眼鏡被打掉了，一氣之下，他宣稱不再過問學生會的事情。

是年六月，傅斯年畢業了，參加公費出國考試。雖然成績名列前茅，但主考官不想錄取，因為他是言論激進的《新潮》主編、「五四」遊行的總指揮。後經任人唯賢的教育廳陳雪南科長據理力爭，才被錄取為山東省的公費留學生。他先在倫敦大學學習實驗心理學，後在柏林大學學習比較語言學。六年後，落葉歸根，報效祖國。

傅斯年一生頗為自負，天馬行空，因對蔣忠貞不貳而遭謗議，本屬理所當然。但對他於社會之貢獻似已成共識：他樹立史料學派大旗，其《性命古訓辨證》可為傳世之作；創辦中研院史語所，慘澹經營廿年，成績卓著；出任北大代理校長，重建戰後北大和執掌臺灣大學。

第一屆院士會議（傅斯年末排右三）

傅斯年的天才，絕非只在學術研究上，在辦事的魄力與果斷上更為突出。他笑話自己學問不如胡適，但在辦事上不敢「恭維」胡適，說他太「性善」。傅斯年有自知之明，他的炮筒子脾氣往往得罪人，他說：「叫我事不過二可以，叫我不遷怒，我實在做不到。」他為史語所的創辦、發展傾注大量心血，把趙元任、陳寅恪等一流專家聚在麾下，二十年內，因戰亂，所址由平、滬、寧、滇、川、臺，搬遷八、九次，心血耗盡。

在用人上，他打破人情、地域觀念，不講背景，唯才是舉。他有句名言：「總統介紹的人，如果有問題，我照樣隨時可以開除。」對部屬管理甚嚴，大學畢業生到研究所，先閉關讀三年書，第四年才准許發表文章。一次，他發現一位年輕助研冬天好曬太陽，不刻苦。某日，他有意堵在門口，不讓其出門，不客氣地說：「你昨日已曬夠了。」他注意在小節上培養部屬的節操，一見有人用公家信箋寫私信，馬上

發佈告告誡。他嚴於律己，南京夏天燠熱，他人胖，煙癮又大，在閱讀北宋刊的《史記》、《敦煌卷子》等珍貴資料時，堅持不開電扇、不抽煙，精心保護。他對下屬的生活十分關心，事必躬親。抗戰時，史語所遷到四川李莊山坳裏，供給困難。他親自給專員寫信：

> 請您不要忘記我們在李莊山坳裏尚有一批以研究為職業的朋友們，期待著食米……

有人說他脾氣來了，是炮，溫柔起來，像貓。有個半真半假的笑話，在南京史語所時，工友老裴最希望傅先生發脾氣。說他上午發了脾氣，下午某雜誌送來一筆稿費，他就一股腦送給老裴買酒。人情味很濃。抗戰時在昆明，陳寅恪住三樓，他住一樓，每次警報一響，大家「聞機而坐，入土為安」，往樓下的防空洞跑，而他卻奔向三樓，把患眼疾的陳寅恪扶下樓來，一起進洞。在臺大當校長時，他常去光顧夜市的餛飩攤子、蹲在馬路邊上研究地攤上的象棋殘局、給小書店寫招牌。他給臺灣大陸書店寫條幅：「讀書最樂，鬻書亦樂；既讀且鬻，樂其所樂！」諧趣百出。日常生活與布衣無二。

早年在北大讀書時，他立志以從教終其一生，他實踐了自己的諾言。

1948年11月，傅斯年在堅辭未果的情況下，接任臺大校長職務。臺大本是臺北帝國大學的前身，國民黨軍政人員的家屬子女大量湧入，要在臺大就讀，人員關係複雜，經費短缺，一堆爛攤子。但傅斯年精心籌畫，銳意革新，使學校很快走上正軌。他將「敦品、勵學、

愛國、愛人」立為校訓。當時，島上反蔣情緒高漲，學潮不斷。有人在報上發表文章指控臺大「優容共產黨」，說某某把院系變成親共勢力的溫床。傅斯年不怕，針鋒相對地在報上批駁，說：「我不是員警，也不兼辦特工」、「學校不兼員警任務」，反對肆意在師生中搜捕共產黨。追述1945年他處理西南聯大學潮，在會見警備司令關麟徵時，他當面斥責說：

> 以前我們是朋友，可現在我們是仇敵，學生就是我的孩子，你殺害了他們，我能沉默嗎？

當然，事後在處理兇手的問題上，他又說：「秉承蔣主席公允無偏的意旨辦理」，站在蔣介石的立場面對學潮，哪有不偏頗的？結果大事化小，小事化了。此舉也實在難以讓人歡迎。

他是站著死的。

1950年12月20日，在蔣夢麟主持的農復會會議上，參政員郭國基質詢臺

傅斯年的最後一次演講（1950）

灣大學，關於教育部從大陸運臺、保存在臺大的器材處理和放寬招生尺度的問題。作為臺大校長的傅斯年侃侃答完後，又大談辦學方針及理想，言畢，突然昏倒，不再醒來。傅斯年逝世後，省議會副議長李萬居向記者宣佈，傅斯年校長於20日夜「棄世」。有位記者錯把「棄世」聽成「氣死」，消息傳出後，不明真相的青年學生要求郭國基說明事情的經過，郭逃之夭夭，學生緊追不放，引來百名員警，後經多方勸說，風波才平息。

12月31日，傅斯年追悼會在臺灣大學法學院禮堂舉行，有五千餘人參加，蔣介石亦親臨致祭。

傅斯年一生廉潔，兩袖清風；廉不言貧，勤不言苦。

1943年在重慶，他的血壓已很高，為了貼補家用，他不得不挑燈夜戰寫稿子。1949年到臺一接任校長，立即辭掉「立委」，堅持靠薪俸生活。在他去世前幾天，他還託劉瑞恒先生，囑人去港替他帶一件上身西裝（他有兩條褲子，上裝破了），價位不超過一百港幣。劉說稍為像樣一點的都得一百五十元港幣，他都表示為難，遑論其他了。

為紀念校長傅斯年，臺大在實驗植物園內建造一羅馬式紀念亭，墓前立沒有字碑。此園被命名為「傅園」。

徐志摩亂點鴛鴦譜

徐志摩與陸小曼的故事世人皆知，筆者最近讀到臺灣版的《不容青史盡成灰》（劉紹唐著）一書，內有一篇名為〈從蔣復璁之逝談到徐志摩的感情世界〉，涉及徐志摩的「陰錯陽差」拿錯信的往事，煞是令人品味。

蔣復璁（1898-1990），字慰堂，浙江海寧人。蔣百里之侄、徐志摩表兄、錢學森堂內兄。畢業於北京大學預科德文班，後赴德留學。1931年始任中央圖書館館長。1949年赴臺後繼任，凡三十二年。《徐志摩全集》（六卷本）由他與梁實秋主編，在傳記文學出版社出版。

先說蔣、徐兩家的關係：他們是硤石鎮上的兩大望族，且兩家相互聯姻。蔣復璁喊徐志摩的父親為「申如七叔」，而志摩在北京大學讀預科時就住在蔣百里家。徐志摩是蔣復璁長兄邁倫的朋友，也是他兒時的玩伴之一。1916年徐志摩在天津北洋大學讀預科，蔣復璁也在天津讀中學，同鄉，又沾

117

徐志摩

陸小曼

親，時有往來。次年，徐志摩轉入北京大學法科讀政治，蔣復璁也考入北京大學讀德文。後來蔣在松坡圖書館工作時，徐志摩就住在館內，並襄理事務，朝夕相處。因此，劉紹唐說蔣復璁對徐志摩短短一生「瞭若指掌」，此言恐不虛。不過，「慰堂先生是謙謙君子，又篤信天主，對志摩私生活點到為止，為親者諱，為賢者諱，講出來的與寫出來的，不及事實的十分之一」。

這「陰錯陽差」大概就是那「十分之一」的精彩之筆。

徐志摩（1897-1931）一生為四位女性所困：張幼儀、林徽音、凌叔華和陸小曼。徐與張係奉父命而結合，以此繡告終，與林相見恨晚，是一廂情願，陸則是乘虛而入，進而結為正式夫妻。《不容青史盡成灰》的作者劉紹唐認為：「僅有凌叔華本最有資格做徐的妻子、徐家媳婦的」。

1924年泰戈爾訪華，徐志摩侍奉左右。凌叔華是做為燕京大學學生代表去歡迎泰戈爾的，由此同時認識了徐志

摩和後來成為其丈夫的陳西瀅。據説泰
戈爾曾對徐志摩説過，凌叔華比林徽音
「有過之而無不及」，而據蔣復璁説：
「泰戈爾為愛護志摩，曾暗中勸徽音嫁
予志摩不果」。林徽音名花有主，奈
何，徐志摩感到惘然。那時，北京的歐
美留學生及部分文教人士每月有一次聚
餐會，蔣復璁也因志摩的關係參加了。
後將聚餐會擴大為固定的新月社（非後
來的新月社），由徐志摩主持，來客可
帶夫人。上世紀二十年代社交公開已蔚
然成風，林徽音、凌叔華和陸小曼夫婦
都入盟成為新月社的常客。而陸小曼的
夫君王賡是個敬業、勤勉之士，不大熱
衷於遊樂，但有歐美風度，每遇志摩請
邀遊樂之事，王賡往往説：「志摩，我
忙，我不去，叫小曼陪你去玩吧！」徐
志摩本是人見人愛的「大眾朋友」。他
雙管齊下，與陸小曼、凌叔華同時交
往並通信。徐志摩對凌叔華的才貌很
欣賞，他為凌叔華的第一部小説《花
之寺》作序，是一生中唯一一次為人
作序。他的處女詩集《志摩的詩》出

凌叔華

版扉頁上的題詞「獻給爸爸」，就是出自凌叔華的手筆。他們兩人的通信，徐志摩的父親徐申如是知道並認可的。徐志摩1925年3月赴歐前，將一隻藏有記載他與林徽音、陸小曼關係的日記及文稿的「八寶箱」交給凌叔華保管，還戲言他出國若有不測，讓凌資此為他寫傳，大有託後之誠。可見交情非泛泛可喻了。凌叔華也很豁達，在與徐志摩噓寒問暖的同時，也與陳西瀅的音問不斷。而當陸小曼活躍於徐志摩的視線後，徐志摩漸為陸小曼的豔麗、熱情所融化。在那段時間內，徐志摩同時在兩個女人中周旋，總給人「吃了碗裏又惦著鍋裏」的印象。喜劇，或曰悲劇也就緣此開場了。

　　1924年8、9月間，志摩由印度回國，住在上海新新旅館，同時疊接凌叔華、陸小曼兩封信，某日「晨間申如七叔往看志摩，王受慶（筆者按：王賡，陸小曼丈夫）亦同時往候。志摩深知其父喜歡凌叔華，希望志摩與叔華聯姻，故見申如七叔到來，即說：叔華有信。在枕邊將信交與父閱。王受慶跟著同看。志摩看受慶臉色大變，於是在枕邊一看，叔華的信仍在，拿給父親看的是小曼的信！他知闖了禍了，因為小曼寫得情意綿綿，無怪王受慶臉色變了，趕快起來，將叔華的來信送與父親，將小曼的信取回，王受慶信已看完，出門走了。」序幕一拉開，以後的故事逼得角色們將劇情發展下去，很快便進入了高潮。數日後，陸小曼應徐志摩前信中的私約到上海，先住在蔣百里家中。王受慶當眾責詢小曼給志摩寫信一事。「雙方各不相讓，大吵一場，卒致離婚」。據蔣復璁說，他當時親睹這一切，曾勸王受慶接走陸小曼，「用意在調虎離山，庶志摩與王太太減少往還」，結果大出所料，以離婚告終。陸小曼與王受慶離婚後回北平，

某日打電話給徐志摩，恰蔣復璁在徐志摩處閒話，小曼邀大家去她寓所茶敘。徐志摩約蔣復璁一道去，而蔣未去。自此，徐、陸的關係急轉直上，「不久就結婚了」。誰也難否認，這封「陰錯陽差」的信把徐、陸逼到牆角，他們不得不快刀斬亂麻做出唯一的抉擇。後來，徐志摩親口對蔣復璁說：「看信這一件事是『陰錯陽差』，我總認為王受慶與陸小曼離婚是因我而起，自有責任。」志摩也無愧男子漢，敢作敢當，他娶了陸小曼。王賡倒不愧是磊落的君子。「陰錯陽差」事件後，徐志摩赴歐避風頭，王賡到南京任職，而陸小曼留居北京母家，王賡還託胡適、張歆海「更得招呼她點」。更有趣的是，1926年10月徐、陸結婚，給王賡發一喜帖，王賡竟還送一份禮品，不失君子之風。

徐陸結婚紀念冊友朋題字

假如，當然這只是假如。徐志摩那天不拿錯信的話，他的命運將又是怎樣呢？猜不透。但有一點很清楚，志摩不娶小曼，家中不會斷絕他的經濟支持，他也許不必到處兼課賺點小錢供陸小曼揮霍。再者，現在各類寫徐的傳記上，都說徐志摩乘飛機回滬，是探視小曼的病，旋匆搭便機返平聽林徽音講演而遭難。蔣復璁不首肯此說，他認為：

> 其南下真實之原因，因陳小蝶欲購百里叔在上海國富門路之房屋，志摩想賺點傭金以濟家用，誠可憐也！

徐志摩為五斗米折腰而斃命，真令人扼腕！

1931年11月19日徐志摩遇難。12月6日北平追悼會後，於20日在上海舉行公祭。棺木運回老家硤石暫厝，次年春葬於硤石東山萬石窩。葬時匆匆，沒有立碑，只將胡適手書的幾個字放大寫在墓前的水泥牆上，直至1946年春積鍇母子歸，葬其祖父申如先生於志摩墓旁時，方請同鄉大書家張宗祥題「詩人徐志摩志墓」，並立碑。陳從周參加了這一儀式，他說：「所以延到後來才立碑，因等凌叔華所書碑文不就。」若干本徐志摩傳記千篇一律地沿襲此說，連劉紹唐的文章也這樣認為。其實不然。

塵封的史料隨著斗轉星移，漸顯水面。筆者與凌叔華之女陳小瀅過從較密，小瀅把她的小學、中學時的同學吳令華介紹給我認識。吳令華是吳其昌的女兒，而吳其昌是徐志摩的表弟，他們的祖母是親姐妹。2004年2月吳令華將〈記凌叔華題徐志摩墓詩碑〉一文寄給我一

讀。我覺得這史料新鮮，且言之有據，不敢迷信正確與否，總覺得最起碼是一家之說，可供史家研究。於是我將其推薦給《文匯報》和香港《大公報》發表了。吳令華說，1933年夏，父吳其昌回硤石渡假，徐志摩的父親請他吃飯，託他請凌叔華為徐志摩題詩碑。（筆者按：實是催請）這很自然，一徐、吳是至親，二吳其昌與陳、凌叔華夫婦有誼。吳其昌因抗日被清華解聘後，到武漢大學任教，與陳西瀅是同事；凌叔華又曾為他的《散文甲稿》設計過封面，交情頗深。吳其昌在硤石便發快信致凌叔華，轉述徐申如的要求。讀劉紹唐的〈徐志摩的感情世界〉一文，查考凌叔華致胡適的二十五封信和《胡適往來書信選》，關於凌叔華為志摩寫碑文一事有明確記載，覺得真實可信。凌叔華接到吳其昌催題墓碑的信後，過些時日，才題詞「冷月照詩魂」。徐申如為何堅持獨請凌叔華題，凌叔華為何也樂意？從這就不難看出徐申如「希望志摩和叔華聯姻」的本意，以及徐志摩與凌叔華之間那種「剪不斷，理還亂」的複雜情愫了。題寫什麼詞句為好，凌叔華是很慎重的。她曾於1933年1月31日致函胡適請益：

> 現在有一件事同你商量，志摩墓碑題字，申如伯曾來信叫我寫，好久未敢下筆。去夏他託吳其昌催我，我至今還未寫，因為我聽了幾個朋友批評所選「往高處走」之句不能算志摩的好句。去年方瑋德他還提出那句「我悄悄的來，正如我悄悄的去」（〈別劍橋〉）比這兩句合適，我想了也覺得是，近來更覺得「往高處走」句有點符合「往高處爬」、「往高枝兒飛」種種語氣，本來就有不少人以為我們的詩人是高貴閒

人之類,如果刻上「往高處走」句,必定有人譏笑這是詩人生前本如隨園的「翩然一隻雲中鶴,飛來飛去宰相衙」了。我想了差不多一年,總想寫信同你商量商量,請你另找兩句……

凌叔華也自謙說:

當然如果你們可以另找一個人寫,我也很願意奉讓,因為我始終都未覺得我的字配刻在石上。

「冷月照詩魂」這塊碑後來確實立了。據吳令華說,她的表兄徐璋教授於上世紀七十年代還鄉謁志摩墓,下山時在道旁發現它「橫臥泥中」。且美術史專家、吳其昌的連宗兄弟吳甲豐也見過,他倆還共同讚賞凌叔華將林黛玉的「冷月葬詩魂」易一字用於志摩墓,貼切而自然。

「冷月照詩魂」字無疑是凌叔華寫的,但這句詩究竟是胡適應凌叔華之邀「另找兩句」「找」出來的,還是凌叔華自擬的,就難以稽考了。

大學校長羅家倫

1917年北京大學招生期間,參加閱卷的胡適在招生會議上說:「我看了一篇作文,給了滿分,希望學校能錄取這位有才華的考生。」主持會議的蔡元培表示同意,可當委員們翻閱這名考生的成績單時,卻發現他的數學成績極差,其他各科成績也不出眾。由於蔡、胡兩人的執意,學校還是破例錄取了這名學生。

他就是羅家倫。

羅家倫(1897-1969),字志希,筆名毅。祖籍浙江紹興,生於江西進賢。早年就讀於上海復旦公學,1917年考入北京大學。在北大,他與傅斯年等人發起「新潮社」,編輯出版《新潮》雜誌。「五四」運動中,他與傅斯年被北大學生公推為代表,組織參加了「五四」大遊行,並起草了〈北大學界全體宣言〉。「五四運動」這一概念,也是由他第一次提出的。

1920年秋，羅家倫由蔡元培推薦、實業家穆藕初贊助赴美國留學，嗣後又赴德國、法國和英國訪學。1926年學成歸來，在東南大學短期執教，後捲入大革命風暴，加入了國民黨，曾任蔣介石的秘書。

　　1928年8月，三十一歲的羅家倫以北伐少將的身份，由南京國民政府外交部任命為清華大學校長。

　　時下論及清華大學的校長們，世人首推梅貽琦。梅氏把畢生的精力獻給了清華，厥功甚偉，功不可沒，但對清華做過奠基工程的羅家倫，似乎沒有受到應有的關注。臺灣清華大學史研究者蘇雲峰說：

> 現在很多人只知道梅貽琦是清華大學的功臣，而不知道羅家倫的奮鬥成果與經驗，實為梅氏的成就，鋪下了一條康莊大道。

　　羅家倫當年在清華究竟做過怎樣的奮鬥，取得哪些成果與經驗呢？

　　清華大學的前身是清華留美預備學校，由美國人退回的部分庚款創辦的。這筆清華基金，名義上由中國的一位外長、一位外交次長和美國公使組成的委員會管理，實際上則掌握在外交部高官手中。清華的校長歷來由外交部任命。到羅家倫時代，清華學校已易名為清華大學。羅家倫當校長後，憑著「有一點革命的勁兒」，毅然把清華大學易名為「國立清華大學」。他反覆強調：「在清華大學前面增加『國立』二字，是中國學術獨立的重要標誌」。同時，羅家倫想藉此理順清華大學的隸屬關係，促使清華大學脫離外交部的管轄，歸順大學院（相當於教育部）領導。

　　羅家倫上任，邀請旨趣共同、有辦學經驗、富學術威望的楊振聲、馮友蘭合作。他的就職演說標題是：〈學術獨立與新清華〉，希望「自此以後，學校有一新生命……以清華大學來轉移全國學風，以盡引導全國青年的使命」。

　　並以建設清華為中國現代化的第一流大學，俾與世界先進大學抗衡為職志。

在倡導「學術獨立」的同時，羅家倫別出心裁地提出「四化」。吳宓日記有載：

　　羅氏以廉潔化、學術化、平民化、紀律化四者為旗幟。又謂相容並包，唯賢是用云云。

在此後的兩年中，實踐了「四化」，其果是亦喜亦憂。馮友蘭說：

　　在羅家倫所提的「四化」中，學術化的成功最為顯著，軍事化的失敗最為徹底。

所謂軍事化，即羅家倫試圖用軍訓的方式來強化校紀。學校要求學生著裝統一，早晚點名，按點作息。無故缺席要記過，三次小過算一次大過，累計到三次大過即開除。早上要出早操，學生要著軍服、蹬馬靴。羅家倫身先士卒，堅持與學生一道出操。因紀律太嚴，素有自由

主義精神傳統的學生們很反感。當時剛入學的張岱年就因為忍受不了早操的制約，轉學到師大。早操這一項，後來在學生們的「集體抵制」下被迫取消。

羅家倫是蔡元培的學生，又受過歐美教育的薰陶，在辦大學（包括後來辦中央大學）的理念上，有不少可圈可點之處，他接手清華便做了一番調查研究，發現清華有八大詬病：機關龐雜、冗員充斥；職員薪金過高、權力過大；對教員只重學歷、不重學識；浪費驚人等。羅家倫隨之建立「教授治校」的管理體制，堅持學校以教學為主體、教授為核心、大師為旗幟，並提高教授的待遇。

> 教員發新聘書，職員發新委任狀，突出聘書和委任狀的區別。在新聘書中，教員增加工資，在新委任狀中，減低職員的工資，特別是減少大職員的工資。（馮友蘭）。

羅家倫認為：「要大學好，必先要師資好」。他以「至公至正」的精神「為青年擇師」，並公開表示在選聘教授時，堅決「不把任何一個教授地位做人情，也絕不以我自己的好惡來定去取」。

羅家倫是這樣說的，也是這樣做的。教職員中凡不稱職、不勤勉者一概辭退，九十多位職員被裁去二十多位，原五十五名教授，被辭退了三十七位，包括外籍教師都一視同仁。延攬了二十多位三十歲上下的年輕人，諸如薩本棟、周培源、楊武之；朱自清、俞平伯、葉公超等等，還到英國劍橋大學、美國芝加哥大學、哥倫比亞大學等校請了一批國際上的一流學者來校執教。像陳寅恪、趙元任、金岳霖、陳

達等碩學之士，羅家倫親自出面懇請留任。有趣的是外文系的吳宓，早在「五四」新文學運動論爭時，吳攻擊新文學運動甚烈，與羅家倫還打過筆墨官司。羅家倫當校長後，吳宓心中不免有點惶惶，曾託趙元任探底。羅家倫聞後大笑：

> 哪有此事，我們當年爭的是文言和白話，現在他教的是英國文學，這風馬牛不相及。

羅家倫與清華大學同事

羅家倫不僅禮聘了吳宓，還改善了他的待遇。吳宓在日記中說：

> 宓之月薪，已內定增為三百四十元。宓向不持與人比較或虛空立論之態度，自家能增四十元，亦佳事也。

後來學校教授激增，單身教授一人一間宿舍不夠住。吳宓本來一人住了三間，還請梁任公題了塊「藤影荷聲之館」的

屬，學校請他讓出兩間，吳宓不高興，正式給羅家倫寫了封信，聲稱若要他讓房，他要跳後面的荷花池自殺。羅家倫犯難，最後請吳宓的一位老同學出面再三通融，終於說通了。羅家倫幽默地說：「大學校長亦無形中添了許多小市長的麻煩。」

另一面，羅家倫大刀闊斧砍去一些「濫竽」，包括洋人。有位美國教授叫史密斯，此公教英文和拉丁文，在課堂上從不講解，叫甲學生讀一段課文，又叫乙學生讀另一段，如此反覆。下課鈴響，即夾包走人。全校學生都叫他「老飯桶」。王文顯說，他是在美國連教初中都沒有人要的貨色，可他在清華卻「教」了十多年，前任校長竟然還送他一張「終生合同」。羅家倫不能容忍，請他出局。一荷蘭籍教授，在教學生彈鋼琴時竟對一女生非禮，羅家倫查實後，馬上通知那位外教「立即停職，聽候處理」。後來一下子共辭退了六名外教。被辭退的外教們透過美國公使馬慕瑞來說情。羅家倫十分策略，以「他們絕不能代表美國的學術水平」為由，終於說服了美國公使。「老飯桶」臨行前又向羅家倫提出了六、七項不近情理的要求，羅家倫以「最大限度的禮貌」斷然拒絕。羅家倫有魄力，有識見，不剛愎自用，如發現自己有做得欠妥的地方，馬上糾偏。他剛到清華，不重視體育，把體育部主任馬約翰降職降薪。不久，馬約翰率清華足球隊到天津參加華北區足球賽，得了冠軍。回校時，全校同學燃放炮竹，熱烈歡迎，把馬約翰從校西門一直抬到校內。羅家倫立即又將馬約翰提為教授，恢復原職原薪，而且還送他一隻銀盃作紀念。

羅家倫用人唯賢，不惜得罪自己的老師朱希祖先生，成為一時傳頌的佳話。歷史系的朱希祖教授資格最老，他是中國史專家，當時

若聘他為系主任也是順理成章的事。可是羅家倫覺得朱先生對世界史接觸不多，「這就無法使這個系走到現代化的路上」。羅家倫不得不以校長身份兼史學系主任，占了這個「缺」，留給一年後方可到任的蔣廷黻先生。當時貫通中外歷史的蔣廷黻博士在天津南開大學執教，羅家倫禮賢下士，親自到天津去請。因蔣已受聘於南開，最初表示不願。羅家倫堅持，說：「你若不答應，我就坐在你家不走」。他真的在蔣家「磨」了一個晚上，蔣廷黻只得答應等南開聘期滿後再去清華。羅家倫晚年在回憶中提及此事時說：

> 縱然得罪了我的老師，但是我為了歷史系的前途，也不能不為公義而犧牲私情了。

在招生上，羅家倫開創了在大學招收女生的先河。新學年開學，一下就招了十五位女生。他操辦此事有點「獨斷專行」，只在學校擬定的招生簡章上加了「男女兼收」四個字，而事先並未呈報大學院批准。對特殊人才，他堅持「破格」錄取，錢鍾書即為一例。

> 我數學考得不及格，但國文及英語還可以，為此事當時校長羅家倫還特地召我至校長室談話，蒙他特准而入學。（錢鍾書）

羅與錢這兩位年齡相差一輪的校長與學生，後來兩人常通信，切磋詩詞，引為知音，成為詩壇的佳話。

羅家倫辦學是有戰略眼光的。為了使清華有長足發展，他想籌建圖書館、生物館、學生宿舍和氣象臺等教學設備。到任不久，他寫了份〈整理校務經過及計畫〉的報告，提出將清華基金用於六大建設上；同時要求改革現行的基金管理模式，即由清華自己掌握清華基金。羅家倫之所以耿耿於此，是因為他在1928年初擔任戰地政務委員時，偶然中見過清華基金賬目的報告，發現那是一個黑洞！外交部掌權者，利用基金購股票、買公債、炒外匯，大肆中飽私囊。有筆股票抬頭寫的就是當時外交次長陳籙的名字，陳氏竟堂而皇之、渾水摸魚提走二十萬現款……清華基金，是外交部的一塊肥肉，誰當政都不肯放棄管理權。羅家倫的提議，遭到外交部強烈反對，也有人來緩頰說情。羅家倫一概不睬，一面據理力爭，一面發動廢除基金會的社會輿論；並以壯士斷腕的精神，五個月內三次向教育部提出辭呈，以「辭」抗爭。他說：

> 我的辭職不是對於黑暗勢力的屈服，我是要以我的辭職，換取清華資金的安全與獨立，和清華隸屬系統的正規化。

他在遞辭呈的前兩天，擬了一份近萬言的長篇談話，披露了清華基金被高官們貪污、挪用的黑幕，還公佈前任清華校長挪用公款的問題。他將談話稿寄到上海《申報》、《時報》、《新聞報》和《民國日報》同時發表，引起社會關注。一場「惡鬥」後，原基金董事會終於撤銷，基金回歸清華。後來羅家倫理智地將基金交由中華教育文化基金會代管，他提出的六大建設專案的款子終於落到實處。之後他一不

做二不休，呼籲「改隸廢董」。「改隸」就是要清華大學與外交部脫鉤，隸屬教育部；「廢董」，即廢除清華基金會。為此，他採取了一些非常手段，拜訪了美國公使馬慕瑞、國府委員戴季陶、陳果夫和孫科等人。經一番努力，終獲成功。他說：

> 我承認我所取的辦法，有點非常，或者可以說帶點霸氣。但向黑暗勢力鬥爭，不能不如此。要求一件事的徹底解決，不能不如此。……人家對我的仇恨我不管，我為的是清華的前途，學術的前途！

羅家倫手跡

1930年羅家倫黯然地離開了清華。其外因是當時閻錫山控制了華北，要掃除蔣介石的人；內因是清華有些學生對羅家倫不滿，要求他辭職。儘管要求羅家倫辭職這項議案當時沒通過，羅家倫還是採納了馮友蘭的意見，為維護校長的尊嚴而決意離開。在他的辭呈

沒有得到批准時，便拂袖到武漢大學當教授了。羅家倫在晚年所作的〈我和清華大學〉中有一段自我評說：

> 我雖然主持清華不過兩年，可是我相信我這兩年中艱苦的奮鬥，為清華大學打下了一個學術的基礎。

陳寅恪說：

> 志希在清華，把清華正式的成為一座國立大學，功德是很高的。即不論這點，像志希這樣的校長，在清華可說是前無古人，後無來者的。

羅家倫是教育家、學者，又鍾情於藝術，尤可稱道的是位富豪邁氣質的詩人。他的愛國情懷、民族意識在他的詩詞、音樂作品中充分的反映出來。他的〈玉門出塞歌〉曾傳頌一時，他在該詩集後附言：

> 自九一八後，國難愈迫，悲憤難言，常譜笳聲，而勵士氣。

1932年8月羅家倫出任中央大學校長。他執掌中大十年，是中大發展最好的時期之一，也是他自己的「黃金十年」。他親自為中大作校歌，歌詞言簡意賅，蘊含豐富，以至到2002年南京大學（前身為中大）百年校慶時，有人提議取歌詞中「誠樸雄偉」、「勵學敦行」八個字為校訓。

他接手中大，便擬定「安定」、
「充實」、「發展」的治校方針。不久
另選了新校址，準備大展宏圖。孰料，
剛剛進入「發展」階段，日人的戰火就
迫使中大遷入後方。他慨歎：「這件偉
大的學府建設事業，當時竟陷入功敗垂
成」。在日寇的炮火中，羅家倫堅持與
中大共存亡。

> 中央大學每次（遭）轟炸，我都
> 在場，我自己家裏的物件器具
> 全部放棄，什麼事先盡公家，
> 亦只有這種做法，才可以對得
> 住中央大學這些同事。

由於他的睿智和才幹，在敵機轟炸中成
功地指揮師生隱蔽，順利地遷運了貴重
的教學儀器，為遷校後的中大保存了元
氣並有所發展。當師生們稱譽他時，他
只平淡地說自己「只是一個有責任心的
人」罷了。羅家倫是在日本飛機狂轟濫
炸中離開南京的，隨身只帶兩隻小手提
箱，裡面裝的是幾件換洗衣物，連書案

羅家倫作抗日軍歌

上的珍玩陳設一件也沒帶。有趣的是，他拿走了一瓶在清華當校長時招待客人沒用完的香檳酒，並當場對著酒瓶發誓：「不回南京，我不開這瓶香檳。」他前腳剛出屋，後腳空襲的警報就響了。一隊二十一架日本飛機在頭上盤旋，尋路去炸蕪湖的機場，在頭頂呼嘯而過……羅家倫從容地坐在汽車上，在如蟻的敵機陰影下疾行。後來他以「凱旋作國士，戰死為國殤」的悲壯心情寫了首〈抗日軍歌〉：

> 中華男兒血，應當灑在邊疆上。
> 飛機我不睬，重炮我不慌，我抱正義來抵抗。
> 槍口對好，子彈進膛，衝鋒的號響！衝！
> 衝過山海關，雪我國恥在瀋陽。
> ……

在抗戰時期羅家倫出版的《新人生觀》，是他「獻給有肩膀，有脊骨，有心胸，有眼光而又熱忱的中華兒女，尤其是青年」的禮物。印刷了二十七次，影響甚大。他感傷地寫道：

> 政治本來是求公道的，是發揚真、善、美的，是使人性變得更加高尚的，然而，近來好多政治，卻成為勾心鬥角、傾軋排擠，不擇手段，互相吞食的、假的、惡的、醜的黑暗場合。

1941年，身心交瘁的羅家倫離開中大。他在告別演講中，提出教育中存在的六大問題。他語重心長地告誡説：

現在的青年對於「現實」太看重了，尤其對於物質的現實。我們不能不認識現實。但我們絕不能陷死在現實的泥淖之中；若是陷落下去，必至志氣消沉，正義感與是非心一道埋滅。

他又指出：

現在的大學教育的缺陷，就是太注重學生的專門知識，而太忽視其整個人生的修養。

這些話，對今人仍不乏教育意義。

羅家倫一生交遊甚廣，在眾多的人際交往中，顯現了他的人格魅力。

蔡元培是羅家倫的恩師。羅家倫的留學、執掌清華時「惡戰」的勝利，都受惠於蔡元培。他與張維楨結秦晉，蔡元培是證婚人。蔡元培七十壽誕時，羅家倫與王世杰、胡適等六人擬集資在上海為老人置小築作壽禮，供「用作頤養著作的地方」。遺憾的是，因抗戰爆發未遂。

張元濟是羅家倫的恩人。羅氏本受實業家穆藕初的資助留學，三年後穆氏企業瀕臨破產，羅家倫的經濟來源中斷。蔡元培出面，請主持商務印書館的張元濟援手。張元濟慷慨解囊，羅家倫收到張元濟第一筆匯款後，書五千字長函申謝。張元濟見羅家倫是個英才，邀他回國後到商務當編輯。兩人書函不斷，成了忘年之交。即令如此，羅家倫「不願無故累人而受人之惠」，堅持以兩本譯稿作抵押。羅家倫回

國後，經濟稍一好轉，便分次璧還借款。張元濟一再婉辭，羅家倫還是借賀壽為名，說服老人收下。商務印書館毀於日人兵火，後張元濟主持商務復興委員會，在國內七大城市建贊助委員會，羅家倫勇擔南京分會會務，竭全力予以襄助。

對當初「提倡學術、獎掖後進」的穆藕初先生，羅家倫沒齒不忘，工作後的他親筆給穆藕初寫信：

> 先生曾以提倡學術的精神，扶植我們學業的進展。我們歷年服務卻深愧很少成就，但是先生這種為學為公的精神長足為社會的法式，絕不為我們成就的不多而有所貶損。我們在慚愧之餘，只能以繼續先生這種精神的一個小小方式來表示我們對先生的感謝和佩服……

1937年由羅帶頭提議，並與其他幾位受惠者集籌一萬元國幣，設「穆藕初先生獎學基金」，「獎進國內大學而清寒有志、學行優良的青年」。抗戰時，此基金延續多年，楊振寧亦是受惠者之一。

羅家倫小胡適六歲，與胡適是「亦師亦友」的關係。羅家倫始終尊崇、衛護胡適，雷震案發後，胡適返臺在日本停留期間，羅家倫與陳雪屏悄悄打電報到東京，提醒胡適情況複雜：「雷案尚在法律程式階段，先生抵機場時記者及家屬必環繞，務請不必當場有所表示。」避免了可能發生的節外生枝。胡適猝死，羅家倫為其安葬、遺著出版、遺屬安置、擬墓誌諸事張羅了整整一個月。他送的輓聯是：「為文化拓荒，回祖國殉道。」

徐志摩的死訊是他在南京第一時間獲得的。山東教育廳向何思源打電報請示如何操辦徐志摩的後事，當時羅家倫與何思源正在一起，電報是羅家倫拆的，見後十分悲傷。於是，他代何思源擬覆電稿，叫有關方面「預備一副泰山柏木棺材為志摩裝殮」。又及時將此噩耗通知上海的徐家。

在同輩學人中，羅家倫與傅斯年的交情最深。

羅、傅是北大歲月的同學，雖不同系也不同級，但同為胡適的學生，同為新潮社的同事，同為後人並稱的「五四健將」。那時他們風華正茂、共話天下大事、討論人生真諦、縱論古今中外、引領學界風騷。他們有共同的旨趣與理想，不過性格差異較大。傅斯年氣魄宏大，個性張揚，疾惡如仇，涵養不足，但率真，一旦知錯之後，馬上抱拳致歉。羅家倫在史學知識上稍遜傅斯年，但社交經驗豐富，穩健、有涵養，又善解人意。兩人都很睿智，又有幽默感。羅家倫說：

> 當年孟真不免有一點恃才傲物，我也常常夜郎自大，有時彼此間不免因爭辯而吵架。有一次吵得三天見面不講話，可是氣稍微下去一點立刻就好了。

特別是羅家倫尊重傅斯年，敬畏他：

> 當時我的文章，雖然也有人喜歡看，可是我總覺得不如孟真的厚實，這使我常常警惕在心。

晚年還喜歡説「我的同學傅斯年」這句口頭彈。

羅家倫與傅斯年是患難朋友。出國留學時他們都是窮學生，常有掉鍋之危，大家都義不容辭地互相「拆東牆補西牆」，同舟共濟。大家都當過「窮鬼」和「富人」。某年羅家倫在柏林衣物遭竊，傅斯年聞訊，立即要把自己的外套和帽子借給他禦寒。即這一事件，傅斯年仍不忘打趣：「聞真人（他送羅的綽號）道心時有不周，衣冠而往裸體而歸。」

兩人都爭強好勝，有時便互不相讓。羅家倫説得真切：孟真和我「不見要想，見面就吵」，我們是「罵不開的朋友」。

他們在逗趣、打鬧、調侃、互譏中，加深彼此的瞭解、理解、諒解，鞏固、發展了友誼。

讀北大時，兩人不住同一宿舍。冬天一大早，羅家倫喜歡到傅斯年的宿舍聊天，見傅還在焐被窩，便掀他的被子，兩人追逐得雞飛狗跳。1924年，蔡元培遊德國，他們一班老學生陪蔡先生遊波茨坦的無愁宮，傅斯年因專心欣賞伏爾泰的石雕像而掉隊，羅家倫找回他後，蔡元培問傅斯年看什麼，羅家倫立即嬉笑著編故事，説：

> 孟真在對伏爾泰深深一鞠躬，口中念念有詞，我聽他念的是李義山的「詞客有靈應識我，霸才無主實憐君」那兩句詩。

被調侃的傅斯年掏拳便要打……

傅斯年率真得可愛，在老朋友面前毫無顧忌，真態可掬。有次在羅家倫的照片上題的字竟是：「語言無味，面目可憎。」

羅家倫與張維楨結婚時，傅斯年寫信祝賀：「道喜！磕頭道喜！一萬萬次磕頭道喜！」傅斯年與俞大綵結婚後，生活很幸福，他常誇俞大綵的小品文寫得如何如何好，小真書寫得如何如何好，說得神采飛揚。羅家倫心裏為他祝福、高興，但嘴上卻損他：「大綵賞識你，如九方皋伯相馬。」傅斯年被激得要撲打羅家倫。

1950年，他們同在臺北，都是半百之人，仍以相互譏笑為樂。一次傅斯年說羅家倫的年齡與籍貫最可疑，他未結婚前比我（傅）小五歲，等到做大學校長時又比我大五歲。誰也不知他真實年齡是多少。又說，羅家倫是江西人，要巴結大老，硬說是浙江人。

只要兩人在一起就要「鬥」，但更多的是關愛。1950年12月18日，羅家倫造訪傅斯年，見老朋友還是那樣不要命地拼命工作，不禁為他的健康擔心，勸他注意身體，要善於養氣。還故意用諷刺的話激他：

羅家倫與夫人張維楨

不要和蟋蟀一樣，被人一引就鼓起翅膀，擺出一副搏鬥的架勢。小心遭人反攻。

傅斯年當時不以為然。遺憾的是兩天後，傅斯年腦溢血突發辭世。羅家倫不勝悲哀，立即寫了篇聲情並茂的悼念文章〈元氣淋漓的傅孟真（名斯年）〉，稱他是「縱橫天岸馬，俊逸人中龍」，讚美他的才氣與風格。末句是「這種淋漓元氣之中，包含了天地的正氣，和人生的生氣！」

晚年的羅家倫出任國史館館長，曾主張推廣簡化漢字，他以繁體「臺灣」兩字為例，說繁體筆劃多達三十八筆，為發展民族科學文化起見，大有簡化的必要。因當時臺灣方面正大罵大陸的文字改革是「毀滅中華文化」，故此羅家倫的主張遭到來自上上下下的非難和攻擊，有人罵得不堪入耳，甚而公開撰文在報上攻擊他與大陸共產黨「隔海唱和」。在國史館館長任上，下屬許多部門無稱職人選，他堅持寧缺毋濫，寧讓一些處、科長席位空缺，也不拿國家名器隨便送人。

羅家倫一直以孔子的「溫良恭謙讓」做為自己持身的準繩（柳長勳）。他對師長的敬愛是至誠的，對下屬是親切、自然的，連普通工作人員到他房間，他都握手示坐，走時起身奉送。蔣廷黻生前常對人說最早賞識他的是羅家倫。羅家倫說：「廷黻這話太客氣了」。羅家倫為蔣夢麟做「傳略」時仍虔誠地說：

此篇還是用語體文寫成，唯恐先生英靈暗笑「五四」時代北大老學生沒有長進！

羅家倫向來自奉甚儉，病倒之前一直自帶便當盒飯上班。有人勸他不宜這樣儉樸，他卻説「讀書人應該如此」。老朋友勸他應珍惜晚年的精力，留下時間寫自己的回憶錄傳世。他卻説「應該傾注全力給國史奠基礎」。

羅家倫喜愛收藏古字畫，生前參與與王世杰等甄選《藝苑遺珍》、《故宮名畫三百種》的工作，並為《故宮名畫三百種》英文版撰寫序文。羅家倫去世後，九十八歲的夫人張維楨在臺灣紀念羅家倫誕辰一百周年（1996）大會上，遵照羅家倫的遺願將畢生收藏的唐、宋、元、明、清歷代珍貴古畫四十件（前已捐二十三件）全部捐給臺北故宮博物館。

蘇雪林：歲月的書籤

——蘇雪林日記中的七七八八

皇皇四百餘萬言十五卷本《蘇雪林日記》，（臺灣成功大學出版，1999年4月，本文引用日記的文字均出於此）加之蘇先生的其他贈書、紀念冊和畫集，滿滿地佔據了我書架的一檔。蘇先生贈的這部日記已塵封八年了，每當目光觸及，總有一種愧對先生的惶恐和不安。丁亥秋暮，我躲進小屋牖下，用半個月的時間跑馬觀花，以日覽一本的速度，「觀」完先生後五十年（1948-1996）遺留在人生旅途中的花瓣。

途坎坷，花似錦。

蘇雪林是中國現代文學史中一名有爭議的作家。她的後半生生活在兩岸對峙的特殊年代。然在這部日記裏既記錄著她與彼岸胡適、林語堂、梁實秋、王世杰（雪艇）、蔣夢麟、羅家倫、陳西瀅和凌叔華、謝冰瑩等師友的過從；也有此岸魯郭茅、巴老曹，冰心、錢鍾書以及張天翼、趙樹理輩的資訊或身姿；不僅有二、三十年代作家的蹤跡，亦

一百零三歲的蘇雪林（張昌華攝）

有同時代政壇人物的背影，簡直有點鉅細無靡。打個比方，廣場上足球頑童的射門，只要她耳聞，都會在她的日記裏留下足印。

蘇雪林的日記，猶如一枚歲月的書籤。據蘇雪林的同事、成功大學唐亦男教授告訴我：蘇雪林五十年的日記，很少記在正經八百的日記本上，大多寫在自己裝訂的雜七雜八的「百衲本」上，寫滿滄桑和隱密。她暮年有囑：死前將「一概付之丙丁」。詎料，她所任職的成功大學，認為那是一宗難得的史料，不知是說服了蘇雪林還是強行上馬，在她去世（1999.4.21）前半個月，作為她一百零四歲華誕的壽禮出版了。

蘇雪林日記，初始作為備忘、遣悶，純粹的獨語。所寫文字不看天色，不看臉色，不對人負責，不慮人評說，只作直抒胸臆的出氣之所，相當率真。是耶，非耶，得由讀者自辨。據該日記編者說：「一律據其原手稿字句移寫勘定，絕不輕易更改原文」，且「幸原稿尚存」，以備學者研究。

筆者跑馬觀花一圈後的第一印象是：資訊密集、瑣碎、雜駁，說俗一點，是一個市井的文人流年的青菜蘿蔔賬。筆者剔羅扒抉，於國事、家事、己事中梳理出若干自以為耐人咀嚼或世人感興味的話題，做個概述，以饗讀者諸君。

（一）尊崇胡大師

蘇雪林在《浮生九四》（三民書局，1991年版，下同）中說，對文化界人物，她「最敬重者，唯有胡適先生一人」，並自命為胡適的再傳弟子。她與胡適既有同鄉之親（同為徽人），又有師生之誼。1919年，蘇雪林在北平女高師求學時，胡適曾授其《中國文學史》（上）一年。蘇自言，她那時生性羞怯，從不敢執卷到胡先生講桌前請教書中疑義，更不敢趨訪。當胡適在班上說她寫的為呼籲尊重女權、主張男女平等的〈李超傳〉，比《史記》中的〈漢高祖本紀〉、〈項羽本紀〉還要有價

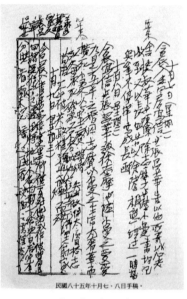

民國八十五年十月七、八日手稿。

蘇雪林日記一頁

147

值時，「嚇得我們舌撟而不能下」，以為此說是「荒天下之大唐」。後見胡文刊世，女子要求繼遺產權不絕，憲法為之修，方有所悟。胡適諸人創辦的《新青年》、《新潮》，「列舉舊禮教之害，則頗愜我心」，遂敬意大增，由欽敬到崇拜。

1938年胡適在上海長中國公學，蘇雪林與馮沅君同去拜訪，胡適讓太太以徽餅招待，胡適說此餅是徽人外出艱難謀生奮鬥的標誌。蘇雪林據此次造訪撰文刊於報端。後胡適將己著和主編的《努力週報》以及《獨立評論》源源寄贈她，關係日近。以致1936年魯迅逝世，蘇雪林給蔡元培寫信，攻訐魯迅，又將此信底稿寄胡適徵求意見。蘇雪林「潑婦罵街」式的文字，遭到世人一致的譴責，也受到胡適的嚴厲訓誡，指責她「如此批評」「未免太動火氣」，那些咒罵「是舊文學的惡腔調，我們應該深誡」，但他們的關係並未因此而疏遠。1948年10月初，胡適到武漢大學作〈二十九年後看五四〉的演講，蘇雪林與袁昌英結伴去聽，並合影留念，蘇雪林頗為得意，還特地多洗了幾張「留備送人」。蘇雪林日記第一卷開篇記之甚詳：

> 胡先生講前，有自治會學生代表先作介紹，強調五四學生運動之精神，意欲刺激聽眾，但自胡先生講後，該生又上臺，出言頗對胡先生不敬。謂胡先生為投機分子，故能適應環境，又謂胡先生靠美國援助云云。然胡先生毫不介意，並含笑與該生握手，殷勤慰問，其氣量之寬大，亦稱罕有。

又大發感慨：

胡先生之所以為胡先生，其在斯乎！其在斯乎！（1948.10.5）

胡適演講後，蘇雪林見漢口《正義報》大罵胡適，遂在日記中斥其言「狂悖」是左派，「不足一笑」。

數月後，時局驟變，蘇雪林辭武大教職到上海，那時胡適在滬，正準備出國，蘇雪林三次拜訪。「胡先生對待我非常親熱，說我寫的那封勸他快離北平的信，太叫他感動了」，此後天各一方。數年後，胡適到臺灣，蘇雪林與他在公眾場合見過多次面，但「始終不敢上門去謁」，只在某年末「附在錢思亮等人後出名宴請，始得稍稍說話」。五十年代末蘇雪林正在做屈賦研究，胡適時為中研院院長，為申請長期科學研究會經費一事，蘇雪林常致信胡適並得到支持。溫而厲的胡適，也曾在做學問的「嚴謹」上和「談話的分寸」上給予其善意的提醒和指導。

蘇雪林讀書博雜，她不欣賞手邊的原本《紅樓夢》，認為「文筆實在不甚清爽，但詩詞則不錯，豈文章被胭脂齋改壞乎？」（1959.2.28）又批評該書「不通文句簡直俯拾即是」，判言：「曹雪芹如此不通而浪享盛名二百年，豈不可怪可笑？」（1960.8.4）她又讀高鶚續作，寫了篇二萬字長文〈請看紅樓夢真面目〉，她認為：

> 高氏續作有收斂無發展。完全是結束文字，……筆力至大，文思至密，尤其是黛玉病死，寶釵出閣用倒筆，誠為千古未見之格局，亦千古未有之大文，勝史記、漢書十倍。紅樓夢之所以成為名著，皆恃高鶚續文，否則雪芹原文有何價值之有？（1960.8.20）。

她自以為是，又寫〈世界文史第一幸運兒──曹雪芹〉。詎料，文章發表後，胡適在致蘇雪林的信中斥曰：「你沒有做過比看本子的功夫，哪有資格說這樣武斷的話！」、「你沒有耐心比較各種本子，就不要做這種文字。你聽老師好心話吧！」（《胡適書信集》下冊，北京大學出版社）蘇雪林感到胡適「似頗動氣」：

> 謂我收羅版本不全，俞平伯校本尤一字未閱，不配談紅樓，又暮年體力與耐心也不足以做需要平心靜氣的文章！

蘇雪林遭棒喝後，始知己寡陋，「乃答胡老師一函，告以決意不再談紅樓了，請他放心」。（1961.10.5）若干年後，一紅樓夢研究者出評論集，邀蘇作序，蘇拒絕，後改請林語堂。四個月後，胡適心臟病突發去世，蘇雪林「宛如晴空霹靂，使我心膽俱落，驚定，悲從中來，掩面大哭」（1962.2.24）。旋於當晚預訂車票，次日晨趕赴臺北，作最後的告別。用七尺白布書輓聯一副：

> 提倡新文化，實踐舊德行，一代完人光史冊
> 武士死戰場，學者死講座，千秋高範仰先生

為悲遣悲懷，她寫了〈冷風淒雨哭大師〉、〈適之先生和我的關係〉等七篇追憶文章，後結集成《眼淚的海》。並對胡適的身後事提出整理遺著、塑銅像，設紀念館等七點建議。此後蘇雪林相當長一段時日的日記，均記錄了與胡適的諸多相關事宜。她收集悼念胡適的剪報，

還出錢為胡適造了個半身銅像，其姊淑孟笑話她犯了「胡迷」。蘇雪林寫的〈悼大師，話往事〉又引起她與寒爵、劉心皇的一場惡戰。這場論戰先從文學意義上的批評，後發展到政治上的揭發和思想上的算舊賬。蘇雪林不示弱，氣憤不過時又破口大罵出氣。

人走了，茶未涼。胡適停靈南港，蘇雪林每月必去靈堂焚香禮敬，作〈南港謁陵記〉等。一次赴南港公幹，因時間緊迫未能赴胡墓拜謁，在臨時住地虔誠地向胡墓方向「遙鞠三躬而已」。以後的日子，她每到臺北必持禮品去看望師母江冬秀，或見胡頌平商討建紀念館，化解江冬秀與胡頌平之間因胡適藏書缺失造成的誤會等等。（事見1964.9.4）

有趣的是，胡適逝世二十年後，臺灣傳記文學出版社刊行了胡適的關門弟子唐德剛的《胡適口述自傳》和《胡適雜憶》。唐氏在「口述」本中加了不少注釋文字，與「雜憶」互讀，似可見唐氏有以「居高臨下嘲諷」，戲弄胡適之嫌。蘇雪林認為胡適不是不可以批評，但不能說謊，否則就違背「知識的誠實」。她對唐氏說胡在哥大獲得的博士是假的、冒認祖宗、亂談戀愛等等，十分惱火。曾屢請胡適老友王雪艇、沈宗翰為胡適辨冤雪謗，不見動靜。她不得不自己披掛上陣執筆寫《猶大之吻》。日記中記述甚詳：

> 看唐著口述生平，一面生氣，一面閱讀，進行甚慢。……匆匆一閱，許多情節未曾明瞭，非重閱一遍不可。（1981.4.11）
> 於是決定反駁，著手「寫胡適問題」（即假博士問題，1981.4.18）

今日寫完胡傳第一篇，開始第二篇，即胡適的戀愛與婚姻（1981.4.19）。

到次年一月已寫到第八篇可題目總是取不妥，今日始決定為唐某侮辱先賢惡行總述，先列較大題目數款後，乃列其瑣節。今日寫……（1982.1.13）

回家未甩手，閱報，早餐，想起猶吻應加一節，即於國際學舍後加點唐某笑胡大師崇信西化，剪剪接接，……又想不如使獨立為一段，題為崇信西化。於是全文共為十節，成十全大補湯矣！（1982.1.16）

不幾日，劉顯琳先生來訪。

劉問我有何著作？談及猶吻，大贊，說寫得非常痛快，人皆憤唐某歪書之謗胡而不願惹是非，遂無人出而說話，見我文乃大稱快。（1982.2.7）

蘇雪林認為唐德剛的叛逆行為類同猶大，且有過之而無不及，是對乃師的背叛，應大加鞭笞。蘇雪林將這些為胡適正名的文章，先在報上發表，後集結成書，冠名為《猶大之吻》。書出版後她遍送胡適生前好友，還不忘寄給李政道和吳健雄。總之，蘇雪林維護胡適是從頭到腳，從裏到外。晚年九十歲時讀《胡適秘藏書信選》，見書封面畫像不美，斥畫家「將樂觀的胡大師，畫得像個鴉片鬼！」

《眼淚的海》和《猶大之吻》是蘇雪林為維護、頌揚胡適德藝的兩本專著，且不說她那唐吉訶德式的舉措可笑與否，也姑且不談該書的學術價值幾何；卻實實在在顯示蘇雪林的尊師、衛道精神的虔誠和執著。

話又得說回來，蘇雪林自己也曾批評過胡適的演講〈中國之傳說與將來〉，認為：「唯對於西洋文化推尊太過，對於自己文化抑貶過甚，是其缺點。」（1960.7.22）在評選中研院院士的問題上，她不言胡適秉公行事，卻對胡適對自己的「成見」亦多有抱怨。

> 可惜者，胡適之先生堅抱林乃一區區女人，不配做學問之成見，於林著作並不細閱，便當頭一悶棍。（致王雪艇信）

凡此種種在1968年8月上、中旬的日記中字裏行間有所流露，並寫信給胡適，且出言不遜。不過，一周後蘇雪林又寫信請胡適寬恕自己的冒犯，自責信中的不遜之詞是「持寵而驕」。

（二）醉於八行書

「失物每從無意得，懷人恰好有書來。」用袁枚的這兩句詩形容暮年的蘇雪林再貼切不過。人老健忘，多疑，常人如此，蘇雪林尤甚。某日，她要寄錢接濟親友，找存摺遍尋不著，最後歪打正著，在某書中翻出一疊大鈔來，猶如得了一筆外快，興奮不已；本疑存摺為

人所竊，卻又在抽屜中發現，自我玩了場「騎驢找驢」的遊戲。繼而又深深自責，冤枉了好人。

在四百萬言的蘇氏日記中，使用頻率最高的是「信」一字。

六、七十歲時蘇雪林日記中常有「還信債」或「一天的光陰又在寫信中度過」，或「今日為寫信最多之日」的紀錄。九十四歲時則曰：

> 余現別無所樂，唯得知音者之信，及自己有文字刊於報章，乃稍稍開心耳。（1991.8.24）

蘇雪林一生究竟寫了多少信，且看〈今日為余燒信日〉記載：

> 昨日燒信紙未盡，又到後院燒之。下午睡起，看報二份畢，續燒廢紙，三四年來積信上千封，連一些被白蟻蝕之雜物皆付一炬，足足燒到晚餐時候。（1974.11.2）

她接友人信，每信必覆；而人覆她者，唯只半數耳。由此估算，蘇雪林畢生寫信當在萬封之上。由於她勤於寫信，郵資成為其一筆不小的負擔。

> 於今每個月郵費及信封、信紙不知用多少，以往十元郵票可用數月，今則半月耳。（1959.1.17）

為節省郵資，她真煞費苦心，到文具店買便宜的航空箋（明信片，下同），用廣告商扔在信箱的廣告糊信封，用飯館的餐巾紙做信箋。八十歲時偶發現一疊舊得打皺的信箋，將其「熨了一下，此信紙乃余二十年前自法攜歸，或二十餘年前臺北所購，早已微黃而皺，幸熨後尚可用。」五十年代末臺灣郵資減少後，她十分高興：「我可以寫薄信紙四張，而不用航空信箋，殊方便也。」後來，臺郵政當局作廢一批舊郵票，她為此牢騷不已。七十年代臺灣郵局可訂做一種橡皮章（筆者按：加蓋信封上），郵資八折優待，她訂了一枚，「以訂做此物以來，今始用之，若居心不貪，發出三、四十封信皆加此章，則回信不致如此冷落」（1974.12.1）。求信若渴，諒是想廣種多收罷。某次，讓女傭到郵局掛號寄兩本書到九龍，一過秤，要二百五十元，她嫌太貴，讓女傭將掛號兩字刮去。到八十年代臺灣航空箋郵資漲為九元，航信則仍為十元。她覺得還是寄航信可多寫字划算，不料一寫寫多了，超重退回，要罰加郵資，比航箋還多四元。歎曰：「以後不便寫矣。」蘇雪林認為寫信是人生快事，每每下筆千言，一寫數頁，倘超重被郵局罰增補郵資也罷，往往會耽誤時間。為不超重，又多寫字，初選用薄紙，除正反都寫外，她專備一小秤，不致超重誤事，寫多了再拿去一頁則是。有趣的是，五十年代初她由法國赴臺，船泊西貢一天，「余因聽說由西貢寫信到巴黎航空亦僅需十五方，意欲占點便宜，遂以整天功夫寫信。計寫信五封……下午寫完去寄，問之管信件之船員，則由巴黎寫航信到西貢固為十五方，而由西貢寫航信到巴黎則須五十五方」。（1952.6.25）遺憾日記中沒寫下文，不知蘇雪林寄了沒有。為節省郵資，她常請海外回臺的朋友帶信。

因明日公宴陳通伯（陳西瀅）先生，余將利用渠飛歐機會託其攜帶信件，故今日將學生作文束之高閣，大寫其信……共十三封，直寫到晚上十一時始睡。（1952.11.2）

六十年代，她在新加坡南洋大學教書，該校來信一律存圖書館，距住地較遠，她為了不延誤讀朋友們的信，每日奔跑取信，直喊划不來，但又樂此不疲。她對友人來信過簡，多有微詞甚而牢騷，日記中多次歷數友人的不是：「叔華來信，余立覆一航箋，寫得密密麻麻，比她來信的字多五六倍。」屢次批評謝冰瑩不會交朋友，寫信好像寫條子，不知她一天到晚在忙甚麼，發誓說今日以牙還牙，寫箋片，可一揮筆，又洋洋千言不絕。從日記中看，晚年她寫給謝的信最多。她渴望與友人憶舊拉家常，以遣寂寞。1977年始和大陸親友正式通信，但感慨良多：「吾人生今之世，最苦為不自由，通信不能說話，乃不自由之甚者。」蓋那時兩岸氣氛還不甚祥和，她怕言多有失，會給收信親友招致麻煩。自某次致趙清閣的信有一封遺失後，一直耿耿於懷，便改託人帶口信了。

　　每至歲末，是她播種情感、收穫友誼的時節。每年聖誕新年，她「均要緊張一陣或數陣」，往世界各地寄賀卡，九十歲後把賣賀卡的小販請到家中，挑揀圖案吉祥又便宜的。據日記載，某次「弄了」一百二十張，還有遺漏，「待補寄」。後來算算小賬，寄賀卡不合算，「今日得幾賀卡，若回一卡則費四五元，卡費亦三四元，此如以航箋（片）代替，反而可大述寒溫也。」她的信友遍佈世界，臺灣的

國民黨元老陳立夫、王雪艇；胡適、梁實秋、林語堂、謝冰瑩、陳源、凌叔華、林海音；大陸的冰心、楊絳、趙清閣等等。

最令人捧腹的是，1991年臺灣郵費增資，她試以少寫信來對抗郵局增資：

> 郵局增資後，即少寫一、二封，乃市民消極抵抗也。信少，郵局收入亦少，則增資實為失策，或不久之將來又將減資，則我輩勝利矣。（1991.8.1）

可笑乎？

蘇雪林之於寫信的熱情，筆者深有體悟。我藏有她致我的七封信，都是她年屆百齡時寫的，用的是薄型大白紙，密密麻麻，有一封連落款都疊印得看不清。有一封三千餘字，「今晨寫信與張昌華，數日以來（筆者按：七天）共寫了六頁，原子筆不好，寫得不成樣子，唯唐德剛又在大陸誹謗胡適博士，仍堅主胡在民國六年哥大所得為待贈博士，十年後乃得此一學位，大陸人多信，我於致張昌華信中，不得不為一辯，希望猶大之吻能在大陸出版」（1996.6.18）。（此信係接我寄給她的江蘇文藝出版社的《胡適自傳》後寫）她致我的最後一封，即寫在巴掌大的綠色餐巾紙上。

筆者揣摩，蘇雪林喜歡寫信，特別是她衰年，耳全聾，不能接聽電話，與人面對面交流都須靠筆談，太孤獨、寂寞。自其姊蘇淑孟去世後，一人獨居，她終日面壁無語。她想用信與友人交流，瞭解外面的世界，或敘舊以慰心懷吧。至於她千方百計為郵資費心，倒不全因

窮，而是自幼養成儉樸之習。如果我們瞭解她晚年力拒官方的資助，早年在艱苦的抗戰歲月，把自己的嫁妝、積蓄、首飾兌換成五十二兩黃金，託《大公報》社長胡政之捐給國家「小助抗戰」，我們就不會笑話她的「嗇」了。

（三）市井一俗人

　　蘇雪林，一個從偏僻鄉野裏走出的村姑，透過自勉、自強而自立，印證了「天道酬勤」的箴言。然而，在她的日記中，時而出沒一個「混」字，當某日著作成績欠佳時，總要寫一句「又混了一天」；當某日寫文章不順手「冷卻」後再讀時，必發「文過一夜必有悔」醒悟；當文思艱澀、滯筆稿端時，總要發出廉頗老矣的感慨。她焚膏繼晷，兀兀窮年，畢生躬耕二千萬字，成就了名山事業，被臺灣奉尊為「國寶」。但在巷陌深處的百貨攤前、在腥臭嘈雜的菜場裏、在街頭郵局報亭旁，時有她頭髮蓬鬆、衣履欠整、佝僂蹣跚的背影。她是一位地道的市井小民，一個向社會討生活的凡人。

　　蘇雪林的一生充滿矛盾。她自戀、自信又自大。

　　　　每一提筆，詞源滾滾而來，實乃異稟，殊可羨也。
　　　　今日寫我的母親，改題為吃虧者常在，約二千字，寫得甚為
　　　　滿意，余之文思並不因年老而衰退，反而比青壯年時代更為
　　　　充沛，亦可喜之現象也。（1964.4.27）

還饒有興致「今年開始讀自己作品，所有作品幾乎全閱一遍。」
（1990.7.30）九五壽誕前夕，成功大學派兩位研究生跟她三個月，錄
音、訪問，擬為她整理《自傳》，蘇雪林審讀初稿很不滿意。「幾個
毛丫頭哪有資格寫我的自傳？」九十四歲的她，親自揮毫寫就《浮生
九四》。她積四十年之功，作《屈賦研究》，洋洋自得：「可謂發千
古之秘，余注屈賦，能隨時獲得靈感，亦快事也」（1964.2.12）。不
料，她的《屈賦研究》之價值遭懷疑、冷落，以致影響她的「院士」
評定時，她不服，「我將求知音於五十年、一百年以後。即五十百年
以後無人賞識，那也無妨。『文章千古事』，只須吾書尚存，終有撥
雲見日的時候！」（《浮生九四》自序）另一方面，蘇雪林在工作、
生活上又常常自律、自責，甚而自卑。由於她退休早，一次性提取退
休金後，靠利息生活。隨物價日漲，難免有捉襟見肘的窘困，只好煮
字療饑。社會上有許多熱心人援手，親近者，她推卻不過「靦顏受
之」；稍疏者送來了，堅決退回；復又塞來，無奈納之。她知足不
貪，在日記中多有自律：

> 余現在稿費收入相當不錯，實不需許多錢，且我性廉介，實
> 不願受人恩惠。（1989.1.6）

她喜對人評頭論足，又好偏激，口無遮攔。每每招致非議後又深深自
責：「此文得罪許多人，且亦暴露自己修養缺欠。」（1975.4.10）後來
寫文章時，尤其是對逝者客氣多了。

今其人已死，言其短實不該，唯有捨其短而言其長矣。
（1990.5.26）

她曾向成大辭職，後權衡利弊，又吃回頭草。

余以前做小事頗有決斷，臨大事則遲疑不決，且視食言失信
為常事，不意到老亦然。可見生成天性缺點，無可如何也。
（1960.2.26）

衰年還為當年在武大講課時念過錯別字「深悔不已」。晚年讀顧頡
剛、陸侃如的著作，倍感自己淺薄、可笑，「誠可羞哉！」。自卑情
緒仍籠罩著她一生。她當年在女高師是肄業，兩度赴法留學也沒獲得
什麼學位，心中總覺是缺憾。以致花甲之年還想讀博士。

于維傑來拜年，告以今日中央日報師範大學招研究生消息，
助教待遇三年後，可得博士學位。余決計一試。（1957.1.30）

蘇雪林正直、耿介。九十五歲時，報上捧她：「健筆耕耘八十
載，春風化雨六十年」。她鄭重地提出更正：

所記誤點頗多，寫了四頁函，提出四點更正。不願接受名不
副實的浮名。

　　她吃過與學生「作對」，反被學生
作弄的苦頭，但在發現學生考試作弊的
不端行為時，仍照章懲戒。蘇雪林尤在
愛國上更不落人後。早在1915年中學
時代，她從報上獲知日本提出併吞中國
二十一條時，憤然作詩明志，寫在戎裝
照片後面：

> 也能慷慨請長纓，
> 巾幗雖言負此身。
> 磨拭寶刀光照膽，
> 要披巨浪斬妖鯨。

蘇雪林九十華誕會

抗戰歲月，毅然將全部積蓄、陪嫁兌
五十二兩黃金，捐給國家。即令到臺北
後，愛國之心不變。她堅決反對臺獨，
在日記中反映十分強烈，曾撰文〈割除
毒瘤〉痛斥臺獨。

李登輝為蘇雪林祝壽

> 今見郝柏村院長談話，謂臺獨為
> 癌病，必須割治消毒，方可保全
> 生命，似乎我那篇〈割除毒瘤〉
> 文章已產生影響。（1991.11.20）

她借他人之口挑明李登輝「有臺灣獨立建國日期表」。（1994.11.21）

> 今日上午看報，立委選舉，國民黨獲得八十餘席，民進黨獲六十餘席，新黨獲二十餘席。我對政治已毫無興趣，但民進黨居然獲得如此多席則出意外，想將來立院有得鬧，並非好事。（1995.12.3）

1996年總統大選前夕，李登輝為裝門面，與妻曾文惠作禮賢下士狀登門拜訪蘇雪林，贈款送酒，媒體爆炒一陣。面對「李登輝果然當選」蘇雪林詫異，在日記中又寫道：

> 但新奇怪者，彭謝乃民進黨，即臺獨黨，何以得票如此之多？此可大慮。

蘇雪林以好罵人出名，八十年代初，她給大陸親友匯款，臺北國防部特工上門，稱寄錢助「匪」區，是「資匪」。她憤怒：

> 你們國民黨自己無能，把大陸斷送了……還不許我做這小小的救濟嗎？（見《浮生九四》）

她素以「反共反魯」者自居，時有惡意調侃和瞎罵。例如，她姐姐寄錢時不慎跌斷腿，她便借題發揮，莫名其妙地罵是共產黨害的。不過晚年對大陸的認識有所改變：「從電視上，觀其建築、衣服均甚華

美，大陸今不窮矣」，質疑「淑年把大陸説得像人間地獄一樣，大概是她故鄉的光景」。（1990.4.18）茅盾逝世，她寫了篇回憶文章，《人民日報》適時作了轉載。她的著作始漸在大陸出版，「看大陸百花系列蘇雪林散文選集序言，對余備極頌揚」、「余在大陸四十多年，無人提及，等於死滅，今忽被人揭發，大肆揄揚，亦意想不到之事也。」（1991.8.16）甚欣。有趣的是，共產黨她罵，國民黨她也罵，連對她最崇敬的蔣「總統」也罵：如日中天的運氣，已被蔣介石作盡耶。

> 自己窮蹙一孤島，雖四十年中享安寧之福，究竟是小朝廷，連東晉南宋都比不上！（1994.11.18）

儘管李登輝妻子曾文惠以個人名義捐助蘇雪林學術基金會一百萬臺幣，他們前腳剛走，後腳她又罵李登輝的一些措舉「不啻幫民進黨的忙」。大歎「國父辛苦建立之中華民國將被推翻，國民黨亦將消滅，臺灣必歸併於中共」。（1996.3.24）周作人是她的老師，但她亦不甚喜，「理由因他失身事敵，昧於民族大義」。

蘇雪林晚年鬧窮。

> 余退休利息太少，賣文又不能常，而生活日高，實在支持不了，故未免變得貪心耳，亦可笑也。（1986.2.7）

稿紙貴，郵資貴，稿酬低，她稱寫文章是「賣血」。特別是她的腿骨折不良於行，一次跌倒在地爬不起來，半天後女工來打掃衛生才被

扶起。報紙將此事披露後，社會各界大嘩。有人以請她做顧問名義送錢，「余對戴主任聲明，不能接受」。

> 戴仍再三相強，余再三推讓，後乃允顧問名義，接受實惠則不受。

臺灣「文化工作委員會」某領導帶一大群記者趨訪。

> 云成大擬贈我名譽教授，余問有先例否？答倪超就是。又謂大陸擬爭取我，對我種種尊敬，則臺灣更應有所表示。余云臺灣越尊敬我，則我虛名越大，那邊越要爭取矣。不如以平常心待我。彼以為無爭取之價值，而放棄爭取。（1990.4.7）

蘇雪林後來寫信與顧保鵠神父說：

> 告以我近年之所以大受尊崇者，並非實際才學有以致之，乃兩岸政治鬥爭之結果耳。（1991.8.24）

　　蘇雪林並非窮到活不下去，只是她宅心仁厚，省酒待客，把絕大部分的錢都佈施給在臺的幾位姪孫輩，以及周濟在大陸的七姑八姨了。她雖窮，有時會窮大方。五十年代初，她離法歸國時，自己窮得叮噹響，不時向友告貸，但後來還是把一隻價值一萬八千方的收音機贈給同宿舍的女友們作紀念（1952.5.23）；她是天主教徒，教會要捐

款，爪哇國地震要捐款，新創的珞珈學校要捐款，窮困的師友過世要捐款……此類善事她必有份。朋友送她的也多，謝冰瑩要把一劇本的改編費六萬元送她，她堅拒。方璧君從美國寄五百美金，她如數退回。方又寄來，說那就全買她的書送朋友，她這才接受。對他人惠贈「無以為報，甚為不安！余自身世畸零，但到了老年，竟為溫暖之人情所包圍。」旋而又自責：

> 乃余仍常常怨天尤人，真是得福不知感，菑必及乎其身矣！
> 以後宜將此種不正常之心理轉變為感恩知德，庶乎其可！
> （1980.2.7）

她感恩知報，往往將張三的贈物轉給李四。日記中不乏人敬一尺她還一丈的記載。

而蘇雪林的生活簡樸得令人鼻酸。她是徽人，有喜吃鹹魚、臘肉的習慣。自其姐淑孟女士去世後，一人獨居，只雇請一半天工。為節省、方便，醃品成主菜。每年都醃一大堆鹹肉、香腸，送友人、自食。有時保管不好，或發黴，或生蛆。即令生蛆，她洗一洗，仍放冰箱冷庫，捨不得丟去；賣酒瓶換煙；用過期七年的肥皂粉洗頭。據日記載，五十年代初在法國，許多衣物都是老友凌叔華穿過送的，帶回臺灣，大改小，長改短，縫縫補補又一年。皮鞋多破爛不堪：

> 看報，接鞋索，誰知貫不過鞋洞，棄之。另取一對鞋索，到
> 書桌下層找黑鞋油，想擦鞋，（十二月赴臺北領獎時擦過一次，今

已過三個月矣！）百覓不得，當是北上後遺棄於來來大飯店。如此一雙髒鞋，明天何以去做客？女工來，叫她去買一盒，有黑灰而無油，擦不亮，無可如何，總比不擦好。（1990.3.8）

筆者提請讀者注意，此時她已是九十四歲的老人了。她記了一輩子日記，日記本多為自製，一朋友從國外歸來送她一本質地好的日記本，她用不習慣，做贈物送人了。她自己常年用的則是「百衲本」。

晨起較早，入書房尋出幾本寫過少許文字的直行冊子，將空白頁扯下，湊成日記本，到客廳用錐鑽孔，白棉線縫之，居然有不甚厚的日記本二冊了，可以記年餘矣。（1994.10.15）

此時的她已九十有七，年屆百齡的人瑞了。儘管她在日記中屢屢說，余已垂老，留錢何用？她仍不肯奢用半文。

蘇雪林的過分節儉已近乎「嗇」了，嗇到這麼一位鼎鼎大名的「國寶」，竟做拾荒者！八十歲時，蘇雪林有鍛煉身體的習慣，早起「出散六圈，甩手三百」，堅持兩年。一早外出道途偶有廢棄遺物，信手拾得。

今日上午又費了兩個小時，始將那雙從小竹屋中撿出之舊鞋修得像個樣子，但穿上腳則並不甚合腳，因其太大也。（1976元旦）

某日晨出散步，見環衛工人身邊有兩根被棄的竹竿，她與之相商，請「出讓」。工人説送她，不要錢。她又憂心被路上行人撞見以為是順手牽羊，遂請那工人幫送回家。到家後她酬以一包香煙，那人不要。（1978.7.11）。某次拾物回家被學生看見，在日記中愧悔不已：「可笑！可笑！可笑！可恥！可恥！可恥！」除此之外，某天「天尚未全亮，走學生宿舍後面的停車場狹道，將前二日所拾之橡皮套子擲還。蓋前日見套擲地上，以為棄物，拾歸，為手杖下端套。自覺不該如此貪小，甚不安，今日送還以後，決志不再為拾棄之事。」（1980.8.30）可事後又「犯」了一次。她見一八成新的毛巾，被車主擦車後棄之，覺得這是臺灣人生活水平提高後在暴殄天物、在犯罪，不忍，又拾起……這多少給人一種卑微、委瑣不堪的印象了。筆者真不忍心寫出蘇先生皮襖下的這個「小」字，又覺這與她當年為抗戰捐金，倒有一種相映成趣的回味。

蘇雪林喜歡小生命，最大的愛好是養貓。在四百萬字的日記中，寫貓多達數百處，拼接起來足有三、四萬字。她飼貓長達五十年，收留流浪貓多時達十數隻，為貓選巢，為病貓餵奶，與貓逗樂。日記中有許多生動有趣的描寫，限於篇幅，割愛，只選日記一則，足見其憐愛之心：

> 余近來總是疲乏，想大限將到。若死於貓前，乃貓之不幸，若死在其後，則為貓福。（1989.7.20）

也偶養過狗。侍花頗多，多為人送，精神好時，把門前小院打扮得花木扶疏。園內還種過木瓜，侍弄頗殷，因她自號「木瓜」。

我極少看到她真正休閒的日記。印象中只有那麼一次，是某日她見曇花欲綻，靜佇花前，觀賞曇花一現的生命過程。

蘇雪林善對弈，當年在大陸的歲月，棋藝水平相當高。她喜酒，亦常微醉入夢成仙；嗜茶，且濃（不忍辛寫垂暮時泡茶倒不出茶葉時之悲狀，更不忍心寫晚年「壽則辱」的種種慘景），亦抽煙，不多，用於提神。八十高齡時想戒，但師友常禮贈，又復燃，直至百齡。

蘇雪林說她倒楣一輩子，「一輩子被人罵死」。平時狀如木瓜，笑臉少，但不乏幽默。給人印象深的是八十四歲時寫的「人到我現在這樣的年齡，固無日無時不準備閻魔老子拘票之到來。」她說錯了，直到二十年後的1999年4月21日她才緩垂下人生大幕，回歸自然。

（四）情感大世界

蘇雪林的情感世界是豐富的、多元的。天空有陽光、有陰霾，日記中的後五十年更是如此。與師友的情感是她精神的支柱。友輩如當年留法和珞珈時代的故舊：潘玉良、方君璧、謝冰瑩和凌叔華、袁昌英，他們都曾在經濟上或心靈上給過她幫助和慰藉。相處時間最長、過從最密的是謝冰瑩，情感最深的則是袁昌英。袁在大陸過世後，蘇雪林寫悼文稱其為「生平第一知己」，弘揚其德藝，還四處張羅為其在臺出版遺著《孔雀東南飛及其他》，並把這種感情延續到袁的女兒楊靜遠身上。到臺後結識的朋友中當屬唐亦男，唐是蘇氏日記中出現頻率最多之人，高達千次之數。唐氏，五十年代初是她在師大教的學生，後為同事，亦生亦同事亦友一輩子。唐待蘇勝似奉老母，幫助買

米打油之瑣雜，遠在其次，陪她談心，
侍她外出，為她張羅書籍的出版、校
稿，出書後又幫其推銷，成為其「拐
杖」。實際上唐是蘇晚年的監護人。唐
突破重重阻力，斡旋奔走兩岸，於蘇
一百零三歲時幫她圓了回鄉探親的夢；
蘇逝世後，唐張羅財團資助，主持召開
兩岸蘇雪林學術研討會，並扶靈葬骨於
故里，為蘇的百年人生畫了圓滿句號。

　　在與師輩的交往中，除胡適外，蘇
雪林與王雪艇（世杰）最貼心，「唯王
先生對余甚厚」。王係蘇武大時的老校
長。五十年代，蘇滯留法國欲回臺，王
為她安排工作、籌措川資。王接替胡適
做中研院院長，對蘇的屈賦研究給予支
援。王去世，蘇撰悼文〈雪公與我〉時
在日記中說：

蘇雪林與謝冰瑩

蘇雪林與唐亦男（右下），左為繼子張
衛（張昌華攝）

　　　雪公乃大人物，從大處落墨，
　　　在我非常難，只有從小處寫，
　　　然此文暴露自己學歷缺乏，在
　　　武大第一年上課，念了別音，
　　　寫了別字，被學生檢舉，實不

光彩，殊不願在報紙上公開。

（1981.4.27）

蘇在自傳中直言：執教武大的歲月「年終系會考績定去留，幾個資深教授都投我反對票，……幸虧王世杰校長起立發言」挽局，予以「續聘」，「有恩於我」。

蘇雪林一生為情所累。確切地説，是為「親情」而累死。早年為尊父母之包辦婚姻淒苦一生，到臺後與姐淑孟組成姐妹家庭，事事唯姐為上；同時她自己簡樸近嗇，苦得要命，把錢全施捨給在臺的建業、經書等幾個侄輩。這些侄輩每每出現，十九都是衝錢而來。她惱恨他們「太貪」，是「用錢大王」，又恪於親情，沉於溺愛，有求必應。日記中俯拾皆是，僅摘一二：

> 經書來。他今日和顏悦色，未以余未津貼機車費而不樂，余再三籌思，他每日兩次來去送子赴幼稚園各四十五分鐘，未

蘇雪林回故鄉（蘇門攝）

蘇雪林魄歸故里（張遇攝）

免太辛苦，年紀也究竟大了，我已老，在世之日無多，留錢
給誰用？……就幫他吧！（1973.9.23）

經書又云購一大冰箱，……此人是用錢大王，裝電話一萬數
千元，此次又購大冰箱，又為一萬三千數百元，余悔本月給
他買食物費一千，買手錶錢一千五百元，以後一文也不給
了。（1978.8.4）

余自九月十七日面交建業萬元，迄今為三個月搭幾天，本
想再熬一個月，到舊曆年前再匯，但建業昨日來信已透露
窘態，想到幣值日貶……不如做個好人，將錢給他算了。
（1975.12.22）

1978年元月，蘇雪林跌一大跤住院，「生命吉凶實未卜」，把
黃魚及存款數目複印三份，將在臺的三位子侄叫來，「並告以積蓄數
目，萬一有不測，三家平分。」……與大陸的親屬聯絡上之後，七姑
八姨、八竿子也打不到的親友，蜂擁而至吃「唐僧肉」。給錢也罷，
索錢者相互之間還吃醋、戳蹩腳，弄得蘇雪林左右不是。更有一些
「混球輩」的太平蘇氏族人，竟以她的名義向海內外募捐整修「蘇氏
宗祠」，她很不理解。蘇雪林太愛她的族人了，1973年在成大退休，
她考慮自己年事已高，遂採一次性提取退休金的方式，用利息養老，
以便將來說不定哪天就有個三長兩短，留點積蓄給後人。

那時臺幣二十萬還像個數目，身後分給侄輩，豈不更好，便
一次領了。

追溯以往，當初她與張寶齡的矛盾，蘇在經濟上全力呵護族人也是導致家庭裂痕的重要原因之一。總之，親情帶給她的歡樂太少，徒增的麻煩和苦惱卻終極一生。

蘇雪林對他們那一代人的婚姻很感興趣並時有感慨。她讀《蔣碧薇回憶錄》後觸景生情，聯想到自己時寫道：

> 此事怪徐（悲鴻，筆者）乎？怪蔣乎？兩人皆不可怪，兩人亦皆須負責，是所謂孽緣也。余幸而一生就業自持，從無戀愛糾紛傳流人口，既保清白之名，亦免許多煩惱，比較起來，尚算值得。（1966.2.3）

是耶，非耶？蘇雪林與張寶齡的婚姻，是她人生冊頁中最淒苦的一章。在後五十年的日記中提及張寶齡僅三、四處，還是為寫自傳而涉，寥寥數語，淡、冷。張寶齡畢業於美國麻省理工學院，是蘇雪林父母饋贈給她的禮物。她別無選擇。蘇雪林衰年追憶時寫道：

> 蘇州天賜莊一年歲月尚算美滿，但以後便是維持夫婦名義而已。（1990.12.16）

張寶齡大丈夫氣重，理性，較冷漠。婚後，他們在蘇州築巢。他是學造船的，蓋的房子也是船形。中秋時分，蘇雪林說外面的月亮好圓，張寶齡答：「再圓也沒有我用圓規畫的圓。」話難投機，少情趣，婚後又長期分居，感情更趨淡。加之蘇雪林在經濟上對族人的竭力周

濟，也引起他的不快。以致在時局動盪之際，各奔東西。蘇在寫自傳時說：

> 我打算將張的事完全隱去不說，蓋我已立志不言彼過，婚姻不如意就不如意，算了！世尚多不婚者，遇人不淑者，我有文學學術自慰，何必婚姻！（1990.11.1）

但寫自傳時婚姻這是一道繞不過去的坎，她還是寫了：

> 下午寫回憶錄，將張實齡真事一一敘出，不再寫注耳，蓋等別人亂猜亂寫，不如自己寫。（1990.12.17）

她稱這是「一世孽緣」。不過在《浮生九四》中不乏自責：

> ⋯⋯（我）又何能做他半女僕、半妻子的伴侶！況我偏向母家，協助姐嫂，更令他嫉妒得像心頭有火燃燒，一刻也不能容忍。夫妻感情之壞，以此為之根源。

又反思道：

> 以為既如此的不美滿，何不乾脆離婚別尋良偶呢？以為我有舊腦筋，抱存有「從一而終」的觀點。其實也不是。我曾在一篇文章中辯過。我是一方面為一種教條所拘束，一方面為

我天生甚為濃厚的潔癖所限制。我總覺得離婚二字對於女人而言，總是不雅，況那時我已薄有文名……但我因這些原因，叫張寶齡孤淒一世，不能享他理想中的家庭幸福，也是實覺對不住他！

在蘇雪林的花季，即1922年赴法留學時，一個「要在荊棘叢中摘取玫瑰花的夢想者」瘋狂地追求過她。蘇雪林也曾怦然心動，但恪於已與張有婚約在前，她毅然決然地與其斷絕了。之後，當然緊閉心扉。有趣的是花甲之年，竟有人扣她銹蝕的心鎖：

> 今日獲苗栗某部隊秦鴻仁寄來長信一封，滿紙瘋話，殆想老婆不得而成瘋者，今日軍中此類人甚多。（1959.4.24）

不容置疑，此信閱後一定去了它該去的地方。令人驚詫的是，在蘇雪林的心靈深處，還有一星愛的火種，當然那是屬於「另類」的愛。

> 今日中央日報未到，余有工夫寫文……此文寫我民國八年升學北平女高師，暗暗傾慕吳貽芳，而偷窺其動靜，實為可笑。此為余少年熱情之表現，若在今日絕不為也。聞吳貽芳尚未死，其住南京抑在美國則不知。據經傳來信言，其南京居處之舒適、美麗，則尚在南京，當命經傳轉之。（1989.6.18）

蘇雪林還「希望吳貽芳那篇亦早日刊出，則可寄經傳命她寄……趁她未死見此文，亦我之大願也！」（1989.6.22）遺憾，此信、文不知何故遭「臺北五萬信箱」兩次退回。後，她還饒有興致的將寫吳貽芳稿影印一份，寄給當年女高師的同學毛彥文，回味「私慕吳貽芳可笑舉動」。

蘇雪林一生充滿矛盾，雙重人格現象嚴重，包括評判他人和檢討自己，甚而，對宗教的態度也是如此。1924年，在戀愛困惑時，篤信天主教，在法國里昂大教堂接受洗禮。一時做彌撒甚殷，漸淡之，但絲縷未絕。九十八歲時吳某拜訪，「詢余信仰天主教事，提出三個問題，我實告自己是掛名教友，立身行事一如世俗人，並不受教規約束，譬如星期五照樣吃肉，星期日照樣工作，唯不美滿之婚姻，尚能照教規不仳離而已，但此節我未言。」（1995.1.27）後當教友們暢談教徒生活之幸福時，她在日記中寫道：

> 許平姐來，寫紙條十餘張，勸我快樂，我生平唯有憂鬱，不知快樂是何滋味？而天主教朋友，每以快樂為言，不知我為宗教信仰，受過絕大之精神痛苦，有何快樂而言？故怫然請她勿再言。（1995.5.30）

如何評介蘇雪林的一生？蘇氏在《浮生九四》的自序中說：「我是一個自卑感相當重的人，不重視自己的為人及自己的作品」，「庸碌卑微」，又說：「乃是一個弱者，一個充滿矛盾性的人物，沒什麼價值。」不過筆者以為這或是她在自卑中夾以自謙之詞吧。

蘇雪林畢竟是一個人物，是一個耐人咀嚼的人物。

【注釋】

註1：《蘇雪林作品集·日記》（1-15卷），臺灣成功大學，1999年版；

註2：蘇雪林，《浮生九四》，臺灣三民書局，1991年版；

註3：石楠，《另類才女蘇雪林》，東方出版社，2004年版；

註4：蘇雪林致筆者信札。

詩酒臺靜農

（一）枕上詩書閒處好

中秋節。天高雲淡。臺北市。

〔字幕疊印：二十世紀八十年代〕

車水馬龍的臺北市和平東路。（淡出）鏡頭搖入一條小胡同，於溫州街18巷一座陳舊的日式民居前（定格）。

門首聚集著一群相約而來的男女。他們是主人的舊雨新知，或闈牆桃李。而立、不惑、知天命之年不等。他們手中都拎著花花綠綠的禮品袋。唯一拄杖、銀髯飄拂的老者，杖邊依著一活潑可愛的小男孩。

眾人你推我搡，公推一知天命之年的戴眼鏡者。他前趨，屈指輕叩門扉。室內沒有響動。他又重敲了兩下，仍無反應。

小男孩咚咚咚跑到門前，踮腳按響門鈴，連按三下。

「哪個？」門上對講機傳來宏亮的皖西口音。

「我們。」眾人七嘴八舌。

室內。湫隘的小客廳，牆上懸著蔡元培的手跡。張大千的題匾「龍坡丈室」（特寫）。

依牆而立的老式書架上端，陳列著化石、陶器和秦俑，以及一摞宣紙，書架中層雜陳著一排有函套的線裝書、《明四百家遺民詩》、《兩漢樂舞考》、「臺大學報」合訂本，書猶長龍綿延到地板上、大書桌上。零亂無序。

偌大的書案雄踞陋室的四分之一，案左端攤開的文房四寶，被鎮紙壓著的一張墨跡未乾的「舞」字，一半懸於案側，飄飄欲仙。

一瓶開口的茅臺，一隻小酒盅，一隻青瓷碟中堆著紅衣花生米。主人坐在藤椅上獨酌，椅扶手藤條已散脫。聽到鈴聲，老人立起，端起杯中物一仰脖子，順手撿了一粒花生米塞入口中。匆忙之中，酒杯忘記放下，口呼著：「來──囉！」蹣跚著開門。

大門開啟。鏡頭前的老人。身材魁梧，著深灰長衫，戴方形寬邊眼鏡，頭髮齊整地向後梳，慈祥地微笑著。

訪客們鞠躬後齊呼：「臺公好！」

老人用握酒杯的手，優雅地在空中畫了一個弧，做了個「請」的姿勢。

訪客們不約而同地呼應，手臂林立，擎出各自攜帶的模樣不同的酒：XO、伏特加、茅臺、日本清酒……

瞬間推出片名「臺靜農」。

（上述文字純屬筆者根據根據林文月等作品作出的想像。）

　　臺靜農，安徽霍丘人（1902-1990）。北大國學研究所肄業，先後在中法大學、輔仁大學、北大女子文學院、山東大學以及四川白沙國立女子師範學院等大學執教。自1928年後的六年間，他先後三次無辜被捕入獄。1946年為抗議教育部對白沙女師風潮的野蠻處理，他憤而拂袖。迫於生計，他應許壽裳之邀赴臺灣大學任教，遂淡出文壇，步上從教、治學之路，成為古典文學研究著名的學者。在臺大中文系主任的席上，他一坐二十年，直至解甲。其時煮酒論藝，品茗著書，精育桃李，口碑極隆。他嚴謹的治學風格、寬厚的待人原則與執著的人生追求，影響了臺灣一代學人。臺灣學界譽讚他：「學問、襟抱、道德、文章，猶令後學敬仰。」

臺靜農

　　臺靜農畢生從教，但他卻是以創作嶄露文壇而名世的。他是魯迅的學生。「平生風義兼師友」。二十年代中國鄉土小說傑出的代表，未名社的中堅。當年魯迅編選《中國新文學大系·小說二集》時，一般作者只選兩篇，而以

四篇奪魁者兩人：一魯迅本人，一臺靜農。魯迅說：「在爭著寫戀愛的悲歡、都會的明暗的那時候，能將鄉間的生死、泥土的氣息，移在紙上」的，唯臺靜農。儘管我們今天已不易讀到他的〈王二哥〉、〈紅燈〉、〈新墳〉和〈蚯蚓們〉，但它實實在在地載入了中國新文學史冊。

他與魯迅的關係非同一般。1926年他為魯迅編第一本評論文集《關於魯迅及其著作》，1932年他全程陪同魯迅在北平作五次講演，1934年至1935年間，他幫助魯迅拓印漢石畫。兩人函札往返甚豐。魯迅對他亦甚厚愛，他每每下獄，魯迅都千方百計援手營救。大概正因為此，臺灣當局一直對他耿耿於懷，不冷不熱。在臺灣生活了四十多年，臺靜農閉口不談魯迅，即令在私下。

（二）身處艱難氣如虹

臺靜農是文人、學者，泊於政治，但他本是位有稜有角有個性，追求自我的人物。他與同鄉李霽野是「從童顏到鶴髮」的刎頸之交、「牢友」。讀小學時，他們結夥造反，「剪辮子和砸佛像」不勝其樂；上中學時受五四影響，在阜陽共辦《新淮潮》、《微光》，兩人共同發表公開信，要求解除父母代訂的婚約，指點江山，意氣方遒；後來共辦未名社，欲展宏圖，奈何1928年李霽野因譯文《文學與革命》惹禍，牽連臺靜農，連環被捕。1946年，白沙女師院鬧學潮，教育部下令解散學院，為抗議這一野蠻行為，他毅然辭去教職。儘管他評人論事向來以慈仁為本，但對那些阿諛逢迎、鑽營仕途的文人疾惡

如仇。在重慶的歲月，一些「群眾團體」獻媚，向蔣介石獻九鼎，銘文由某學者撰寫，用詞都是舊時歌頌皇帝那一套，「允文允武，乃聖乃神」之類，從不罵人的臺靜農拍案罵之：「什麼『允文允武，乃聖乃神！×××』！」居然罵出大不雅的「×××」。他與國民黨政府的冰火之勢從〈孤憤〉一詩可見：

> 孤憤如山霜鬢侵，青燈濁酒夜沉沉。
> 長門賦賣文章賤，呂相書懸天下喑。

他自己釋第二聯「呂相書」是指蔣介石的《中國之命運》，呂不韋作《呂氏春秋》懸於國門，云「易一字者賞千金」，誰敢去易一字呢？天下只有啞然無聲了；「文章賤」是抨擊那些拍馬的文人，爭把著作呈蔣介石，沽名釣譽，猶如司馬相如賣《長門賦》。抗戰勝利後，蔣介石要獎勵一批教授，舒蕪先生將此事告訴臺靜農，說他可能獲得嘉獎。臺靜農竟驚慌莫名：「這怎麼辦呢？教一輩子，得他這麼一個獎，叫我怎麼見人呢？」

基於臺靜農與魯迅的那層關係，臺靜農到臺後，一直處在特務或明或暗的監視中。臺大中文系兩位前任系主任許壽裳和喬大壯，前者在寓所被害，後一位憂國自沉。面對冷霜雪劍，友人為他的處境很擔憂，他卻坦然表示：「無論如何，課總是要上的。」

林文月女士是他最得意的女弟子。1975年他神秘地贈她一卷長詩，係四川白沙時代所寫的四十五首詩，充滿著熱血書生對家國的憤慨。卷末跋文：

余未嘗學詩，中年偶以五七言寫吾胸中煩冤　又不推敲格律　更不示人　今抄付文月女弟存之　亦無量劫中一泡影爾　一千九百七十五年六月九日坐雨　靜農臺北龍坡里之歇腳盒」

後有二印，上為「淡臺靜農」，下為「身處艱難氣如虹」。

（三）桃李春風重儒林

自歌謠至說部詩騷，古今俱在，高文德業垂宇宙；
由書法而繪畫篆刻，技藝皆精，桃李春風重儒林。

　　這是臺靜農的老弟子張敬教授獻給先生的一副輓聯，高度概括了他一生的業績。

　　學者臺靜農治學的態度是謹嚴的。他為中文系的學生規劃三條路：義理的探討、辭章的創作和考據的研究。

　　他對自己的要求很嚴，未臻完善的作品，他歷來是不肯示人的。他對民俗學、書法史和中國百年思想史都有精到的研究。他著有一部風格特獨的中國文學史，有出版商聞訊，多次央求出版，他只婉言：「好，有空我來整理。」終未見面世。（編者按：《中國文學史》直到2004年才由臺灣大學出版中心出版）從他存世的作品來看，似缺少系統和完整性。那是他長期處於受迫害的處境所致。動盪的時代沒有使他的潛力得到充分地發揮。

有人把學者分為「身教」和「書教」兩大類，臺靜農顯然屬於前者，他是以人格和性格的魅力教化學生的。他有兩句口頭禪：「那麼」、「也好」，溫良恭儉讓，聊見他亦慈亦讓的襟抱了。他的平民意識非常濃，在家事母之孝，在校理事之忠，處世待人之誠，有口皆碑。他執掌中文系二十年，辦公室大門永遠敞開，任何人進去不必喊「報告」，儒雅、祥和。友人評說：

> 中文系是一個大平等，是一個大莊嚴；是一個莊嚴的平等，是一個平等的莊嚴；更是一個和諧的秩序，是一個秩序的和諧。

他對學生像待子媳，親切、謙和又富耐心。有一次，一位學生向他訴說，想看泱泱五百卷《太平廣記》中某一冊，他說：「下次我帶一套借給你看。」同學們聽了哄堂大笑，以為老師在說笑話。下周上課時，他果然捧了一函十冊《太平廣記》借給那位同學。某年，班上同學玩一種「母鴨帶小鴨」的團體遊戲，邀先生參加。同學們故意逗先生當小鴨，他真的聽從了，跟在老鴨屁股後面揮手揚腳，率真得像個孩子。他包容廣博，對有良知者都悲憫關愛，特別是對一些一時身處逆境的人士。1960年，《自由中國》雜誌被判「罪」停刊，雷震等四人被捕，編委聶華苓亦被監控，他人躲之不及，臺靜農竟親自出馬，面請聶華苓到臺大上現代文學創作課。

當然，醇篤狷介的臺靜農的禮讓也是有度的。小事馬虎，大事不苟且。臺灣人情風重，託請之事屢屢，臺靜農從不為「八行書」所左

臺靜農書法

右。曲折是非，胸中自有一把尺。校長傅斯年一提臺靜農就豎大拇指說：「剛正不阿」。所以，有人評說他有孔聖之風：「溫而厲，威而不猛，恭而安。」

他重友情如生命。他與李霽野情深近九十年。1928年他受李之牽累而下獄，卻無怨悔。四年後，他第二次被捕，蓋一朋友將其父遺物——一化學儀器存放在他家，被當局判為「新式炸彈」。徒然受累，但他並沒有疏遠友人，仍接受友人的各種託請。

尋得桃源為避秦。

臺靜農多才多藝，工書、善畫，亦能治印。書藝，那是他「教學讀書之餘，每感鬱結意不能靜，唯弄毫墨以自排遣」之果。他的書法師明人倪元璐。張大千評論：「三百年來，能得倪書神髓者，靜農一人而已。」臨池之餘，還偶作梅花。畫作其意高雅，極饒情致。擅書，這本是生財之道，而他淡泊之極，毫無忮求之心。凡他門下的弟子，幾近每人都有他的

手跡；系裏的中年教師，多半都獲贈
過他刻的印章。大凡登門求書者，沒
有徒手而歸的。儘管他常説：「儘管
拿去，儘管拿去！」，門牆們總不忍
揩先生的油，常贈以名貴煙酒，以示
敬意。於是，他的書架亦成了百貨公
司的煙酒櫃。吃不了，他轉手送人，
從不吝嗇。八十歲時，他舉辦了一次
書展，轟動臺北。耄耋之年，寫字不
易，加之，他一生幾乎與窮為伍。也
有少數不肖之徒，索字不要題款，公
然懸於文物商店，令老人很傷感。在
眾人強行勸説下，他勉強訂了潤格，
不過有時那潤格也僅一紙空文而已。
有趣的是，一位老學生拿了幅名家
字，請他題跋，學生給潤筆費，他堅
拒，在學生再三央求下才收，似乎反
覺得欠了人情。老先生又展開長卷，
在文末添作了一枝梅花。病重期間，
自知已不能揮毫，他急著將預受的潤
資一一退還給人家。

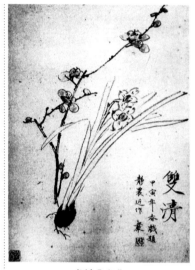

臺靜農畫作

185

臺靜農生前藏有明人倪元璐的五幅真跡，平時珍如拱璧。在他去世前三個月，一併捐給臺北故宮博物館。

（四）且樂生前一杯酒

「且樂生前一杯酒，何須身後千載名。」

一位學者朋友對我說：

> 倘寫臺先生，除寫他的風骨之外，還要寫他的窮，他的幽默，他的不拘小節；更不能不寫酒。

　　窮，似乎像條毒蛇，纏了臺靜農一生。1924年，他與李霽野在北平求學，為慶祝李霽野譯完《往星中》，他們想看卓別林演的《賴婚》，沒錢。臺靜農急中生智，當了件衣服，看了場電影還吃了次餛飩、火燒。抗戰時在白沙，舒蕪經常見到有時快到吃飯的當兒，碰到臺師母還在慢慢地向後山小店走去，「賣一件衣服，買米回來做飯」。1946年他赴臺大上任，賣了明版《金瓶梅》作川資。在滬上船時，船要等三日才開，沒錢住旅店，全家人在船上硬撐。其時他身上已一文不名了，還是同行的方師鐸將身上的錢分一半給他。到臺後，一家老小七口，全靠他的薄薪，窘到沒錢買煙、買報，向小店老闆賒賬。久之，老闆拒賒，他的欠賬還是北大一位老同學悄悄替他還的。到臺後，在臺大住的那日式舊居，一住就是

四十年！老伴去世時，他寫〈憶妻〉中就有：「相看兒女催人老，柴米相商累汝多。」

臺靜農窮，絕不酸。愛以幽默解嘲，又不拘小節。在白沙時，一次向舒蕪先生借劈柴刀。臨走時舉刀笑著說：「路上還可以做一票生意啦！」在滬登船赴臺時，方師鐸將身上一半的錢借他，他瀟灑地往口袋一塞，也不言謝，旋反邀方師鐸上岸：「我們找個小館子去吃上一頓，我現在有錢了，我可以請客！」他曾給老學生濮之珍出了一上聯「臺灣臺北臺灣大學臺靜農」，徵下聯。八十歲時，他自製一方「辛酉年」印章，一側刻「開歲八十矣，戲製此印，以驗老夫腕力」。示門生林文月欣賞，不待讚美，自己說：「不錯，手勁還可以。」晚年寓居美國的兒子請他去玩一趟，回來談觀感。他說第一快事是喝了瀘州老窖。別人說美國好，他說：「美國有什麼好，沒有一個土地廟！」病重確診是患了癌，家人擔憂，他卻對女兒說：「沒想到我中了頭獎！」真是個老頑童。

臺靜農係皖人，重皖人習俗。他生活儉樸，八十年代穿的舊毛衣上還有洞，而喝的酒都是名貴的。學生取笑他是「煙酒貴族」。他平時習字，用的都是舊報紙。他喜歡吃炒得很硬的炒飯，佐以紅辣椒、鹹菜，唯酒是萬萬不可缺的。

晚來天欲雪，能飲一杯無。

他邀朋友喝酒都有理由：若是天熱，他說喝酒去暑，若是天冷，他便說酒可禦寒。路過學生家時，酒興發作，進門就問：「有沒有開了瓶的酒？」老友路過門前拎著小包，他就喊：「有好酒丟些下來！」某年，老友莊慕陵的兒子莊因，特地攜兩瓶「特級清

酒」送他，莊因一進門，臺靜農對太太就喊：「莊慕陵的老二來了，帶來兩瓶特級清酒敷衍塞責。」頗有「一生大笑能幾回，斗酒相逢須醉倒」的瀟灑。以至世人編出笑話：欲做臺靜農的學生，必須要過煙酒關。

臺靜農酒癮大、量高，但酒德佳，能自制。他既煙又酒，卻不喜吃水果、蔬菜，一反衛生之道，卻也長壽。他曾自撰一聯「不養生而壽，處濁世亦仙」，耐人尋味。

文人的齋名是頗有講究的。臺靜農初到臺後齋名為「歇腳盦」（後易名為「龍坡丈室」），意小歇片刻而已，並寫下「板屋楹書未是家」的詩句。1946年在白沙，臺靜農與舒蕪告別時，將魯迅的全部舊體詩書成長卷贈給舒蕪，加跋語，最末句是：「此別不知何年再得詩酒之樂，得不同此惘惘耶？」充滿「孤客一身千里外，未知何日是歸年」的悲愴。「無根的異鄉人，都忘不了自家的泥土」。奈何，有家歸不得，想得厲害時，他只向親友悄悄地傾訴。一次，他邊飲酒吃花生，邊與林文月聊天，談到北平，動情時把桌面的花生皮撥開，畫出他在北平故居的圖。最憶門前柳，閒居手自栽。

1988年聶華苓去拜訪臺靜農，問：「臺先生，你想回老家看看嗎？」他一臉戚然：「走不動了。」

臺靜農患食道癌，於1990年11月9日去世。病時，老學生們常去探視。一位學生在慰問信中寫道：

> 您這一生當中吃的好菜、喝的好酒比誰都多，教的學生、交遊的好友也最多，您的一生真可以抵上別人的兩輩子了。

他把信放在床頭，每有學生來，他讓來者讀這一段給他聽。有一種淡
淡的滿足。

　　重簾不卷留香久，
　　古硯微凹聚墨多。

悲情葉公超

「**文**寫葉公超，武寫孫立人」臺灣史學界人如是説。

葉公超（1904-1981），原名崇智，公超係筆名。生於江西九江一個書香世家。

葉公超五歲時，家人為他延聘教習，習畫寫字，修讀經史，間學英文。中學時代即留學美、英、法。1925年獲愛默思特大學文學學士學位。在此他成了著名詩人弗洛斯特（Robert Frost）的高足，並出了本英文詩集《poems》。後入英國劍橋大學研讀文藝心理學，一年後獲碩士學位。

1926年秋，二十三歲的葉公超登上大學的講臺，同時在北大、北師大教授西洋文學，成為北大最年輕的教授。班上他最器重的兩個學生廢名（馮文炳）和梁遇春，前者大他四歲，後者小他兩歲。

他是屬於述而不作的紳士派，著述不甚多，但作為教授、刊物編輯，在扶植新人上

盡了心力。《新月》後期的新秀錢鍾書、余冠英、季羨林、卞之琳、何其芳、李廣田等一批文學生力軍突起，而這些人多出自清華、北大，有不少是他的桃李；作為西洋文學教授，他致力於中西文化的溝通與交流。令人特別刮目的是，做為評論家的葉公超，當時他便說：「現在最迫切需要的，是獨立而嚴格的藝術批評。」他認為：

> 我們過去老套的藝術批評，全是捧人的。有的批評，非但不能幫助藝術家，反而壓制他們的創造力。

他在徐志摩死後，撰文認為徐的散文成就高於他的詩作。儘管葉公超對左翼作家無好感，魯迅剛故去，他便寫了〈魯迅〉和〈關於非戰士的魯迅〉評論魯迅的歷史地位，肯定魯迅在小說史上的成就，並稱讚魯迅的文字功力。

葉公超

中國大環境未能讓魯迅靜下心來，寫幾部有分量的書，如中國文學史之類，是十分可惜的。

並斷言「罵他的人和被他罵的人實在沒有一個在任何方面與他同等的」；甚而批評他那小圈子裏的「哥們」——胡適、徐志摩的散文不敵魯迅。惹得宅心仁厚的胡適十分惱火，斥其「魯迅生前連吐痰都不會吐在你頭上，你為什麼寫那樣長的文章捧他」。在最後的歲月裡，他寫的絕筆〈病中瑣記〉，抒一生中四件印象最深的事。最後一章〈評論魯迅〉，説想把當年寫魯迅的、發表在天津《益世報》的上萬字長文找來讀一讀。他始終認為「不能因人而否定其文學成就」。

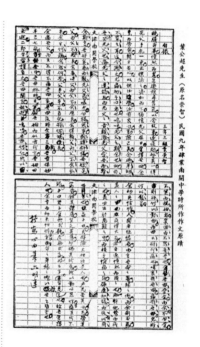

葉公超先生（原名崇智）民國九年肄業南開中學時所作文原蹟

葉公超在北大、清華當教授時，年輕氣盛，一副紳士派頭。大概是年代不同，對他的描述也大有逕庭：一説「風度翩翩，不拘小節，春秋著西裝，背部微駝，頭式右分，一塵不

染」（秦賢次），一說「公超先生很少著西裝，總是綢子長衫，冬天則是綢緞長袍或皮袍，下面是綢子棉褲，褲腿用線帶繫緊……先生的頭髮，有時梳得光可鑒人；有時候又蓬鬆似秋後枯草。他顧盼自嬉，怡然自得」（季羨林）。學生中的崇拜者稱他是「中國的約翰遜博士」。他的英文名叫「George」。他一直教西洋文學，吳晗、錢鍾書、王辛笛、季羨林、常風、趙蘿蕤和楊振寧等，他都教過。眾多的學生在晚年回憶他時，幾乎是眾口一詞：說上他的課既是享受，又有點「那個」。

葉公超上課「很少早退，卻經常遲到」，有時遲達十五分鐘之久。調皮的學生們以為他不來上了，喜歡悄悄地與他捉迷藏，從教室兩側的樓梯溜號，製造不上課的機會。他見怪不怪，還常常以自嘲的方式調侃學生：「我上趟上課來得不慢，你們卻走得更快。」他是絕對的自由主義者，教學原則是薰陶，中國書院傳統的身教，把教室當做師生切磋學術的場地。「要來便來，不來不勉強」。因為他的課有魅力，選修他的課的學生特別多。

　　最初上葉師的課，真是上得滿頭霧水。他到了課堂，並非有板有眼地從翻譯原理原則，及實施方法說起，總是天馬行空，隨興所至，高談闊論。最精彩處是眨著眼簾，把中外翻譯家誤譯、錯譯欠通處隨手拈來，挖苦不留餘地。（艾山）

　　他教課以讀音正確有名。（趙捷民）

作為老師，我猜他不怎麼備課⋯⋯他只是憑自己的才學信口
開河，說到哪裡是哪裡。反正他的文藝理論知識多得很，用
十輛卡車也裝不完的。

如果說葉老師什麼地方有點令人不自在的，也許是他那種自
然而然的「少爺」風度，當然絕非「紈絝子弟」的那一種。
（趙蘿蕤）

課堂上，他喜歡信手拿些唐詩、宋詞、元曲，叫學生翻譯。對音
律平仄他素不苛求，講究意會神通，如死板板的「中英對照」，他便
批評「這是從字典上抄來湊的字句」。他擅長啟發式，一次他讓學生
譯柳宗元的五絕〈江雪〉，「寒江雪尚望有魚乎？釣的是柳氏當時的
心境」。一語點睛。

葉教授的英文課很糟糕，他對學生不感興趣。（楊振寧）

他講課前先要學生朗讀課文，讀慢了，他譏諷學生結結巴
巴；讀快了，他又說快不等於好，結果學生得到的只是批
評，沒有表揚。（許淵沖）

有的女生說他很「師尊道嚴」，上課時不敢交頭接耳，但多數
人說他風趣、隨和。一次他出的譯題是李白的〈怨情〉：「美人捲珠
簾，深坐顰蛾眉；但見淚無痕，不知心恨誰？」同學們都犯難，一位
洋派的同學課堂上直呼葉公超的名字：

你叫我們翻譯李白的〈怨情〉，不管作者李白理不白，沒有交代清楚。美人心中到底恨的是誰？叫我們怎麼翻呀？

全場先是肅然，後是譁然。「Wait a minute!」他不是笑，也不是不笑，半眨著眼回答說：「我也哪兒知道她的心恨誰？」大家笑得開心時，他卻一字一頓地說：「我要是知道，也不叫你們翻譯了！」逗出的「笑聲差點把紅樓扯去一角」。

他的幽默隨處可見。一次話題說到服飾，他說：

> 西裝袖子的鈕扣，現在用來作裝飾，其起源乃防止大家大吃大喝了後，用袖子揩嘴巴。洋人打領帶更是妙不可言，便利於讓人牽著脖子走，而且要面對著牽他的人，表示由衷地臣服。

他雖然名士派頭很足，對學生很隨便，在街上有時學生向他打招呼，他似沒看見；有時學生沒看見他，他反而在馬路上大喊：「密斯特，密斯特」。

一次錢鍾書與許振德結伴於某歲聖誕前夕往謁，談到平劇時，葉公超眉飛色舞地大談譚鑫培當年如何如何，並清唱《打漁殺家》中「昨夜晚，吃醉酒」一段，字正腔圓，還做招式，一掃師生之別。

他的考試方法很獨特，打分很嚴。

> 他的評分標準與眾不同，多憑平時課堂印象，並不全照試題答案。因此，每逢考試，令人提心吊膽。（王之珍）

他處理問題的方法也讓人捉摸不透。《莎士比亞》課的期末考試，有一個學生平時傲氣十足，不好好聽，卷子雖答得不錯，但葉公超只給他五十八分。那個同學找到他宿舍，請他多加二分。葉公超知其來意，那學生進門後他便給他煮咖啡，和他談國家大事，說日本鬼子終將侵略華北，滔滔不絕，兩個小時沒有一秒鐘給那學生討分數的機會。學生無奈，只好悵然而返。葉看他欲走了，嘴上說「不送不送」，但最後一秒鐘，他還是追了出去和那個學生握手，主動地說：

> 你是為那兩分而來，我的分數還沒送出去，明天給你加上去。但要記住，以後上課時不可囂張。

果然，那位學生後來乖多了，「再不敢目無師長了」。（于衡）

葉公超上課，平時不涉及時事。但一提到，很有煽動性。在談到日本侵華，國家存亡時，他便說：

> 日本蠢動一開始，那他便是自挖墳墓了，不管平時破破爛爛，大家四分五裂，對外戰爭一開始，大家會拋棄成見，混聚在一起救亡圖存，擬訂方案。中國太大了，要吞，誰也沒有本領吞下去。（艾山）

抗戰爆發後的第二年，葉公超一回到北平，就與常風一道拜訪周作人，「代中央研究院和西南聯大敦促周作人和輔仁大學校長陳垣相機南下，以免為日偽所利用」。（韓石山，〈常風先生〉）

葉公超後來走下教壇,走上政壇。

> 在舊日師友之間,我們常常為公超先生在抗戰期間由西南聯
> 大棄教從政,深表惋歎,既為他一肚皮學問可惜,也都認為
> 他哪裡是個舊社會中做官的材料,卻就此斷送了他十三年教
> 學的首蓿生涯,這真是個時代的錯誤。(王辛笛)

季羨林在清華的時候,與葉公超接觸較多。他的散文〈年〉得到
葉公超的垂青,被推薦到《學文》發表。他對「難道我能夠忘記嗎」
的恩師的評說,與學兄王辛笛的說法頗有異趣。季羨林認為,在葉公
超與俞平伯這兩個名士的比較中,「俞是真名士,而葉是假裝的名士。
前者真率天成,一任自然;後者則難免有想引起『轟動效應』之嫌。」

> 我覺得,公超先生確是一個做官的材料。(季羨林)

再看葉公超的朋友們對他的評說:

> 葉公超的英文是第一等的英文,他說得更好,大概是年輕時
> 出去的緣故。
> 就是在外國一班大政治家之中,也不見得說得過公超。(胡適)

> 在當時一般朋友裏年紀最小,大家都叫他「小葉」。

聞一多先生常戲謔的呼他為「二毛子」，意思是他精通洋文不懂國故。（梁實秋）

而他仍健在的學生，當今北大教授許淵沖對葉先生的英文水平則不以為然：

我和楊振寧上葉先生大一英文時，發現他的中文說得比英文多，英語並不流利，美國音比不上陳福田，英國音比不上錢鍾書，中文翻譯比不上潘家洵，真是長江後浪推前浪了。

這真是「遠近高低各不同」，仁者見仁，智者見智了；但誰也不能否認葉公超是一個「人物」，或曰：葉公超就是葉公超。

學而優則仕。

「若沒有抗戰，我是不會進外交界的。現在我後悔沒有繼續從事文學事業。」葉公超暮年回憶時如是說。

1949年他到臺灣，先後任外交部長、駐美大使和資政。

「我一輩子脾氣大。」葉公超自己說。

「他一輩子吃虧就吃在脾氣上。」上上下下的人都這樣說。

陳誠是葉公超的頂頭上司，兩人互有芥蒂，葉公超對他多有不屑。

國民黨擬建「革命實踐研究院」，陳誠任主任。飯桌上，葉公超直言：

研究院是做官的「終南捷徑」，
受過訓的人除了多了一件護身
符外，看不出什麼效果。

一句話把陳誠噎得半天說不出話來，只
好打哈哈。

「立委」某在質詢會上指責葉公超
用人不當，質問「什麼樣的人才能當外
交官？」葉公超平時很不喜歡這一位，
知道他有羊癲瘋，回答說：「只要大學
畢業，五官端正，不患羊癲瘋的都可以
當。」說完還鞠一個九十度的大躬。

他做官不喜歡開會，平時會議都讓
別人去頂，回來向他彙報。一次蔣介石
對屢不赴會的部長提出批評。葉公超在
臺下發牢騷：「兩個小時可以辦許多事
情，卻一定要讓我來浪費。」又用英語
說：「他可以槍斃我！」

在部長任上，葉公超對副手說：
「我一天只看五個文件，其他的都不
必送上來了。」他最反對人事活動中不
正之風，「八行書」（介紹信）飛來飛
去；但他卻為「使館」內一位侍從多年

葉公超在辦公室

的主廚認認真真地寫過一封推薦信。他的工作方法有時別人不理解。外交官考試，他是典試委員，複審時不複考卷，只給及格者都加一分，不及格者減一分。他的邏輯是這樣乾脆，拉大距離，便於取捨。

他為蔣廷黻下飛機拎包；他為顧維鈞下飛機接大衣。

一位老部下在追悼他文章中說：

> 他是一個滿嘴牛津口音，銜著煙斗，十足學者派頭的英國紳士，在宣傳上他可以「見人說人話，見鬼說鬼話」，衡量對方的身分，扮演自己的角色。對方是紳士，他比紳士還紳士，假定對方是流氓，他也會說比他更髒的髒話。

瓦缸不離井邊破，將軍難免陣上亡。

1961年聯合國大會討論蒙古入會案，時任臺灣駐美大使的葉公超，審度情勢認為「不能再堅持否決立場」，故投了棄權票（蔣介石認為其投反對票）。即被召回「述職」。葉公超行色匆匆，只帶一件雨衣，指望「三日即歸」，孰料一去不返。

1981年11月20日葉公超病逝於臺北。

他晚年纏綿病榻，在絕筆〈病中瑣記〉不勝喟歎：「回想這一生，竟覺得自己是悲劇的主角。」

> 提起李白，除了詩忘不掉他的酒；徐志摩，除了散文忘不掉他的愛情；葉公超先生，除了他的外交成就與風流丰采，我們忘不掉他的脾氣。

葉公超的好友葉明勳這番話耐人尋味。

他的「恃才傲物」偶爾會賣弄詞句，擺出一副傲慢「噓人」的姿態，而致非議，因而得罪了不少人。有次報業酒會上某公問葉：「在今日記者群中，你看哪一個是最出色的？」他思索一會說：「以後我若有一天不做官，我倒想做新聞記者。」鄙視在座的同業，心中以名記而自許。葉公超早年與饒孟侃（子離）友情甚篤。一日兩人論英國詩人××，葉公超取出那位詩人的集子，要饒讀後再討論。饒疲倦，掩卷入眠。他大怒，揀一本硬殼書投在對方的頭上。兩人紅臉。

當年在暨大與校長鄭洪年一言不合，拍案而起，拂袖而去。

他喜歡罵人，但有時被罵的人並不懷恨，甚而感激。一次晚間有電話到府上，他手下人擋駕，說他已休息，有事明天再談。他頓時跳腳罵開，打電話的人在那邊聽得清清楚楚：

> ×××請你注意，我們不可以如此官僚，我明明在家裏品茗看閒書，為什麼說假話。這樣下去我的朋友都給你得罪光了。

他有時謹嚴，有時天真，天真得可愛。他擅字畫。別人向他討畫，他常說：「我的字也不錯呀」。寫好字自我欣賞；還對身旁的人說：「還不錯吧，至少寫得很直，沒有歪」。說話無遮無攔，一次公然對一位搞宣傳的朋友說：

> 我辦外交，你搞宣傳都是放錯了地方。外交與宣傳對有利於自己的事，皆要盡量誇張，也就是要能說大話。對於不利於

自己的事，皆要盡量隱諱，也就是要常說假話。這兩者，皆非你我所長也。

他說：「不用權術是最高的權術。」

被逐出政壇以後，他的生活趨於平淡。一度被梁實秋拖到師大講課，不久作罷。漸次一掃他當日的風流倜儻，晚年更顯老態龍鍾。賦閒後自云：「怒而寫竹，喜而繪蘭，閒而狩獵，感而賦詩。」

友人向他求畫，他喜畫竹。在畫上的題字是：「未出土時先有節，到凌雲處總無心」。臨死前指著家中掛的一幅劉延濤的畫〈煙波江上一蓑翁〉說：「這個老頭就是我」。該畫上的題字頗能反映他晚年的心境：

葉公超賦閒以後打獵取樂

　　自織自耕自在心，江干千種柳成蔭。興來一棹悠悠去，酒熱深杯細細斟。

他閒時喜打獵，還講究「獵品」：

行獵時，不可以射殺雌的、幼的。就像孟子所說的「數罟不入洿池」。在充滿殺機中，也須存一份忠厚的好生念頭。

他偶爾作詩，但其意特別。1969年人類登月成功，舉世歡呼，他卻認為月亮給科學污染了。詩曰：「登月人歸佳話多，何曾月裏見嫦娥。舉頭望月明如舊，對月無言且放歌」。

他一生既不搜集照片，也不記日記。他認為那不是有成就的人應做的事。

他喜歡欣賞音樂。巴黎一女音樂家到臺，他出面為其組織音樂會，竟將此妹請到家中放歌，他卻躺在沙發上悠然若仙。

他對中國針灸興趣濃，七十歲生日友人為其賀壽，送來賀儀，他全部捐給「中華針灸研究會」，還出版針灸雜誌。

葉公超幾乎是一生鬧窮。他說，他是個敗家子，把祖宗留下的遺產賣了許

葉公超畫作

多。儘管他晚年自己說那隻毛公鼎是他捐給國家的，似有自譽之嫌。實則，他因經濟拮据，曾將其鼎典給拍賣行。幾個國家的外國人屢打毛公鼎的主意，為防國寶外流，劉階平規勸一漢奸商人陳詠仁以贖罪為目的將其贖出，捐給國家了。（抗戰勝利後，陳氏果因此免於一死）到了臺灣當外長，別人向他致賀，他說：「甭提了，賠錢貨！」（要應酬、要花錢）月不敷出。一邊賣祖傳，一邊自己畫畫外賣，以此彌補。1978年，一個友人到他家造訪，他以百般無奈的口吻說：「我這個房子明天就要拍了，已經拍賣過一次，無人出價。如果價錢低一點，我兒子說他可以買了送我。」一臉的惘然。當年他為那個寫「八行書」的廚師，在國外開了一家餐館，生意不錯，每年都接濟他一些，以應酬酢。

病重手術後，他一人住在醫院。護士們很同情他。出於自尊，他說：「我的太太、女兒都要回來看我了。」其實，那是自欺。

太太袁文熹，貴州人，是位荊釵布裙、不飾鉛華的物理學家，燕京大學高材生，「校花」。吳宓對她的評價是：

> 出眾超俗之女子：聰慧、理智、堅定、沉靜、幹練、勇敢，充滿自控能力及自信。

她是「諸友亦共譽為近代開明式之賢妻良母」。四十多年，他們聚少離多，只有在外交場合需要非出面不可的時候，以夫人身分出場，應付場面。

他們的家庭生活不正常，本是「有情人」的結合，結合之後卻難言和諧、幸福。

葉公超死後，陳香梅不為尊者諱，在紀念文章中說：「葉公超一生中有不少紅顏。」不過，她認為：

> 英豪有女人賞識並非不道德之事，是可以自豪的……沒有女人的男人才該自愧呢。

葉公超也許類屬「醉臥美人膝，醒握天下權」的男子，以致死後紀念他的文章中公然涉及「紅粉知己」、「紅袖添香」的風流韻事，說到「呼之欲出」的份上，引起葉生前的好友怒目相向，興師問罪。早年的軼事中有這樣一則：在某校教書時，「一女僑生常去請益，其人貌平但性柔。公超喜歡meek（柔順）女子。該女生有一男友，揚言不恭。公超懼，備借手槍一支自衛。一日偕子離（孟侃）外出試槍，途中有犬猺猺，發一槍而犬斃。犬主索賠，不得不補償。」……

葉公超去世時，夫人沒有趕回告別，只以未亡人身分獻了一副輓聯：

烽火結鴛盟治學成家心繫安危輕敘別
丹青遺史跡幽蘭秀竹淚痕深淺盡縱橫

畫家的凌叔華

史海拂塵。

七十年代末，春風駘蕩，冰山融釋，一大批被珠埋的老作家又露真容、顯崢嶸。凌叔華（1900-1990）的《花之寺》、《愛山廬夢影》和《古韻》等佳構再度問世，獲得讚譽。一般讀者認同的是作家的凌叔華，畫家的凌叔華卻鮮為人知。蓋一是她文名太盛，二為她的畫作罕見，甭說真跡，連複製品都難覓。

凌叔華是大自然的崇拜者。她的畫作題材「大半是數千年來詩人心靈中蕩漾涵詠的自然」，北京的胡同、倫敦郊外的風景、泰晤士河的霧嵐和蘇格蘭的湖光，都在她的筆端熠熠生姿。更多則是春蘭、秋菊、秀竹、凌波仙子和蜜蜂、蜻蜓之類的花卉和小生靈。畫道之中，水墨為最上，肇自然之性，成造化之功。她的文、畫同風，一如其人，「輕描淡寫，著色不多，而傳出來的意味很雋永」。其畫作簡約、淡雅，神韻欲仙。

1943年武漢大學校慶，凌叔華作〈水仙〉長卷志賀。她的一位老學生晚年憶及此畫，印象仍十分深刻，他說：

> 凌老師的畫力求從淡雅上把捉氣韻，不設色，不荍染，滿幅清麗的葉與花，脫盡塵俗，似乎是焚香清供的那一類。

再看她的這幅山水橫幅：秋水、蘆葦、古柳之間，一老翁拋絲，悠然獨釣秋色。題語是：「閒來靜坐學垂釣，秋水秋色入畫圖」，充滿文人情趣。朱光潛先生稱讚她的畫是「一個繼承元明諸大家的文人畫師，在嚮往古典規模法度中，流露出她所有的清逸風懷和細緻的敏感」。齊白石在讀她的〈夜景〉後作詩頌揚：「開圖月是故園明，南舍傷離已五春。畫裏燈如紅豆子，風吹不滅總愁人。」一種清幽、感傷、婉約與纏綿浸淫畫卷。

凌叔華研讀的是外文，但她一生與畫有不解之緣。

她出生於丹青世家。父親凌福彭曾與康有為同榜進士，並點翰林，授一品頂戴，官至順天府尹、直隸布政使，工於詞章書畫。母親亦通文墨，愛讀詩書。外祖父本係粵中畫壇高手，家藏書畫極豐。其父與學界畫壇時彥過從甚密。康有為、俞曲園、辜鴻銘、齊白石、陳寅恪等社會名流是她家的常客。她的英語啟蒙先生是辜鴻銘。凌叔華耳濡目染，幼時她對繪畫便有天趣，常在家中粉牆上練筆。家人即延聘慈禧宮廷女畫師繆素筠教習，後正式拜丹青名家王竹林、郝漱玉為師，還得齊白石的親傳。她在這種強烈的藝術氛圍中薰陶、成長，俾使畫藝日進。

凌叔華自言生平用功夫較多的藝術是畫。

二十年代，陳師曾、齊白石組織畫會，十分活躍。只要有人折柬相邀，畫家們便召之即來，茶餘酒後，濡毫染紙，直抒胸臆後，盡興而去。凌叔華在〈回憶一個畫會及幾個老畫家〉一文中，有具體生動的描述。那個畫會是由凌叔華作東主辦的，陳師曾、姚茫父、王夢白、齊白石、陳半丁、金拱北等晤聚品茗、把盞後，凌叔華裁紙磨墨請眾人合作〈九秋圖〉。姚茫父題款：

毀於戰火的《九秋圖》

> 九秋圖，癸亥正月，半丁海棠，夢白菊，師曾秋葵，只屋泉松，白石雁來紅，養庵桂花，拱北牽牛紅蓼，姚茫父蘭草，集於香岩精舍，叔華索而得之，茫父記。

此畫被凌叔華視為藏畫中的精品。撰寫此文時，我詢及凌叔華女公子陳小瀅此畫今何在，她痛心地說，失於戰亂。所幸的是，她家留有照片。我請小瀅女士複製，現附於左，讓讀者一飽眼福。

凌叔華與陳西瀅

更有趣的是，凌叔華緣畫結識夫君陳西瀅。

那是1924年，凌叔華在燕京大學外文系就讀，行將畢業的五月，印度大詩人泰戈爾訪華。凌叔華在家中以中式茶點誠邀泰戈爾到家中做客，陪同者有二、三十人之眾。凌叔華晚年回憶說，那時年輕氣盛，目無尊長，當眾人面她問泰戈爾：「今天是畫會，敢問您會畫嗎？」有人警示她勿無禮，她也不在乎。泰戈爾真的坐下來，在她備好的檀香木片上畫了一些與佛有關的佛像、蓮花，還連連鳴謝。當時的名流徐志摩、丁西林、胡適、林徽音以及陳西瀅都在座。也就是在這次茶話（畫）會上，她結識了陳西瀅。不久，凌叔華在陳西瀅主編的《現代評論》上發表了她的成名作〈酒後〉，遂相戀並結秦晉，譜就了中國現代文壇「以畫為媒」的佳話。

1928年陳西瀅到武大當教授，後接任聞一多的文學院長之職，凌叔華作為眷屬同往寓「雙佳樓」。此時，凌叔

華與蘇雪林、袁昌英結為好友，三個人
在文學創作上盛極一時，有「珞珈三
傑」之譽。蘇雪林本在法國學畫，與潘
玉良同窗，袁昌英的女兒楊靜遠又拜凌
叔華為乾媽，因此三人友誼非同一般，
一直延續至後人。凌叔華才貌雙全，氣
質高雅，令世人歆羨，她的老學生作家
吳魯芹說：

> 和她同輩的女作家中，我見到
> 過盧隱、陳衡哲、馮沅君、蘇
> 雪林等人，我敢毫不客氣地
> 說，陳師母凌叔華在她們之中
> 是唯一的美人。

蘇雪林也說：

徐志摩的拜年卡（凌叔華設計）

> 叔華的眼睛很清澈，但她同人
> 說話時，眼光常帶著一點兒
> 「迷離」，一點兒「恍惚」，
> 總在深思著什麼，心不在焉似
> 的，我頂愛她這個神氣，常戲
> 說她是一個生活於夢幻的詩人。

211

抗戰的歲月，武大內遷，當時生活條件十分艱苦，精神上也很苦悶，凌叔華便寄情丹青，以此「忘掉操作的疲勞及物價高漲不已的恐懼」。蘇雪林在暮年回憶中説：「叔華趁此大作其畫，在成都，在樂山，連開幾個畫展。」

　　凌叔華為人的親和力極強，她與胡適、徐志摩等一批名士情誼頗厚，他們互送字畫，或詩文唱和。某年，凌叔華為徐志摩設計一葉賀年卡，構思獨特：大海邊的沙灘上，一稚態可掬的孩子，一手捏著花插往沙地，一手持壺澆水，題為〈海灘上種花〉，出新意於法度之中，寄妙理於豪放之外。後來，徐志摩在北師大附中講演，便以此名為講題。

　　凌叔華把繪畫當作事業來追求。她一生舉辦過許多次畫展。大學剛畢業，她的畫作便送往日本參加東京的東洋名畫展。五十年代後，她在巴黎、倫敦、波士頓、新加坡等地舉辦過多次畫展。她在

凌叔華畫作

巴黎的畫展，禮遇極高，被安排在規格最高的塞祿斯基博物館。她將自己三十多件繪畫精品和珍藏的元明清文人畫一併展出，引起轟動。讓洋人一睹「一條輕浮天際的流水襯著幾座微雲半掩的青峰，一片疏林映著幾座茅亭水閣，幾塊苔鮮卷著的卵石露出一絲深綠的芭蕉，或是一灣謐靜清瑩的湖水旁邊幾株水仙在晚風中回舞」的中國文人畫的風采。巴黎《世界報》、《先鋒論壇報》撰文稱頌，電視臺也採訪。令凌叔華興奮不已、感到「很過癮的」是：與她畫展同日開幕的日本文人畫在小羅浮宮展出，報紙評論僅說日本的插花很美，對畫卻不置一辭。最令她難忘的，要數五十年代在波士頓辦的畫展。八十七歲的凌叔華在接受媒體採訪時仍津津樂道於此。那是著名法國傳記作家、法國藝術學院院長莫洛亞，為她的畫展寫了錦上添花的序言。莫洛亞稱她是一位「心靈剔透」的中國女性，「在這種富於詩意的繪畫中，山、川、花、竹等，既是固有物體，又表現思想……所謂『詩中有畫，畫中有詩』……她畫的那些霧氣溟濛的山巒，兩岸線條模糊得幾乎與光相混的一抹淡淡的河流，用淡灰色輕輕襯托的白雲，構成她獨特的、像從朦朧的夢境裏湧現出來的世界……寥寥數筆，便活生生地畫出一株幽蘭，一莖木蘭花，或一串蘋果花的蓓蕾。」為了答謝莫洛亞，凌叔華送他一幅西湖水墨畫以資紀念。畫展開幕那天，她的畫一下賣了十七幅。

凌叔華雖長居國外，但她鍾情熱愛中國的傳統文化，望九之年還想辦畫展。她很想把自己收藏的東、西漢石拓畫，在美國展出，「讓洋人看看什麼是真正的中國人，不要叫人老把小癟三的舊式形象與中國人結合在一起。」

「瘦馬戀秋草，征人思故鄉。」七十年代，她回大陸旅遊，還背著畫夾到北京小胡同寫生。她捨不下手中的筆。1989年凌叔華終於回到她熱戀的故土，她是讓人抬著下飛機的。1990年，她在病榻上度過了九十華誕。臨終時，她已不能言語，想在紙上留點什麼，結果是一堆橫橫豎豎的線條。這是她的「最後一片葉子」。有人說是字，也有人說是畫。

文理大師顧毓琇

（一）科壇巨擘

顧毓琇，（1902-2002）字一樵，江蘇無錫人。他是享有國際聲譽的電機工程專家、自動控制學家和教育家，同時又是文學家、戲劇家、詩人和音樂家，還獲有科學博士和法學博士學位。他家學淵源，據考江南的顧氏家族乃越王勾踐之後。顧毓琇的父親顧晦農長於法政和算術，為人「急公好義」，飽讀詩書。顧毓琇的祖母愛好文學，工詩擅詞，對孫兒顧毓琇循循善誘、關懷備至；自顧毓琇的生母北上後，其生活全由祖母照料。其祖母有詩云：

> 欲言不言上高閣，我有心愁一萬斛。
> 舊愁未了復新愁，終日輾轉雙眉頭，
> 流雲閉月暗遙夜，耿耿不寐心如鉤，
> 鉤起平生不平事，飲訴真情無處由
> ⋯⋯

顧毓琇

這濃郁的詩書薰陶，俾使顧毓琇自幼便養成端正的品格和對科學、文化的濃厚興趣，兼得於自身的勤勉與拼搏，方至日後他在科學和文化上文理雙秀，終成「大器」，得諸多殊榮於一身的凌雲境界。

1915年，極富遠見卓識的顧晦農把十三歲的顧毓琇送到清華學校。清華學校創始於1912年，是清政府用庚子賠款開辦的，它的優勢是該校學生通過考試擢拔可以赴美進修。在清華的鼎盛歲月，該校「放洋」造就了一大批名人：梅貽琦、胡適、趙元任、竺可楨、聞一多、梁實秋、潘光旦、羅隆基等等都是。顧毓琇在水木清華青燈黃卷面壁了八個春秋後，踏上了赴美留學的征程。他被分配在麻省理工學院攻讀電機工程。1925年他獲得了學士學位。1926年2月，他又發表〈四次方程通解法〉一文，受到麻省理工學院的注意，現在電子電腦所用的程式，即根據此法。同年，顧毓琇獲電機碩士學位。1928年獲科學博士學位，這是

該校電機系中國學者第一個獲此學位者。顧毓琇晚年在回憶「攻博」時的艱難歷程，感慨萬端，那簡直是臥薪嚐膽。每日晚飯後便鑽進研究室，直至東方欲曉才回歸寓所，豈止是三更燈火五更雞！他的研究課題是擴充應用英國電磁學權威奧利弗・亥維賽的「運算微積分」，以分析電機瞬變現象。他的這一研究成果電機理論界稱為「顧氏變數」。博士學位考試由白煦博士主考，給他的批語是「十分滿意」。電機系主任傑克遜教授和布希博士看重他的才華和潛力，對他的前途十分關注，主動介紹他與感應電機權威裴倫博士夫婦相識；因裴倫與奧利弗・亥維賽是摯友，故對顧毓琇更是寵愛有加，悉心指導，全力栽培。自相識後，他們成了忘年之交。每周三顧毓琇乘火車到威斯利山裴氏寓所求教，暢談到晚飯時，熱情的裴氏夫婦驅車帶他到威斯利共進晚餐，餐後回寓所繼續研討，常至夜半十二時，裴氏再開車送他回家。每每如此，風雨無阻。顧毓琇飽嘗了莘莘學子的艱辛和幸福。此後他赴西屋公司實習，後於1950年擔任該公司顧問。適他在麻省理工學院擔任客座教授時，在美英兩國最權威的電機雜誌上發表了兩篇研究成果，轟動了電機界。美國利哈伊大學的比利院長評論道：「顧氏與德荷戴等六人為現代電機分析的奠基人，為對奠基理論最有貢獻者。」因而顧氏於1972年榮獲蘭姆金獎。顧毓琇對電機的研究一直沒有中止，旋又在中外著名的學術雜誌上發表了一系列的重要論文，均獲好評。據統計，光1926~1961年期間，顧毓琇在國外發表的論文就有六十篇之多。顧氏於1950~1952年在麻省理工學院進修與研究期間，又從事「非線性控制」研究。此前，對電機之分析必須用微分分析儀，現在則可用新的圖解法。此方法已寫成論文在第八屆國際應用

力學會議上宣讀，俗稱「顧氏法」。1958年他又出版了專著《非線性系統的分析與控制》。在國內，他還於1938年初以非國民黨身份擔任抗戰政府的教育部政務次長，對戰時教育建樹良多。他的〈感應電機之串聯分析〉一文，早在1935年獲中國科學社、中國工程師學會等科學團體聯合年會一等獎。1946年他在巴黎舉行的第六屆國際應用力學會議上被推舉為個人名譽理事，屆屆當選連任，至1996年他當了整整半個世紀的國際理事。

1959年，顧毓琇被選為臺北中央研究院院士。

顧毓琇先生為學之道「一貫服膺於關懷天下，服務民眾，業精於理，學博於文，好古敏求，淡泊自持，以教育英才為終身職業。」斯言誠哉！

顧毓琇先生是著名的教育家。他留美學業有成，自1929年回國後，在國內從事電機工程教學與教育行政工作，凡二十餘年，幾乎擔任過我國當時所有著名大學之教授或系主任或工學院長或校長，如浙江大學、中央大學、清華大學、交通大學以及後來的美國麻省理工學院、賓夕法尼亞大學等。1979年後，被上海交大、西安交大、西南交大、北方交大、東南大學、東北工學院和西北電訊學院等禮聘為名譽教授。

1944年他擔任中央大學校長時，注重學術研究，尊重教授的地位及其學術成就，並致力於拓展學校的規模，改善教學研究和對科系的調整，使學校的面貌大有改觀。他對老中大感情特別深厚，1992年他專程到東南大學（原中大衍生）參加中央大學建校九十周年慶典，還在慶祝會上朗誦他的詩作；他被公推為中央大學校友總會名譽會長。1994年中大校友詩鴻社成立時，他被聘為名譽社長。在杏壇，他早

已是桃李滿世界，碩果綴枝頭，更有國家棟樑材，前國家主席江澤民就是他在上海交大執教時的學生。江澤民當年曾選修他的電機及運算微機課。據他的學生說，由於顧老在母校清華擔任電機系主任、工學院長達六年之久，故前任總理朱鎔基（清華電機系畢業）是他的再傳弟子，至於科技界、教育界、政界在海峽兩岸的名人，是他的學生或再傳弟子的就更多了。

（二）文壇翹楚

「業精於理，學博於文」，這是顧毓琇先生獨特於他人之處。他的「博於文」不只是文學，而是大文化。

早在「五四」期間，他就積極投身於新文化運動，用白話文寫作，對戲劇情有獨鍾。1921年底清華文學社成立，社員有顧毓琇、聞一多、梁實秋、朱湘等。其時他為小說組會員兼戲劇組主席。而當清華劇社問世時，他是首任劇社社長。1922年，他大學一年級，便創作小說《芝蘭與茉莉》，經鄭振鐸推薦選入文學研究會叢書，由商務印書館正式出版。他同時著手翻譯哈姆生的《牧羊神》。顧毓琇的多才引起梁任公的興趣和垂青。梁任公曾書一條幅給他，以示獎掖。是年夏任公先生患疾在西山靜養，時適顧毓琇籌備赴美，梁任公又特為他書絕句四首贈之並題記：

> 原詩為晚明遺獻申鳧盟所作，顧亭林先生送申公子詩所謂「新詩歷落鳴寒玉」者也。顧生毓琇嗜文藝，寫此贈之。

這勖勉更促使他在文學上的精進。他對音樂也饒有興趣，名提琴家克拉斯勒來京演奏，他竟向校長曹雲祥借車駛赴城內，一睹提琴家的演奏風采。八年的清華生活，令他感念不忘的有兩件事：一是參加「五四」新文化運動；二是有緣結拜梁任公為師，受益終生。廣結文友，切磋技藝，不斷豐富自己，孜孜不倦的追求。「放洋」前夕在上海，他偕同硯兄梁實秋拜訪郭沫若、郁達夫、成仿吾。在赴美的「傑克遜」號海輪上他又幸逢時已頗負文名的冰心女士和許地山，共同編輯《海嘯》壁報，打發旅途的寂寞，抒發青春的情懷。在留美期間，令顧毓琇、冰心、梁實秋終生難忘的是，他們合夥搭班在波士頓美術劇院公演《琵琶記》。顧毓琇當仁不讓的擔任該劇的編導，又兼飾宰相，冰心飾宰相之女，梁實秋飾蔡中郎。聞一多、趙太侔從紐約趕來助興，聞一多負責佈景，繪屏風一幅，上畫碧海紅日，白鶴翔舞，絢麗奪目。滑稽的是顧毓

顧毓琇與冰心（左二）

琇所著的蟒袍，以油彩繪製充之。這次演出，是中國現代戲劇以其獨特的形式和纏綿感人的情節，在美國戲劇舞臺上首次亮相，大顯中國留學生的風姿，又令美國觀眾大開眼界。顧毓琇極擅創作劇本，他的處女作《孤鴻》問世，一鳴驚人。繼而奉出《張約翰》、《國手》、《國殤》、《荊軻》、《項羽》、《蘇武》、《岳飛》、《西施》和神話劇《白娘娘》。他的抗戰劇《古城烽火》於1938年9月9日在重慶公演，後在各地演出，並曾改編成京劇及地方戲，勝利後在上海重演。《岳飛》於1940年4月由國立戲劇學院在重慶公演。4月5日的早場由國民外交協會招待英、法、蘇大使及其他外交使節，並各贈以「還我河山」的紀念旗幟。1990年上海戲劇學院公演《白娘娘》，傾倒觀眾，後應邀到新加坡公演，又獲好評。富有戲劇性的是，由於顧毓琇對音樂的愛好，1940年秋，他兼任中國音樂學院（現北京中央音樂學院前身）首任院長。他在音樂上的貢獻主要是根據明版歌曲樂譜，整理出五十調，在臺北演出成功；又將姜白石之自度曲譜翻成五線譜，在紐約公開演奏。爾後又整理成二十五調，譯成英文，將我國古樂弘揚世界，厥功至偉。1991年在北京舉辦顧毓琇音樂作品專場音樂會，成為京華樂壇一道亮麗的風景。

　　若論顧毓琇的另一大「業餘」愛好，就是寫詩了。他作詩的雅趣始於定居重慶青木關蕉舍時。五十年來，他創作的詩歌總量達六千餘首，加上一千餘首歌曲，其量逼近南宋詩人陸放翁了。「詩言志，歌詠言」。顧毓琇的詩詞一改詩莊詞媚的舊習，他崇尚敦厚溫柔之雅旨，豪放與婉約並重，其內容及豐富多彩又充滿時代氣息。美籍華人唐德剛教授譽他「雖是電機工程界的泰斗，實際上也是專業詩人」。

鑑於他在詩歌創作上的建樹，1975年巴西人文學院頒他金質獎。1976年在巴爾的摩城舉行的第三屆世界詩人大會上，會長余松博授他「國際桂冠詩人」的光榮稱號。據他的學生說，早在留學美國期間，胡適之先生看到他的文藝作品，曾笑著勸他改學文學，但顧說：

> 我既選定了麻省理工大學，選定了電機工程，就絕不改行。後來北京某校邀我去當戲劇系主任，也只好辭謝不就了。但我在上海還是創辦了市立戲劇學校，蕭伯納翁親自簽名的全集，便贈予此校。

顧毓琇著作等身。他從事科研和文藝創作近八十年。1963年臺灣商務印書館出版《顧一樵全集》十二卷，僅收集他從文四十年間的文學作品，其科學、教育、社會方面的著述還不在其列，若囊括後四十年的文學創作和其他門類的全部著述，一定蔚為大觀，令人歎為觀止，更不乏傳世之佳構鴻篇。

（三）德藝雙馨

顧毓琇是科學家、文學家、劇作家、音樂家和詩人，更是一位愛國者。

1919年「五四」運動號角吹響的那一天，顧毓琇正在城中舅舅家做客，未能身臨其境，抱憾不已。翌日一早，他便趕回清華大學，參加持續遊行的隊伍。當時學生運動此起彼伏，斷斷續續延至1923

年春。顧毓琇曾率清華同學進城遊行,與軍警發生磨擦,遭毆打,時
遇天雨亦不退卻。是年,為賑災下鄉調查順德的災情,或步行或乘騾
車,訪貧問苦,貼近了他與人民的感情。1931年,他以中央大學工學
院長的身份帶領工學院的學生到南京下關火車站恭送十九路軍開往上
海,參加淞滬會戰。1937年春,顧毓琇與北京教育界蔣夢麟、胡適、
梅貽琦等十二位知名人士發表宣言:

> 因為近來外間有偽造民意破壞國家統一的舉動,我們北平教
> 育界同仁鄭重宣言:我們堅決反對一切脫離中央或組織特殊
> 政治機構的陰謀及舉動。我們要求政府用全國的力量維持國
> 家領土及行政的完整。

前面已經提到,在顧毓琇的一生中,曾有一段仕途生涯。1938年初,
他以非國民黨員身份出任教育部政務次長,後又改任上海市教育局
長。抗戰勝利,又曾短暫擔任陸軍總司令(中將參議)。緣此參加了
1945年9月9日在南京舉行的受降典禮。這是他此生最高興的一件事,
「奇恥異辱,至此方可透過氣來」。作為炎黃子孫,一腔熱血的他奮
筆疾書,一吐心中塊壘:

> 受降觀禮
> (一九四五年九月九日)
> 受降臺築紫金山
> 八載艱辛奏凱還

雪盡馬關奇恥辱
功成觀禮我隨班

顧毓琇是位現實主義詩人。他有「東坡遺風」，「行住坐臥仰俯之間，隨手拈來即是一詩一詞」。他的詩作多半或弘揚中華民族的偉大，或謳歌壯懷激烈的愛國主義英豪，或吟唱祖國的大好河山。詩人的心是隨著祖國的命運而跳動的。「愛我邦家，護我邦家」也是他戲劇創作的主題。作品大多體現了他強烈的愛國情操和憂國憂民的心懷，從「壯志饑餐胡虜肉，笑談渴飲匈奴血」的《岳飛》，到「風蕭蕭兮易水寒」的《荊軻》，以至《項羽》、《蘇武》等都是中華歷史上的豪傑。抗戰期間，他的劇本出版時，《新月》雜誌的評論說：

> 以顧一樵先生寫戲劇的斫輪的老手筆，寫此四位偉大愛國人物的事蹟，處處鼓舞讀者油然噴發全身報國的高尚精神。際此外辱憑凌的時候，讀了這本書，定可叫我們獲得許多有益的教訓。

日寇入侵，他隨清華大學去長沙，與國立劇專的曹禺相遇，共商用劇本反映中國人民的抗戰生活。曹禺寫《蛻變》，他則根據日寇狂轟濫炸長沙為題材寫就《古城烽火》，連同他的《岳飛》同時在重慶公演，轟動一時。

他行文如此，為人如何？誠如歌云：「洋裝雖然穿在身，我心依然中國心」。他的心豈止是「仍」，而是那樣的「拳拳」和熾熱。他

早年求學美國，1950年又赴美進修，後定居，可算是中國人中的「老美國」了，但他一直沒有入美國籍。直至1973年，國際理論及應用力學會議在莫斯科召開，非美籍不能辦簽證。作為科學家，他是絕不能放棄這一重要的學習交流機會的，於萬般無奈中他入了美國籍。兩個月後，他冒險試飛，由倫敦、香港輾轉回國，與闊別二十四年的親友歡聚，重訪北大、清華故舊。8月29日，周恩來總理在人大會議閉幕後，親切接見了他們伉儷及其在京的親屬，「談至深夜」。顧毓琇在晚年〈自述〉中寫道：

顧毓琇與錢鍾書（左一）、楊絳（左五）

> 此時「四人幫」當權，周總理身體已有病，余等冒險返大陸，殊不容易。

北京的大門向他大開。他感謝周恩來對他的關懷，珍惜這個機遇，力求為祖國多做點貢獻。由於歷史的原因，顧毓琇本是臺灣的國大代表，1979年

顧毓琇與江澤民

書影與手跡

初，他毅然辭去國大代表一職。中美正式建交之後，他來京的頻率越來越高，對祖國的愛也越來越深。他來探親、訪友、講學，為「四化」獻計獻策。請看他的遐齡之年的旅蹤：

1979年5月，應邀到上海、北京、瀋陽、西安、南京等地講學；王震將軍、蔣南翔部長宴請；

1983年9月，拜會盧嘉錫、趙樸初；鄧小平、王震接見，討論增進中美邦交。顧毓琇大膽建議兩國領導人互訪；

1986年6月，參加上海、西安交大九十周年校慶，訪問江澤民市長；

1988年5月，接受東南大學名譽教授證書，訪問南京大學，為先人掃墓；拜見王震副主席；

1989年9月，訪浙江大學、瀋陽農大，為先人掃墓；參加建國四十周年慶典，拜見江澤民主席、王震副主席、李鵬總理；

1991年4月，參加清華大學八十周年校慶，拜見江澤民總書記；

1992年5月，參加北京現代物理研討會（臺北中央研究院院長吳大猷以個人身份出席會議），參加眾友人祝壽活動：周培源、趙忠堯九十大壽，吳健雄八十大壽，楊振寧七十大壽；參加東南大學九十校慶。

前總書記江澤民恭請顧毓琇及其家人到中南海做客。時江澤民贈一詩，詩曰：「重教尊師新地天，艱辛攻讀憶華年。微分運算功無比，耄耋恢恢鄉國篇。」1997年10月，江澤民訪美期間，還撥冗到費城拜訪當年的老師顧毓琇。

顧毓琇的人格魅力表現在多方面。作為職業教育家，他把畢生的精力投諸其中，耄耋之年他為對天下教育事業略盡綿薄，為紀念他躬耕杏壇的親友子媳，他陸續在清華大學、東南大學、瀋陽農大、上海交大以及美國賓大，以親友各自的名字命名，設數額不等的紀念獎學金。

顧毓琇的戲劇集、詩集、詞曲集及散文近年陸續出版達十數本之多，十六卷《顧毓琇全集》已由遼寧教育出版社出版。

歷經世紀風雲，飽覽人間滄桑的顧毓琇先生，為中國的繁榮、強大，為迎接二十一世紀，他在《百齡自述》中建議「中國不妨試行三『開』政策：文化開發，經濟開放，政治開明。他注重文化開發，並認為文化必須包括文藝與科技，因為科技是強國之本。他的〈一剪梅‧祝中華文化復興〉，淋漓盡致地抒發了他對祖國拳拳之愛：

　　浩蕩長江卷浪花，
　　大哉中華，
　　美哉中華。

黃河一洩傾天下，

復興文化，

發揚文化。

雪耀昆侖映日斜，

易水悲笳，

胡馬鳴笳。

巍峨五嶽彩雲霞，

愛我邦家，

護我邦家。

2002年9月9日，顧毓琇仙逝於美國。

風沙紅塵中的無名氏

（一）築「塔」的男人

辭書中說：塔是佛教建築物，寶藏舍利和經卷的。四十年代，有人構建了一部風靡大江南北的小說，一時洛陽紙貴；文革期間，此書竟以手抄本形式在民間流傳。這部小說名曰《塔裡的女人》。

這位築「塔」者，叫無名氏。

無名氏有名：卜寶南、卜寧、卜乃夫（1917-2002）。他祖籍揚州，生於南京，其父卜善夫懸壺濟世。無名氏幼時拜大儒焦循弟子門下，入蒙館、誦古文，學養厚實。小學四年級時就讀南京中央大學實驗小學，聰敏過人。一日，紀念周會上，校長鄭先生發問：「你們哪個曉得諸葛亮的父親是誰？周瑜的爸爸是誰？」眾目相瞪，無人對答。卜寶南小手一舉，朗聲回應：「周瑜的爸爸是周既，諸葛亮的父親是諸葛何！」鄭校長一愣：「你有什麼根據？」卜寶南理直氣壯地

說：「《三國演義》上不是寫周瑜歎氣說『既生瑜，何生亮』，這不就是根據嗎？」鄭校長哈哈大笑，當眾誇他勇敢、聰明、愛動腦子。

　　卜寶南小學五年級的作文〈夏天來了〉，就被中華書局《小朋友》雜誌發表，初中時在南京三民中學讀書（今四中）就為南京的報紙寫稿，讀高中時便堂而皇之地在天津《大公報》上發表小說和散文。他不僅文章寫得出色，脫穎而出，思想也很活躍，行為也稟異。高中畢業時，市教育局規定，畢業生除參加學校畢業考試外，還要參加全市聯考，否則，不發畢業證書，不准考大學。卜寶南想不通，既有校考，又何須聯考，這不是為難學生嗎？一氣之下，他拒絕聯考，不要畢業證書，不考大學。時年十七歲的卜寶南，另闢蹊徑，子然一身，負笈北平，到北京大學中文系當旁聽生，直接聽錢玄同、周作人的講座。他白天旁聽，晚間或泡圖書館，或啃報屁股，青燈黃卷，孜孜不倦。其時北平俄語專科學校招生，他頗動心，躋身入校，在閱讀大量外國文學名著的同時，俄、英語水平有相當長進。

　　盧溝橋事變一聲炮響前，他就被母親召回南京。抗戰期間，經人介紹在中央教育部當職員審查圖書，後當幹事。幹事幹不了正經事，幹得不順心。之後，他到重慶，由二哥卜少夫推薦給《立報》撰稿。兩年內，他採寫抗戰文章二百餘篇。牛刀小試，才華初露。他受到《立報》社長成舍我、《大公報》總編輯王芸生的青睞。本就富有文學天賦的卜寶南，隨著閱歷的豐富，興趣漸漸由新聞報導轉移到文學創作上。1940年「八一三」上海抗戰三周年之際，他懷一腔熱血，通宵不眠，一氣呵成〈薤露〉，以洋洋灑灑四千言，奠祭我死難將士英靈。〈薤露〉在《時事新報》一發表，中央廣播電臺立即播送，

鼓舞我抗戰將士戰魂。該文又被黃炎培先生創辦的中華職業學校選作教材。緊接著，他黃鐘大呂般的〈火燒的都門〉和深沉纏綿的〈夢北平〉相繼發表，給他帶來了聲譽。這期間，在重慶他結識了一批韓國革命者：韓國臨時政府主席金九、光復總司令李青天和參謀長李範奭（鐵驥）。他居然成了大韓民國臨時政府的客卿，為他們做宣傳工作。在這群韓國革命志士中，他與李範奭的友情最篤。李範奭本是韓國皇族的後裔，韓淪亡時他浪跡日本，後又流落到中國，入雲南講武堂，與葉劍英是同班同學，化名王慕白。抗戰時他一直在中國抗日，當過中國部隊的軍參謀長。抗戰勝利後回國，擔任大韓民國第一任內閣總理兼國防部長。

在重慶的歲月，卜寶南與李範奭兩人共寓一蝸居內，兩個光棍漢子晚間常常海聊。李範奭本是個風流倜儻的多情種子，耐不住向他傾訴四十年來自己的人生奇遇和感傷：「九一八」事變後，李範奭在東北抗日義勇軍馬占山部擔任高級參謀。一度因戰爭失利，他們撤退到蘇聯境內的西伯利亞托木斯克。一天深夜，他偶遇一波蘭籍女子杜尼亞（中學教師），兩人一見鍾情，多次相會後產生了愛情，並以身相許。軍令如山倒，部隊撤離時杜尼亞不能隨隊同行，只好泣別……這個哀婉動人的故事觸動了卜寶南的創作靈感，他作了完整的記錄。正好，卜寶南的二哥卜少夫從貴陽到重慶來看他，見到這個記錄稿，鼓勵他寫成小說。1943年，卜寶南以此為素材，用十八天的時間，寫成小說《北極風情畫》，正式署名「無名氏」。此文先在《華北新聞》連載，後出版單行本，在短短一年半的時間內僅在西南、西北大後方就再版四次。從此，無名氏一舉成名。無名氏回憶與李範奭的相識經

過時風趣地說：「李範爽他不是跳蚤，但他卻像跳蚤一樣巧合，偶然地跳進了我的生活。」也正是這一跳，讓無名氏跳出了水面。

關於筆名無名氏的出典，其兄卜少夫說，其弟乃夫性情孤傲，有一點點瞧不起當時在文壇已成名的「名作家」，故以「無名氏」命之，表現一種自負、自信和謙虛中的狂妄；二是無意於虛名，像施主捐獻佛寺香火不留痕，為善最樂，何求人知。卜乃夫自己則坦言說，那是對《北極風情畫》能否受到讀者歡迎，心中無數，如社會反響不好，就讓「無名氏」頂著，反正讀者也不知無名氏是何人，有避醜之意，孰料一炮走紅，無名氏得了「暴名」，就一直沿用至今。

無名氏用《北極風情畫》敲開了文壇的大門，半年後他又推出的《塔裡的女人》，使他又跳上了一個臺階，奠定了他在當時讀者心目中的位置。

抗戰勝利的紅鞭炮炸響時，無名氏回到上海，隱居杭州慧心庵，時年二十九歲。他在幽謐禪寂中潛心撰寫他的「無名書初稿」。清心寡欲的庵居歲月，他結識了畫家趙無極、謝景蘭夫婦，後來竟與其妹趙無華發生了一場刻骨銘心的戀愛。

全國解放時，無名氏正患肺結核，他的兄弟已去港、臺，唯他與老母留在國內。當時，他對新政權缺少理解、認識，遂藉病為由，蟄居謝客，專心寫作，使用的名字是卜寧，少有人知。每當有人敲門，他忙用書遮住稿紙，桌上放著醫學書，甚而請保姆幫他穿衣服，裝病。靠兄長接濟的外匯與寡母生活。五十年代初，浙江省文聯和民革浙江省委曾請他出來工作，他託病婉謝。直至1954年，不惑之年的無

名氏與劉寶珠（劉菁）結婚，人們才知道這個社會閒雜人員就是當年文壇紅極一時的卜乃夫、無名氏。

他一直不懈地筆耕，1960年夏，他為「無名書初稿」最後一卷《創世紀大菩提》畫上了句號。繼之，三年困難時期，他被下放到農場勞動，創作的寧靜被打亂，他不教一日閒過，改為臨帖摹碑，研習書法，以涵養性情並打發時光。

無名氏與其兄卜少夫

十年浩劫，「海外關係」複雜的無名氏自難逃抄家的厄運，令他身心受摧的是1968年飛來的橫禍，受一讀者朋友的牽連，他犯了「包庇反革命」罪鋃鐺入獄，關押了一年零三個月後獲釋。1973年與妻子離婚。

髮妻仳離，老母亡故，杭州大運河畔的無名氏孑然一身，坐觀滄桑，聽任命運之神的撥弄。

無名氏在南京（張昌華攝）

否極泰來。四人幫被打倒，三中全會召開了。1978年秋，他的錯案得到平反。令他驚喜若狂的是，政府發還了當年抄家時紅衛兵掠去的一百八十萬字

的「無名書初稿」原稿。在1979年到1982年間,他請友人、學生,以「放鴿子」、「天女散花」和「單刀直入」的方式,將三百餘萬字的文稿,從全國各地,用四千餘封信寄往香港十幾位朋友處,在其兄卜少夫的幫助下,這些塵封二、三十年的「無名書初稿」在香港出版,引起海內外讀者的興趣和關注。

1981年,無名氏重浮海面。浙江文史館正式聘他為文史館員,月薪六十元,待遇頗豐。但「私人化寫作」慣了的無名氏,一拜謝政府的厚愛;二堅不無功受祿,將月薪存在文史館;三不當幹部,堅持自主筆耕,自食其力,自得其樂。

1982年,歲末,他申請離境獲准,結束了在大陸六十五年的生活。1985年與馬福美小姐結成伉儷,居臺北。大陸「花城」、上海文藝和江蘇文藝等五家出版社,近年相繼重新出版他的舊著和有關他的傳記。

(二)塔裡的女人

《塔裡的女人》是無名氏的一部代表作。四十年代初無名氏與中俄混血兒塔瑪拉戀愛失敗後,友人周善同為勸慰他,講述了自己的戀愛悲劇:周本是三十年代南京鼓樓醫院化驗室主任、小提琴演奏家,並在中大音樂系兼課。他愛上了中大校花瞿儂,但因周本是有婦之夫,難以與原配離異、與瞿儂結連理。瞿一氣之下,愛上了一個她不愛的人,結束了這場愛情遊戲。抗戰爆發,兵荒馬亂的歲月,多情的周拋棄原配,與一朋友的妹妹陳女士私奔西安。車過四川廣元時,工於心計的陳女士發電報給周的滬上朋友,告知周遇車禍身亡,請友人

在報上代發訃告。後，周、陳在西安另組家庭。抗戰勝利前，周的原配夫人獲悉周仍在人世，遂直奔西安……無名氏以此為藍本，用半個月的時間寫就《塔裡的女人》，描述了一場人世間的情愛悲劇。

彼《塔裡的女人》，非筆者欲言的此塔裡的女人。

錢鍾書先生把婚姻喻為圍城，筆者私將其偷換為「塔」──「女人永遠在塔裡，這塔是由別人建造的，或塔由她自己構築的，或塔由人所不知的力量鑄造的。」挪威作家漢姆生如是說。

無名氏一生，在大陸構築的「塔」中，曾晃動著七、八位女性的形影。名正言順的劉寶珠除外，均為匆匆過客。有趣的是，還有韓國的、俄羅斯的、法國的若干外國血統的女性，頗富傳奇神韻。

初戀之花，韓國少女閔泳珠，無名氏對她的暱稱是「媚媚」。

1942年，重慶。無名氏時為大韓民國臨時政府的客卿，邂逅了閔泳珠。閔父閔石麟時任中國軍事委員會技術室專員，對中國抗日有重大貢獻。1941年日本偷襲珍珠港前，閔曾破譯日軍密碼，有關方面將此情報提供給美國。美方失著，沒有重視，鑄成遺憾。爾後，美建立中美技術合作所，專向中國學習破譯電報密碼的技術。閔石麟很欣賞無名氏的資質與才華，但由於韓國若干元老從中作梗，不贊成中韓通婚，致使無名氏的初戀之花，僵死在韓國閔泳珠小姐的枝頭。

花好月不圓。無名氏拂袖而去，遠走西安。但初識時的驚鴻一瞥，使無名氏終身難忘，他用文字錄下她的身影：

> 第一次發現你，並不是你的身影，也不是你的姿容與言語，而是一雙神秘明亮的眼睛。一個明亮溫暖的下午，我正坐在小樓

上，門輕輕地開了，在空廊發亮的門縫裏，突然顯露一雙極明亮神秘的眼睛，像寒夜裏兩顆大星星，照耀著閃爍爍的光彩，我的視線眩暈了。睜大眼睛，待定定的瞅視時，這兩顆大星星也沒有了。「多美麗的大星啊！」我抑制不住讚美。

令無名氏再次墜入情網的是中俄混血「二轉子」。這個二轉子把無名氏轉得七葷八素，朦朦朧朧，真真假假，糾纏了七、八年之久。她俄文名塔瑪拉（TAMAPA），中文芳名劉雅歌。其父劉貴斌，首任民國年間中國駐滿洲里、海參崴（符拉迪沃斯托克）總領事和行政院簡任秘書。母親是俄國人。抗戰時，劉貴斌在新疆工作，被盛世才囚禁，其太太莎菲攜女劉雅歌和兒子尋夫流落西安。她們母女都被黃埔軍校西安七分校聘為俄語教師。塔瑪拉姿色非凡，瑪瑙紅的臉頰、榴紅的嬌唇、黛色的畫眉和那略帶韻味的眼睛，楚楚動人。特別是她一襲綠色西式連衣裙，襯著白皙晶瑩的皮膚，展現一種典雅迷人的異國情調。她「像一根俄國香腸，落在魚池裏，整個小池子沸騰起來了」。尤其是在兵火硝煙的歲月，乾柴烈火般地燃燒起來。

1943年秋，西安。無名氏經韓國將軍李範奭介紹與劉雅歌相識。且看，在七分校俄語班的一次晚會上他們的一段對白：

> 在我看來，世界上最可怕的，是今夜塔瑪拉（劉雅歌）小姐的眼睛，它簡直像一座無底深淵，使人非跳下去不可！
> 在我看來，世界上最可怕的，是無名氏的聲音，它比任何一座深淵更能誘惑我們跳下去，為它粉身碎骨！

　　無名氏真的跳了下去。劉雅歌喜好文學與藝術，平添了他們許多共同的語言。她成了無名氏的座上客。當時，劉雅歌與母、弟居在郊野，往來不便，她託無名氏為其在市內找房子，擇鄰而居。無名氏鞍前馬後，出錢為其弟弟治病；邀她喝咖啡、看電影、吃羊肉泡饃，身心陶醉其中。

　　次年春某日，《華北新聞》上一則以喜字鑲邊的廣告，給無名氏兜頭一盆冷水——劉雅歌與她的學生麥敬希訂婚了，並云次日一早他們一行三人將赴蘭州，尋道去新疆。無名氏強顏以紳士風度去車站送行。站臺上，劉雅歌解釋說，她與麥的訂婚是母親的意思，只是為了方便麥陪她去新疆尋父。她說她一點也不喜歡麥。她表示：「不久我會回來的」。

　　果然，兩個月後，劉雅歌幽靈般地出現在無名氏面前。她訴說麥的為人氣量褊狹，自私。面對這根變了味的「俄國香腸」，無名氏視同井繩，反應不甚熱烈。但又舊情難斷，悄悄地到鄉下去看望她，情到深處，她讓他吻了她。回到西安，無名氏熱血噴湧，修一長函剖白心跡。落款是「永遠的愛人，乃夫。」差人送去。詎料，無名氏展讀回信如五雷轟頂：

　　乃夫先生：

　　　　看完你的信，我真覺得好笑……難道你真以為，昨天上午我一時高興，讓你吻了我，那一時衝動，逢場作戲，短短繾綣，便等於宣佈「我是屬於你的了？」……我老實告訴你，我從來就沒有愛過你！

「笑漸不聞聲漸悄，多情卻被無情惱。」

無名氏畢生難忘：這是1944年6月4日。

劉雅歌這個桀驁不馴的俄國小姐是浪漫的。抗戰勝利後，她與麥敬希結婚兩星期後便告離婚；旋與曹朗結合，到臺灣後又旋風般地與曹朗散夥，最後移居美國。

多情的無名氏受重創後離開西安，到達重慶。1945年初，他聽說劉雅歌已與麥敬希解除訂婚。為了禮貌，他曾託西安的朋友羅君按月給劉雅歌送鮮花、水果，並以稿費的名義從西安書店支取五千元給劉雅歌享用。不久，羅君告訴無名氏，劉雅歌生活很自在，社交異常活躍，常出入舞會，無名氏這才停止奉獻。

日本投降了。時局發生驟變。卜居杭州的無名氏忽又收到劉雅歌的信，大有重溫舊夢之意。無名氏從友人張慕飛的信中獲知，劉雅歌在南京一家電影公司任職，已與第二任丈夫曹朗不和。雖睽隔已久，屢受重創，無名氏仍無法擺脫劉雅歌的魅力陰影，他專程到南京尋訪劉雅歌，未果。後來，知道她的地址時，他仍將自己出版的全部著作託友人轉贈劉雅歌。他終於收到劉雅歌的來信，信云：她將到福州參謀學校擔任俄語教官。她想靜觀時局發展，意欲暫把行李存杭州，請無名氏代覓住房。

1948年12月30日，無名氏在上海重逢劉雅歌。此時她已憔悴衰老不堪，猶如凋殘的玫瑰。好友蕭璉的勸告不時在耳際響起：「她有勇氣離兩次婚，難道就不能離三次婚？」他們長談到午夜兩點，次日在羅斯瑪利咖啡館再次見面。這是他們此生最後的訣別。看著劉雅歌的悽楚和黯然，無名氏的心理防線差一點崩潰，但他還是理智地穩住

了，作出了令劉雅歌失望的決定。無名氏自築樊籬，他建議他們到照相館照相，不合影，各照各的，留念而已。劉雅歌同意了。照完相，吃過飯，他們同去電影院看了美國影片《戰地鐘聲》（海明威《喪鐘為誰而鳴》改編）。步出影院，片尾的回聲在他們耳畔轟鳴：「喪鐘為誰而鳴，它為你們每一個而敲響！」

刻下時局緊張，十一點戒嚴，宵禁。無名氏不能送她。他叫了部三輪車，付了車資。三輪載著劉雅歌消失在無名氏視線的盡頭。

故事並沒有就此結束。後來，無名氏給暫居廣州的劉雅歌去信：

> 在這個世界上，真正能瞭解我的、愛我的，只有你，而真正能瞭解你的、愛你的，也只有我。我們有什麼理由再分開呢？來吧！我歡迎你來杭州。

一個月後，他收到劉雅歌的回信：「我很高興，終於看到你的信。」再後來，無名氏請六弟卜幼夫去看劉雅歌，託交一長信，希望她能與曹朗協議離婚，他再接納她。卜幼夫在廣州一簡陋的瓦舍裏見到境況狼狽的劉雅歌母女，作了長談，並將會見的情況函告無名氏。無名氏再致函給卜幼夫，要他再去找劉雅歌，請她盡快做出最後的抉擇。時局危如累卵，卜幼夫自顧不暇，忙於安排自己的退路，沒有再去。無名氏戀心不死，1949年4月，乘老友張慕飛要去西班牙之際，他託其途經廣州，再訪劉雅歌，轉陳請她回杭州。送走張慕飛，無名氏回家打開報紙，赫然入目的是一條天翻地覆的新聞：「國共和談破裂，昨夜十二點中共大軍橫渡長江。」

一江春水，捲著無名氏對劉雅歌的戀情靜靜地流去。

杭州解放了。無名氏也從這場纏綿八載，酸甜苦辣備嚐的情愛戰中徹底解放了。

在這飄忽未定的情絲間隙及以後，還有一段令無名氏呷飲香醪的插曲。

無名氏於1946年暮春由滬上遷至杭州。為避塵囂，他卜居慧心庵廢棄的後院，獨享二十間殘垣斷壁，潛心創作他的「無名書初稿」。雖然他想清心寡欲，然而一隻蝴蝶悠然飛進他的窗口，攪動了他心中的一湖春水。死水又泛微瀾。無名氏作品的年輕女讀者、上海一畫家慕名冒昧叩訪。此前未約，造訪未遇。無名氏於次年在上海一家咖啡館晤見了這隻「蝴蝶」，他把她特有的畫家神韻和典雅收藏在心湖深處。爾後，愛的春箋翩飛在滬杭間。小札上她暱稱他為羅密歐，他親呼她為茱麗葉。她將他致她的全部手札恭謄一份贈他。無名氏將其裝訂成冊，藏諸篋底。直到二十年後，文革劫難中被抄去。四十年後政府退還無名氏的抄家物資中，原件雖然蕩然無存，仍有若干底稿被退還。

且讓我們信手摘兩節「羅密歐」致「茱麗葉」的情書，以窺他們的戀情：

> 美麗的：
>
> 　　這兩天的月亮真美。獨自在月光下散步，情緒說不出的柔和，總想身邊該有一個人，讓我輕輕靠住她，對她低低談，或聽她低低談，最好是樹林邊草地上，我們可以自由的走來走去……什麼時候，我們才有一個真正美麗的月夜呢？

美麗的，我絕不會傷害你。從我這裏，希望你能得到一份真正生命歡樂，和純粹境界。除非你自我作繭，你將不會得到暗影。……時間允許我，我會一套套搬出來，給你慢慢欣賞，為了積蓄這點玩意兒，我已鬥爭了十三年了……

我的眼睛怪甜的。每一次你怔怔望我時，我總覺得有點不能忍受。在咖啡店裏，你說我冷靜，其實你何嘗見到我心頭真火？這些火，你逗得我夠兇殘了！為了所謂「禮貌」之類（你們小姐最愛講這一套），我只好拚命表演尖頭鰻（即英文GENTLEMAN，紳士）。你相信麼，假如有機會，我寧願抱著你在草地上打滾曬太陽的……你說你膽大，但你連在夢中給我一個吻也怕。不然，我的行市真這樣糟！連一千對一都不行？真的成了法幣對美元嗎？

「你的」下面為什麼加「？」——一閉上眼，再想想我的真涵意！

你的？

天不作美。幾年後「茱麗葉」死於癌症。一隻蝴蝶悠然一晃，飛入蒼天無處尋了。

一而再，再而三的情感受挫，致使無名氏專事日夜與紙墨為伍，在稿紙上耕耘了。他的藝術愛好是多元的，嗜繪事，因而結識了杭州藝專校長林風眠先生，兩人結成忘年之交。林風眠的太太是法國人，他們有一女名林蒂娜。甚密的過從中，無名氏和林蒂娜互萌愛的情愫，林風眠亦有意讓無名氏成為東床快婿，無奈，上帝不垂憐。林蒂

娜患有肺結核，先遷居滬上延醫，後隨母赴巴西。萍逢之緣，在平淡中結束。戲劇性的是此緣未果，又衍生另一番風景。無名氏由林風眠而結識了他的學生、畫家趙無極。無名氏非常讚賞趙無極的作品，撰有《中國油畫界的一顆彗星》廣為弘揚，兩人成為知交。

趙無極的先君是大銀行家，在杭州葛嶺築一別墅，有「呼嘯山莊」之譽。但趙家常居申城。趙無極赴法之後，「呼嘯山莊」內只有趙母和其妹趙無華居住（時已是五十年代第一春）。趙無華是一位具有文學、藝術、美術、音樂多種天賦的女性，性格相當賢淑、柔靜。

無名氏在葛嶺「呼嘯山莊」與趙無華相處的時間，總共只有八十三天，但留下的美好回憶，卻是沒齒不忘的。美人多病，趙無華患結核，「臉色總是黃黃的」，在無名氏的眼中，世上的女人「只有黃黃的臉龐才是美的。愛情，會連你的審美觀一起改變」。三十多後，無名氏對臺灣女作家瓊瑤談趙無華時如此深情地說。

無名氏與前妻劉菁

那時，我什麼事都不做，只是和她「戀愛」了。

我的鬍子是不用刮的，我喜歡剪鬍子。那天，她幫我剪鬍子，一面剪，一面聽我說話，她也不插嘴，只是笑，這鬍子左也剪不完，右也剪不完，居然剪了三個多小時！

那天早上，我和她要出去，她說要先去洗臉，我拉住她說：「不要洗了，你今天的臉上，留著昨天的夢痕，美極了！」

於是，她整天好開心，沒有洗臉！

可惜我與她在一起，只有八十三天！從1950年5月9日到8月2日。

在趙無華舊病復發，離別杭州赴上海看病時，她說：「有這兩個多月，我就是死了，也沒有什麼遺憾了」。趙無華病危時，無名氏到上海侍奉左右，一個秋日的下午趙無華香消玉殞，一縷芳魂飄向天際。

且讓我們從他們互通款曲的信函去領悟他們的夢斷之情：

寧：

只有在離開了你以後，才發覺自己是怎樣地不願離開你，和離不開你。只要是剩下我一個，獨自留在房間裏，就不能沒有一刻不想到你。想到你待我的那些好，就禁不住想哭。又知道你最不願我淌眼淚，又只好拚命忍住。寧，這樣的日子真不好過……回來後碰到熟人，人人都說我瘦得很厲害，擔心得很。我怕會是腸結核吶。你這幾天好不好？銀丸

藥吃完了，告訴我，我可以在信裏給你寄，像你寄螺絲帽子一樣。你要的照片，我找了半天，也沒找到一張好的。就這樣算了。本來是送給大哥的，大哥認為很好，從重慶回來時拿出來，我看見了，又搶了回來，結果卻送給了你，也是意外。你可千萬別放大了掛在你屋子裏。要不然，我還是要搶回來的。聽我的話，好好用功，好好睡覺，好好運動，好好吃東西，少想我。

無華8月9日晨

1977年，也就是二十七年後，無名氏寫了一封寄往天堂給趙無華的信：

華！

每當我寫這個字時，就像彈一個黑色琴鍵，一片又幸福又寧靜的樂聲，泉水樣湧現在四周。一遍又一遍，我輕輕念著你的名字，彷彿三十年前的那個月夜，我在花園裏，庭院中，到處找你，喚你，而你卻悄悄把自己全身隱藏在廊廡長沙發深處。後來，我貼著你的耳螺，低低告訴你，電影《茶花女》，一個最美的鏡頭：扮阿芒的羅勃泰勒，從巴黎趕回布林潔佳別墅，在月光閃爍的花園裏，在半暗半明的室內，遍覓茶花女（葛麗特‧嘉寶飾），也是不斷找著，一聲聲喚著：「瑪格麗特！——瑪格麗特！」……

「親愛的！」讓我再這樣低低喚你一次吧！二十年來，你在天上是怎樣度過的？我相信，仁慈的主會把你收在那些天使中間，過著最神秘、最瑰麗的生活……

此刻，我的年齡大得有些可怕了。可是，這個早晨，我還能向你寫這樣一封永遠不投遞的信，這就說明：你對我的情感奉獻，給予我這樣一種巨大的生命活力，使我在接近垂暮之年，或多或少依舊能保持一點二十七年前與你在一起時的情愫。這種情愫，我將永遠保留著，培養著，用來永恆回憶你、膜拜你。

……

希望有一天，我們能在天上「再相會」，就像你的追悼會中，我們最後合唱的那首聖歌一樣：「再相會！再相會！……」

……

天不時地不利人不和，致使無名氏的戀愛之花，屢開屢敗。在他三十七歲的那年（1954年），他的戀愛樹上終於結果了。

她純純粹粹是個「女人」，而且靈與肉都充滿古典誠厚，像母親痛愛子女一樣愛我，並不計較斯時斯地的和我在懸崖邊緣散步。

這個女子叫劉寶珠，她原是他的表妹，他母親的義女，九歲即到卜家，名卜菁（劉菁），劉寶珠隨無名氏的母親盧淑珍由揚州一同遷到杭州。劉寶珠中學畢業後，在上海一家幼稚園工作。

「洗盡鉛華歸少作，摒除絲竹入中年。」

殘酷的現實迫使無名氏在情愛上由夢幻趨於現實。1954年，他與劉寶珠結婚了。吉日那天，沒有鮮花、鞭炮和紅燭，唯擺一桌家宴，請幾位好友。女客們親自下廚，為他們的結合祝福。家，本是人生溫馨的港灣，歷經劫難的無名氏更為珍惜。他明白，劉寶珠是在他人生低潮期，背負著沉重社會壓力的十字架接納他的。婚後，他們的生活雖然平淡，卻充滿著甜蜜。

> 無形中，我也像種花，種她，看她在我秘密空間的花盆裏綻放。
> 等閒我失業已十五年，紅塵風沙多次襲擊，似乎並未在她心版上留下深痕，她那雙含情的眸子，依舊在沉醉地包圍我。

生活的波瀾時有起伏。他們一直分居兩地，散比聚多，無名氏每到滬上，總要找他的文友傾吐心聲。一日，他到虹口一位老友家聊天，適遇暴雨，延到十一點半方歸。劉寶珠火了：

> 你們這一票人聚在一起，就扯不完，誰知道你們扯些什麼？我睡也不是，坐也不是，走也不是……一直擔心你出了事……

無名氏自知理屈，調皮地把臉伸過去：「打吧！」她盛怒之下真的不輕不重地摑了他一下。暴風雨後，無名氏卻笑了：

菁，聽了你一頓臭罵，挨了你的耳光，我倒真感到幸福。回來以後，如果你不狠狠罵我，打我，竟天下太平，那我倒真失望極了。

劉寶珠忍不住破涕為笑，又把他攬到懷裏：「你真是個魔鬼，真會耍嘴皮子。」又輕輕地撫摸起他的臉頰來。

一直是牛郎織女走婚似的生活。婚後，劉寶珠因病做了手術，失去了生育能力，沒有子嗣，加之高壓的政治氣候、文化上的差異，潛藏著婚姻的危機。無名氏隱隱地覺察，不管爐火怎樣紅，底火枯竭了。青春的玫瑰、仲夏的夜夢，相繼謝萎，等待著的是肅殺的秋日和嚴寒的酷冬。

「夫妻本是同林鳥，大難來時各自飛。」世俗夫妻如此，劉寶珠亦不能免俗。

1966年文革浩劫，無名氏作為一個有「歷史問題」、「海外關係」的角色本就躲不過這一劫，加之因受友人牽連又犯了「包庇壞份子」的現行罪，罹牢獄之災。一年後獲釋，但戴了頂「反革命」的帽子在頭上。劉寶珠承受不了這重壓，1971年提出離異。無名氏懇求不離，無果。無名氏最終「不忍她受種種壓力，恐其神經失常，乃於1973年1月同意仳離」，結束了十八年的姻緣，也為他在大陸築的婚戀塔中七個女人的恩恩怨怨畫上了一個心酸的句號。

無名氏理解、同情劉寶珠。他抱怨自己，連一立方尺真正的空間也沒有給過她；他感激她過去十八年給他的愛。他致她的信中說：

世界上沒有一種感激——包括這兩個字本身的涵意能表現我對你的真實感激。

事實也如此。無名氏有情，多少年後，無名氏在臺灣發表了《抒情煙雲》，還追溯與劉寶珠的甜蜜往事。後來，他回大陸做客，仍不忘舊情去探訪她，並在經濟上給她資助。

（二）塔外的女人

「謹以此書獻給美美，為了她帶給我黃昏幸福。」無名氏在他的自傳性散文集《塔裡‧塔外‧女人》的扉頁上赫然寫著。

美美，馬福美也。這是無名氏對她的暱稱。

馬福美，山東萊蕪人。其父退役後經商。她是家中長女，秀外慧中，畢業於臺北師專音樂科，以教授鋼琴為業。她的電子琴技藝精湛，曾獲臺灣電子琴比賽冠軍、東南亞電子琴比賽第三名，

無名氏與馬福美

並作為代表參加東京的國際電子琴大賽。馬福美的興趣廣泛，除醉心於音樂之外，還深嗜哲學、文學，心儀釋迦牟尼、叔本華和尼采。她說她「唯一肯定的真理就是愛」。

馬福美與無名氏結縭後，行業同人稱她是「塔外的女人」。無名氏亦説他們的結合是「奇婚」（奇男＋奇女）。令無名氏自豪的是，當年喜劇大師卓別林五十七歲與諾貝爾獎得主奧尼爾的女兒結婚時，太太十八歲；今天「在年齡差距上，自己比卓氏創造了更高的記錄」。他在致馬福美的一首情詩中吟道：「她是一條船，悠悠地駛進我的港灣」……

這條愛的方舟，是怎樣駛進無名氏港灣的呢？

1982年冬，無名氏結束了六十四年的大陸生活，一下飛機他便向二哥卜少夫懇求，請容許他絕對孤獨兩周，不見客、不接電話，他想梳理一下紛亂的思緒，寫一篇長文淋淋漓漓地宣洩一下多年的情感。六弟卜幼夫從臺北打來電話，那是中斷了三十三年的聲音。卜幼夫説他行將來港與他共度元旦，還報告一個好消息：臺北有位小姐愛慕他，並有信函帶來。

原來，無名氏抵港的次日，臺北的卜幼夫接到一陌生女孩子的電話。她自我介紹説：「我是馬福美，無名氏的崇拜者，希望能和你見面。」突兀其來，卜幼夫遲疑了一會，同意了。半個小時後，馬福美便站在卜幼夫的面前。她面目清秀，儀態穩健，談吐大方。她向卜幼夫打聽無名氏在港的信址。卜幼夫婉表歉意，馬福美拿出一封沒封上口的信託交，便告辭了。卜幼夫先睹為快，信中所寫盡是對無名氏「排山倒海似的讚頌與一份虔誠的摯愛」。這封信還轉不轉呢？卜幼

夫油然憶及三十三年前在廣州，沒能代兄長再次造訪劉雅歌而自責不已。這回不能誤事，說不定四哥來了「桃花運」呐。

元月二日，卜幼夫見到闊別的四哥無名氏互訴衷腸後，便將馬福美的信交給無名氏。無名氏當時把它當作一般讀者的來信，不大介意，回家一看，心跳加快。密密麻麻的兩頁紙，字裏行間溢滿對他的禮讚和傾慕，還附有一張玉照。長而微圓的臉，高挑的身材，二十五歲左右，靜坐在一方白石上，背景是一泓水池，池內遊弋著一尾尾相互嬉戲的金魚，少許的綠葉掩映在身後，模樣祥和又端莊。無名氏的心湖泛起了漣漪，他忽然想到離開大陸前，與杭州一位女讀者有約，她請他「拉」她一把，把她「拉」過羅湖橋。他不能爽約。想到這，他十分平靜地給馬福美回了信，四行字，除感謝她的好意外，還說容他兩周後正式覆函。

「思君如百草，撩亂逐春生。」始料不及的是，無名氏的信剛付綠衣使者，鴻雁又送來馬福美的第二函，說她正在辦入港手續，她要單刀赴會，希望早日見到他。接著又一連五封信，直把無名氏逼上「梁山」，他不得不作認真考慮了。無名氏到港後，為「拉」杭州那位女讀者過羅湖橋，多方諮詢，答案只有一個：如同登天。他渾身解數，難盡道義之責，只能作罷。鑒此，面對馬福美要來港，他還是竭力勸阻，言明他行將赴臺北再晤面。

1983年3月23日，無名氏步出桃園中正機場。

六天後，在卜幼夫寓所他們見面了，各自為對方的氣質所吸引。三年後馬福美在談此次晤會對無名氏的印象時說：

> 多年來遍讀他的著作，已對他非常瞭解，但第一次見面，發現他並沒有想像中的浪漫。他是一位非常理性、拘謹的人。

面對著陌生世界的一切，無名氏不忘古訓「諸葛一生謹慎」，「我只能小心翼翼舉足，再慢慢放下，探著路」。交談泛泛，禮貌文雅，雖無關宏旨，但馬福美已瞅見無名氏輕啟心扉的一隙。

無名氏聽憑自然，把謎底交給時間。

不日，馬福美的來信升溫了。巧合的是，他們兩家的居所相距咫尺，即便如此，在頻繁的走動之餘，仍有四十餘封情書往還。馬福美事後對人說：

> 我愛無名氏的文學才華，更愛他是理想主義者，非常重視精神生活的追求。這種執著的認知，就是很浪漫的。

無名氏抵臺後八百多個日子裏，創作、戀愛齊驅。其間，他做了二百次講演，整理出版了十部書稿，發表了四百篇隨筆。馬福美已由一個他的忠實讀者成為他的助手、生活秘書。他新創的稿件，幾乎都由她謄抄，還幫其糾正筆誤，這位助手弄得食指與中指間都起了老繭。他們在愛的靜靜流淌中瞭解、理解和磨合。

1985年5月19日，六十八歲的無名氏與二十六歲的馬福美攜手步上了紅地毯。

如果說既往塔裡的婚姻是「一杯苦酒、一個悲劇」，那麼今天則是「一盅甜酒，一齣喜劇」，一幕由「塔外的女人」與「築塔的男

人」連袂出演的喜劇。吉日那天，主婚者是無名氏的二哥、立法委員卜少夫，證婚人是考試院長、聖裔孔德成。來賓不乏臺上臺下的權要：前嚴總統、倪文亞、谷正剛和宋楚瑜等。

無名氏著米黃色西裝，頭髮梳得油光光的，襟上一朵粉紅的玫瑰，在孟德爾頌《結婚進行曲》的旋律中，從老岳手中攙過新娘。

孔德成捧出「珠聯璧合」、「佳偶天成」、「百年好合」、「五世其昌」等吉語，祝賀「大大有名之士——無名氏」；王建今（臺最高法院檢察長）的賀聯是「才子佳人雙美，書香琴韻聯輝」，深得喝彩。無名氏在答辭中說：

> 聲音是銅，文字是銀，沉默是金。春宵一刻值千金。請大家原諒，今夜是我應該扮金子時刻了，謝謝各位光臨。

掌聲、笑聲、歡呼聲差點掀翻了禮堂頂。婚禮正入高潮，來「趕第二場」的蔣緯國到了。他的賀詞是用唱的，取「你儂我儂」中的兩句：「從今以後我可以說，我泥中有你，你泥中有我」。他那充滿磁性的歌聲又搏得掌聲一片。

婚禮結束，時已十時。按禮儀全過程應放七通禮炮（鞭炮），因為時已晚，飯店禁放。擔任司炮的無名氏弟媳力爭：「員警來抓人，我去坐牢，我非放炮不可！」堅持放完最後一炮。

其間，小插曲不斷。

無名氏為新娘備的戒指大，新娘纖纖細手，在家預戴時不小心滑落，費時許久才找到。到了結婚禮堂，又滑落一次。司儀在唱：「新

郎新娘相互行禮。鞠躬——」因沒有彩排，兩人平生都是第一遭，靠得太近，忽而對躬，砰的一下兩人腦袋對撞，像是在練頭功，又像是鬥頭，引得全場哄然大笑。次日，〈寶島風情畫‧無名氏黃昏戀〉、〈琴書相人伴，塔外春天〉和〈一杯甜酒，一出喜劇〉等大字標題鋪滿臺灣的大小報紙，電視臺播出實況，連美聯社也大肆報導湊熱鬧。

若干年後，無名氏在《塔裡‧塔外‧女人》一書中的首頁，赫然地印著一幅他與馬小姐的結婚照。一個西裝革履、胸佩紅花，風度翩然，一個頭披婚紗、手持鮮花，靚麗可人。照片一側注有一行無名氏自題的文字：「幸福像一條閃電，現在悄悄地亮在我的身邊。」

老夫少妻，樂多苦亦多。由於年齡、興趣和生活習俗的差異，他們婚後生活不和諧。不過，無名氏仍不失灑脫。他曾對筆者說：

男女分合，幾乎全是一個「緣」字，「緣」到雙方合，「緣」盡則分。這沒有什麼奇怪。

最終，他們還是分了手。

2002年10月11日，無名氏病逝於臺北。

生活者林海音

有「話說長江」、「話說黃河」的，
將來或許有「話說大海」的，我想要
說的是「話說海音」——大海那邊的
林海音。

——題記

林海音（1918-2001）原先叫含英，最早則
叫英子，臺灣人，生於日本。英子五歲時媽
媽抱著她，與爸爸一道萍飄到北平。爸爸英
年早逝。二十五年後（1948）英子與夫君何凡
扶著媽媽，攜著、背著、抱著三個孩子，又
折回臺灣。「少小離家老大回」，一把辛酸
兩行淚。六口之家蝸居在一間日式住宅的玄
關處，於三個榻榻米大的地盤吃飯、辦公兼
睡覺。

何凡是北師大畢業，國學功底深厚，在國
語日報社謀了一個飯碗。林海音則為家所累，
不得不圍著鍋臺唱鍋碗瓢勺叮噹曲。她不是一
位懈怠的女性，不久便重操舊業，筆耕墨耨，

林海音

林海音與何凡結婚照

寫些介紹臺灣的風物人情短文給報刊，既不至於荒蕪了自己，又可賺點稿費，聊補「糙米」之炊。旋即，她又戲劇性地與何凡當起同事，到《國語日報》作編輯。那時，報紙經費捉襟見肘，老闆不給周末版發稿費，林海音還得每周盡義務，寫三千字填版面。家中唯一的一張舊寫字臺，還是表哥送的，一用就用了二十年！遑論其他了。夏日一盤蚊香放在腳邊驅蚊，冬天一床毛毯蓋在膝間取暖，青燈黃卷爬格子，煮字療饑。

日子就是這樣「度秒如年」般過來的。

歲月終究將把林海音磨煉成一位「多棲動物」：作家、編輯和出版人。

作家的林海音，不隸屬「著述等身」一類。她的小說、散文和童話作品統共不過三百萬字吧。她的處女作《冬青樹》，是一部專寫家庭瑣事的散文集。當時，有人認為她盡寫身邊瑣事，有點小家子氣。丈夫何凡不以為然，為其作序。他說：

> 結識林海音是我生命中最大的
> 收穫，林海音為我生了四個兒
> 女是她的最大成就，林海音以
> 文債抵了兒女債。

他認為，女作家寫家庭生活，是順理成
章的事，「家齊而後治國」。何凡於幽
默中為太太護「短」。

《城南舊事》劇照

　　自1957年起，林海音陸續寫回憶童
年的小說：〈惠安館〉、〈我們看海去〉
和〈爸爸的花兒落了〉等五個短篇。故事
各自獨立，但在時空、人物、敘述風格上
連貫，組成了系列。宋媽是貫串其間的主
線人物。作品中，英子以一雙天真的眼
睛，觀察二十年代北平城南一四合院裏發
生悲歡離合的故事：小偷、黃板牙、蘭
姨娘和瘋子。高陽評論林海音的小說：

> 不僅故事感人，她的文筆令人
> 擊節讚歎：細緻而不傷於纖
> 巧，幽微而不傷於晦澀，委婉
> 而不傷於庸弱。對於氣氛的渲
> 染，更是她的拿手好戲。

257

1960年冠《城南舊事》為書名結集出版，並未引起社會關注。二十年後，被大陸引進，拍成電影，一夜譽滿天下。《城南舊事》曾在四十七個國家放映，獲過多項國際大獎。若干年後，林海音到大陸訪問，在公眾場合見到導演吳貽弓時說：「我向您鞠躬，因為你使我的名字在大陸變得家喻戶曉，所以我得向您脫帽三鞠躬！」並真的彎腰致意。《城南舊事》跨越時代背景，跨越了政治，以委婉溫馨的筆觸去描寫人性和人類的命運，已得到社會一致的認可。

「花香不在多」，一個作家能有一部作品在文學史上留下鴻爪，足矣！

林海音是由編輯起步而「發跡」的作家。作家，對她來說是「業餘」，編輯卻是終身。「我實在熱愛編輯工作。」七十七歲的林海音在關閉她經營二十七年的純文學出版社時，「忍不住想哭」，她對人如是說。她早年在北平編《世界日報》，後來到臺灣編《國語日報》、《聯合報·副刊》，繼之是《文星》、《純文學月刊》和純文學出版社，一直在「為人作嫁」。她在編輯上的建樹，絕不亞於其創作。在編「聯副」十年期間，她發現、培養了黃春明、林懷民、張系國、七等生等一批新人；重視、支持了鍾理和和鍾肇政，使一批臺灣本土作家在文壇嶄露頭角。有人評論「林海音是臺灣文學的播種者、培植者，也是一道陽光」。此言並非過譽，確實有許多動人的故事。本土作家鍾理和命途坎坷，貧病交加，他的絕大部分作品都是林海音編發的，她著意栽培他。不料，鍾理和突然病故。林海音聞訊後，揮淚趕寫〈悼鍾理和先生〉介紹其苦難的一生，發表在次日的報紙上，

不期收到眾多的讀者的悼文和捐款。林海音不分晝夜地為鍾理和編書、聯繫印刷廠，請人設計封面；借款印書，趕在鍾理和百日祭時放在供桌上，了卻心願。後來，電影界根據鍾理和的人生遭際改編成電影《原鄉人》，由名演員秦漢、林鳳嬌主演，風靡一時，使全社會認識了鍾理和。為紀念這位傑出的臺灣本土作家，林海音出面並主持在鍾的家鄉美濃建立「鍾理和紀念館」。這是臺灣第一個也是目前唯一的一個作家紀念館。林海音不僅出錢、出力，為豐富館藏，她還把當年辦《純文學月刊》時珍藏的海內外一百六十六位作家二百四十二篇手稿捐給紀念館。令人難以置信的是，他們之間只有信件交往，卻從未謀面！君子之交淡如水。

1984年，《香港文學》採訪林海音，記者提到是她提攜了黃春明、鍾理和等新近作家時，林海音說：「不能說是我提拔了他們，這未免太過分了」、「既然許多作家這麼表示，我多少能使他們走上文學道路，我也很高興。」謙遜、平實得令人咋舌。青年作家黃春明的作品，時常「玩火」，他的〈把瓶子升上去〉，寫學校升國旗被升上兩隻空酒瓶，隨風叮噹響。這種苦悶的象徵，內涵太豐了，很容易惹禍。林海音覺得這篇作品有新意，考慮再三還是採用了。以致產生後怕，發出「稿子一發排，回家就睡不著覺」的感歎。

在如履薄冰的文學航道上，林海音終於難逃「翻船」的厄運。那是1963年震驚臺灣文壇的「船長事件」。是年4月23日，林海音在「聯副」版上發了一首名叫〈故事〉的小詩，詩敘述一位船長漂流到一座小島，被島上的美女吸引而流連忘返。當局見之，龍顏大怒，認為這是「影射總統愚昧無知」。面對洶洶來勢，林海音怕牽累報社及

他人，面對來者，她立即表示引咎辭職，砸了端了十年的飯碗，這才避免一場禍及他人的災難。而作者風遲（被認為是「諷刺」的諧音）被當局判為「叛亂嫌疑」罪，蹲了三年大牢。風遲覺得對不起林海音，深懷「百身莫贖」之恨；而林海音本人把此事看得很淡：「這種事遇上了就算遇上了。」因此鍾肇政說「林海音是個自由派」、「她不搞政治掛帥」、「不管白色恐怖」、「因為她認為自己是很純潔的，很純正的」。

香港作家楊明顯當初與林海音打交道時說「有點兒怕她」。林海音要他敘述他作品的梗概，楊明顯有點緊張，略欠條理。林海音聽罷，不客氣地說：「再說一遍吧，我沒聽清楚。」當林海音看完了他的稿子後，語重心長地說：

你孤立地寫景，像舞臺上的佈景板，為什麼不溶化到各個章節的環境中去呢？

楊明顯深深地感受到：

她確實是一位正直肯提攜後輩的編輯，一位充滿仁智的長者，一位值得信賴的朋友。

林海音在文學上有自己的追求。面對通俗低級，充滿色情暴力的讀物充斥坊間，而真正的文學園地卻一片荒蕪時，她坐不住了。時已年過半百的她，與丈夫何凡及友人不計風險和利弊，毅然創辦了

《純文學月刊》，為臺灣的純文學發展鳴鑼開道。所謂的編輯部，就設在自家加蓋的一間小木屋內。為表誠意，她親筆一一給梁實秋、余光中和海外的夏志清、於梨華等名家寫信，一邊自己跑紙廠、印刷廠並編稿。三個人三條槍，三個月內把一本風格清新、高品味的雜誌奉獻給讀者。那時，臺灣對上世紀二、三十年代的作品控制出版，幾乎絕跡，讀者見不到。《純文學月刊》除了發表濃厚文學味的原創作品外，還闢專欄大膽引介三十年代的作家和作品，傳承五四，彌補當代讀者對現代文學脫節的不正常現象。

> 那時氣氛有異，我是硬著膽子找材料發排。「管」我們的地方，瞪眼每期都看著。

林海音沒有消極地接受「翻船」（船長事件）的教訓，但她學乖了，「技巧」也越發高明。每刊一篇舊文，請相關的著名作家寫評介同時推出。為刊凌叔華的〈繡枕〉，她請凌叔華的老友蘇雪林寫〈凌叔華其人其事〉；為發老舍的〈月牙兒〉，她請梁實秋寫〈憶老舍〉；為發周作人的〈鳥啼〉，她請洪炎秋寫〈我所認識的周作人〉……此舉使沉悶的臺灣文壇頓時活躍起來。王拓當時剛剛在文壇嶄露頭角，他的小說〈吊人樹〉，由於主題太敏感，屢投屢退。最後投到林海音門下，林海音竟然冒天下之大不韙，將其發表，受到一致的好評。林海音「浴血奮戰」了四年，雜誌銷路卻始終打不開，期期賠本。不得已，於四年後停刊。然而，林海音不死心，稍稍調整身心後，她專心投入經營純文學出版社，為純文學作家開闢一塊綠洲。

故紙風

▲林海音在民國十三年時以傳統應用文體所寫的家書。

純文學出版社創立伊始，林海音以非凡的魄力，相中一套美國出版的十六卷本《改變歷史的書》，她認為這套書對讀者瞭解西方文明進程的價值很高。當時，連譯者自己也勸她別犯傻冒險，要賠大本的，但林海音認定它的價值，向譯者拍胸脯：「賠本兒我都出，好書應該出版。」慧眼識金，一炮打響，這套書不僅暢銷，還為新成立的出版社創了品牌。作家們把純文學出版社當作朋友、娘家和「活菩薩」。女作家沉櫻（梁宗岱原夫人）身居異國，晚景淒涼，衰年已不能提筆寫文章，她致信林海音，請幫她出最後一本散文集。林海音欣然同意，可作者沒有原稿，文章全散佚在舊報刊中。林海音不厭其煩，請人搜集整理，再向友人發函徵集沉櫻早年致朋友的信和照片，合集一冊為《春聲集》。在沉櫻彌留之際，書送到美國讓她看了最後一眼，林海音這才心情釋然。一次她偶從報上看到歌詞〈高山青〉的作者鄧禹平，窮困潦倒，半身不遂，想出書無門時，林海音提著營養品

登門拜訪，為他出版了《我存在，因為愛，因為歌》，使鄧禹平老淚縱橫。她到臺南拜訪老作家蘇雪林時，蘇雪林向她訴苦，說某出版社倒閉，退給她一屋子書。林海音張口承諾，一口氣將其全部買下。因那是冷僻鮮有人問津的《屈賦研究》，無法推銷，堆在倉庫裏，後來林海音將其全部捐給了圖書館和學校；她還再版了她的《中國二三十年代作家》。林海音的這種濟困扶危、為純文學發展嘔心瀝血的俠義行為，多年來一直為臺灣文壇的佳話。

1995年，林海音七十七歲，何凡八十五歲，四個兒女全在國外。她已無力繼續經營出版社了。當時有人建議，把這塊金字招牌轉讓、出售。林海音顧慮續辦者難以堅持原來的風格，不一定能善終，毅然決定停業。她把庫存的八萬冊圖書全部捐給圖書館、學校，把所有作品的版權全部歸還作者，此外，凡庫內有少量存書的，全部送給作者。有的作者過意不去，堅持要買。她堅絕不肯，「出版社結束了，不是營業，只送不賣。」善始又善終，為純文學出版社畫上了一個圓滿的句號。

林海音是個「比北平人還要北平」的老北京。一口京片兒。她深切地眷戀她的第二故鄉北京。她非但自己把純文學出版社的全套樣書捐給北京現代文學館，還動員其他兄弟出版社也捐，大大地豐富了現代文學館館藏。此外，她又提議並帶頭，在國內出版《臺灣著名作家代表作大系》，為海峽兩岸文化交流來回奔波，樂此不疲。

林海音的著作中有一本名曰《生活者‧林海音》，她是以生活者為榮的。生活者，北京話過日子的人。對外，她是女強人形象；對

內，她是賢妻良母。早年學縫紉、打毛衣、學書法、學畫畫、學電子琴、學開車……她愛何凡，自己病了，要住院，她第一個反應是何凡怎麼辦。有些話，她想與母親說，要給母親打電話，一拿起話機才醒悟母親過世多年了。剛到臺灣時，家境不好，女兒褲子破了，她在洞上縫上小動物圖案，惹得鄰居孩子們眼紅……

社務、家事，親朋故舊的事太多，難免有煩的時候，一煩她就給朋友打電話：「實在受不了了，玩兩圈吧。」一聲令下，牌友蜂至，連不喜歡打的也來看熱鬧，自動侍奉茶水。她打麻將，不會算計，十打九輸，有朋友給她取了外號「林大輸」。要是某日手氣好，贏了錢，就會說：「今兒打折，給一半算了。」她喜歡照相，愛給朋友們照，照完立即就洗，分送大家。她不乏幽默，在何凡與兒子的合影背後題字：「凡夫俗子」。作家羅蘭與她比鄰而居，兩人在後陽臺上時而見面，因樓層不一，一個要低頭，一個要抬頭。有一年過年，羅蘭把一張「恭賀新禧」字幅貼在後陽臺上，打電話叫林海音去看，說「我給你拜年啦！」林海音一看十分高興，隔一會兒打電話給羅蘭：「羅蘭，你也出來看啊！」羅蘭抬頭一瞥，林海音寫了「抬頭見喜」四個字貼在牆上。

林海音像經營出版社一樣，精心、用心地去經營友情。世界各國作家常來此聚會。改革開放後，大陸許多作家都去過。國內外客人的留言雖是吉光片羽，但韻味悠長：

字字珠璣自生光，深情至性入文章。信手拈來皆佳作，不拘一格盡流芳。

這是臺北最有人情味的地方。

好像到了夏府，才回到臺灣，
向文壇報到。

鬧中取靜，安穩清吉，歲月悠
悠，亦大隱之趣。

新房、新家、新氣象，好吃、
好談、好朋友。

仰灑來寒碎玉，一泓深去碧
涵天。

海音先生，您拿起相機是記者
的本色；您整理書信、照片，
是一流的編輯能力；您親切自
然地接待賓客，是上等的公
關；您的生活，便是一篇又一
篇的散文佳作了。

林海音紀念冊

——「這是我們一生樂觀奮鬥的最
佳酬報。」面對朋友們的友情，林海音
如是說。

夏志清的人文情懷

錢鍾書剛「出土」的時候，孺慕者都想一睹其風采。錢先生謝絕並幽大家一默：「知道那個雞蛋好吃就行了，何必要見那隻下蛋的老母雞。」他洞悉國人的根性：好看稀奇、好湊熱鬧、好刨根究底。恕我不恭，如把當代走紅的三位前輩作家錢鍾書、沈從文和張愛玲比做那好吃的雞蛋的話，那麼，「發現」或曰率先揀出中國現代小說史的窩中珠埋著這三枚雞蛋的是誰？

夏志清（1921-）先生也。

夏志清秉筆書史，以「濯去舊見，以來新意」為旨，手握朱砂筆圈點古今中國小說，鉤沉稽古、臧否文事爆出絕響時，友人戲謔他是「夏判官」，他亦默認了。但他曾自謙：

……把古今作品亂批一通，筆尖上不帶一點感情。我為人平易隨和，有時

267

重讀我自己「嚴肅」的評論，
真覺得不像我寫的。

他的文章植根於西方傳統的人文主義批
評精神，在做人方面亦蘊含著濃厚的人
文情懷。

夏志清畢生研究中國現代小説，文
化崑崙錢鍾書是他研究的對象之一。錢
氏是學者，他的小説本為世人疏漠。夏
志清評品他的《圍城》是「中國現代文
學史中寫得最有趣、最細膩的小説，或
許是最偉大的小説」。經他這麼一評，
眾人刮目，再度審視，果真精彩絕倫，
獲得認同；加之改編成電視劇一播，錢
鍾書成了法國的拿破崙、美國的華盛
頓，家喻戶曉。

在他們那一輩的文人中，錢、夏
的友誼是深厚的。筆者揣想，在錢看
來「人生得一知己足矣」，於夏而言，
「君無我不進，我無君則『退』」。星
月互映。

正因夏志清對錢鍾書的殷殷垂注，
方才鬧出一則笑話，讓健在的錢鍾書

夏志清

在瞑目前二十年，看到摯友夏志清撰的悼文——1975年，友人誤傳錢鍾書過世的消息，夏志清悲哀難抑，他匆匆寫了篇〈追悼錢鍾書先生〉長文，交臺北《中國時報》發表。兩人都是大名人，此事訛傳如迅雷。風從西方來，直颳得錢家聲震屋瓦，「悼」得家人坐立難安。若干年後，錢鍾書訪問哥倫比亞大學，夏志清只好雙手揖拱謝罪。亦正因夏志清把錢鍾書奉為至尊，當錢真的離世時，他的「悼文」不再是追懷友人的懿德風範，而聚焦在〈錢氏未完稿《百合心》遺落何方？〉。文中他袒露不信錢鍾書自言在1949年遷居時將稿子扔掉了，「在我看來，錢氏夫婦皆心細如髮，誤扔尚未完成手稿簡直是不可能的事」，並籲請「假如《百合心》手稿還在，真希望楊絳女士及早把它印出，因為這是部大家搶著要看的作品」。

其實，錢、夏之間沒有什麼私交，畢生只面晤三次。一是1943年秋在上海夏志清的老友宋淇先生家，那時夏剛由滬江大學畢業不久，錢時無建樹亦尚伏草莽；二是1979年錢訪哥倫比亞大學；三是1983年夏的尋根之旅。他們的互敬，純是「義氣相投，文氣相通，同氣相述」罷了。

夏志清對「沈從文在中國文學史上的重要性」予以充分地肯定，在評點他的〈靜〉時竟說：

> 三十年代的中國作家，再沒有別人能在相同的篇幅內，寫出一篇如此有象徵意味、如此感情豐富的小說來。

錢、沈兩位本在夏志清評點前已享譽文壇了，若說他倆是被半埋的珠貝，那麼張愛玲則是「全埋」，「埋」到其人、其作品幾乎無

人齒及的深度。連蘇雪林也說：「看張愛玲的〈金鎖記〉，無非《紅樓夢》筆調，不及臺灣名女作家」、「平平」。夏志清另具慧眼，認為張愛玲「該是今日中國最優秀最重要的作家」，夏志清在他的《小說史》中濃墨重彩，竟給張愛玲四十二頁篇幅，足見關注和推崇。經夏志清椽筆「點石成金」，把這個現代小說史中類如《紅樓夢》中的無名丫頭的張愛玲，一下子提升到「林妹妹」的地位。後經柯靈先生的一紙〈遙寄張愛玲〉，復把張推到了極致，刻下她的各類作品集、「張看」、「看張」之類相關讀物大小書店一片琳琅，連胡蘭成的作品也隨之「俏」了起來。事實證明，夏志清的觀點得到廣大讀者的認同。

張愛玲在美晚年處境堪憐，特別是賴雅去世後，身心的孤獨和經濟的困窘，幾乎把她逼到絕境。夏志清一方面評說、推介她的作品，音問不斷，同時幫她找工作，幫她同皇冠出版社簽訂有利於作者利益的合同（其實平鑫濤對張一直優待），和在生活上盡力予以援手和慰藉。

不容迴避的是，對魯迅先生夏志清「給予更中肯、切實的文學評價」。他也很關切陳西瀅（通伯），在他給吳魯芹《英美十六家》的序言裏說：

> 魯芹的老師陳通伯先生，在倫敦住得最久，當時的英國文豪——蕭伯納、威爾斯、哈代、羅素等——他都認識，最有資格寫《英國八大家》，可惜他惜墨如金。

最近他在致友人的信中還說：

> 我一向佩服陳西瀅，受魯迅的打擊而不再寫文，是當年文壇
> 的最大損失。

夏氏的《中國現代小說史》之所以引起各界人士的關注或興趣，不止是「鉤沉」，更多的是理性的反思，它涉及了政治史和社會史層面。學術界把這種啟蒙的契機稱為「夏志清現象」。

在夏志清周遭的人際關係中，最耐人尋味的是他與胡適先生。

夏志清在北大教書時校長是胡適，夏那時只是個不見經傳的小助教。抗戰勝利後，美國華僑李國欽先生捐給北大三個留美名額，文、法、理各一。歷經戰火劫掠的教師都很在意這一留學的機會，無奈僧多粥少。北大本是藏龍臥虎之地，人事關係又盤根錯節，因此，學校決定公開、公平競爭，資淺的教員都可報名考試。作文考題是〈出洋留學兩回事〉，很有八股味，並規定必須用英文寫，外加英文寫的論文近作。夏志清憑他的真才實學，過五關斬六將，以八十八分奪魁。他沒有任何背景，榜示後有些人不服，紛傳文科的名額被「洋場惡少」竊據，沸沸揚揚。事情鬧到胡適那兒，儘管胡適對夏志清畢業於教會學校的背景不感興趣，但他還是主持公道，力排眾議，錄取了夏志清。當夏志清複請胡適為他寫推薦信時，胡適寫是寫了，但不大熱心。

> 聽說我是滬江大學畢業生，他臉就一沉，透露很大的失望
> ……好像全國最優秀的學生，都該進北大、清華、南開才是
> 正路。

（夏志清，〈我保存的兩件胡適手跡〉，臺灣《傳記文學》，1987年8月號）。這件往事夏志清一直耿耿於懷。但在他的著作中評價早期文學革命時，對胡適的貢獻仍作了剴切的評價，並沒有因個人的恩怨影響學術公論。夏志清也有凡人平常心的一面，幾十年後他的《中國現代小說史》出版引起轟動，也成為大學者、大名人時，他未能釋懷「推薦信」那個疙瘩，沒有把自己的書送給老校長，儘管乃兄夏濟安先生一再提醒，他仍聞風不動。夏志清在評論胡適業績建樹時是神，不是人；在面對胡適這個人時，他是人，不再是神，說他偏執、小氣或小孩子氣皆無不可。從另一角度審視，夏志清倒有一份可愛的常人心。

　　筆者與夏先生有十年的過從，但無面緣。我問見過夏的師友，他們幾乎一詞：他不像個學者，沒架子，像個老頑童。

　　說到頑童，想起余光中的〈音樂，饒了我的耳朵吧〉一文中對他的描述：某年夏志清訪臺，火車上嘈雜的樂聲不堪入耳，他懇求列車員小姐關掉喇叭，小姐不睬，夏志清當面「撲通」跪下，小姐駭然。當得知眼前下跪者是名聞中外的大學者時，小姐關了喇叭，列車長也來道歉……後來，有好事者當面問夏志清有其事否，沒想到他竟爽朗承認。

　　不過，他又風趣地補了一句，後來音樂噪音又響了，他不跪了，勸同行者輪流去跪……

　　夏志清很喜歡拍照。他有一個「拍立得」相機。朋友一到，他第一件事就是大喊：「拍照，拍照」，於是配燈光、擺姿勢，儼然像大

攝影師般地認真。他生性急，動作快，被拍者還沒定下心來，「嘶」的一聲，照片就從相機前吐出來了，影像一時還未顯出，他又迫不及待地連聲說：「不知道好不好，真糟糕，怎麼還不出現，真慢，真慢，不好就再拍。」老友琦君把他那時的形象描摹得入木三分。

一次瘂弦夫婦帶著女兒小米去看他，好客的他邀大家到飯館吃飯，夏志清一路上牽著小米的手，先是走得好快，「他忽然在街邊停下來，要小米教他唱〈梅花〉，小米一句句教他，他跟著唱。他又自由地加詞句『梅花、梅花、你真美麗，我愛梅花真美麗』……」在吃飯時還唱，唱得小米都不好意思了。飯後，牽著小米的手，一路上又唱著〈梅花〉回家。

一位崇仰他的後學登門拜訪，獻他一束塑膠花，聲明買不到玫瑰鮮花，樣子頗尷尬。夏志清馬上說：「我怕人給我送玫瑰，玫瑰很漂亮，但謝得太快了，太快了，看了反而難過。」多善解人意的老頭兒。

近年陳西瀅的女兒陳小瀅，為以她母親凌叔華為原型而寫的《k》不勝憤慨，《k》不僅侵犯了她母親的隱私權，且黃得不堪入目。她致信夏志清訴說煩惱。夏志清一面批評作者「這是不道德的」，「她把小說寫得如此黃色，又是不應該」。又勸慰小瀅「現在不像三、四十年代，大家都很開通，叔華同洋人有一段情，沒有什麼難為情的」。最後又說：「這件事還會有人寫的，所以你應該先下手為強，把二人這段故事寫下來」。他以史學家尊重歷史的態度，向當事人的女兒說這番話，聊見他的率真。

他是位幽默大師，他請宋淇（林以亮）為他的《雞窗集》作序時說：

我從不找人寫序，兄與弟相識最久，……我們身後，一定有很多人撰文紀念我們，但自己讀不到，很可惜。不如生前看老友為我們寫的序，分享這份樂趣。

夏志清自喻「俠骨柔腸」，不是虛言。

他曾做過荒唐事：在滬江大學畢業後，友人王君追求在聖約翰大學就讀的一女友，女友畢業論文未做，欲借他的論文。夏先想這是助人作弊，不足取；後又想，若能玉成友人追上這個女朋友，也是件快事，便真的把論文借給友人了。夏志清最近致筆者的信中快快地說：「這篇論文一直沒有奉還，自己至今看不到自己的學士論文，遺憾無窮。」

他在耶魯大學時的同學哈利，莫名其妙自殺身亡，他與同班的學友們組建哈利納德爾紀念基金，經年不斷捐給耶魯研究院。

他古道熱腸。筆者受友人之託，為出版事宜曾向他打聽林太乙女士的信址。我不知此事頗令他為難，他與林女士交淺，且四十年前他應邀寫一篇評《中國文學史》（林太乙夫婿黎明撰，他不知），因該書「錯誤百出」，他評得很凶，「非同林家有任何冤仇」，但客觀上傷了包括林語堂在內的林家三個人。最後他還是熱情的給我介紹了，並且給我出點子，「你客客氣氣寫封毛筆信必然生效」。他見國內寫張家四姐妹（元和、允和、兆和充和）的著作很受歡迎，熱情的向我推薦美國新出的英文版《合肥張家四姐妹》一書，還附上《紐約時報》剛出的評論，說該書作者是他二十年前的學生，如果我感興趣，需要這本書的話，他可代購寄來。

他很念舊。滬江大學的英文老師貝特（Juanita Byrd）女士，在第一節英文作文課上朗讀了他的作文〈南京玄武湖〉，並要全班同學討論，給他極大的信心和鼓勵，使他這個清貧出身的同學，敢與那些紈褲子弟比一高低。

他的亡兄夏濟安是他最難忘懷的人物。兄長如父，在他的鼓勵、支持、提攜下，夏志清才有今天。1946年夏志清從臺灣回來進北大教書，就是其兄介紹的。濟安把自己的同學宋淇介紹給他。夏志清1943年第一次見到錢鍾書就是由其兄帶著，在宋淇家裏相識的。宋淇夫婦與張愛玲有深交，夏志清最初研讀張愛玲的作品也是宋淇推薦的。夏志清在《雞窗集》跋語中深情地寫道：「我在『小說史』裏寫下張、錢二大章最早的靈感都來自宋淇兄。」他樂於成人之美，又不掠人之美。

夏志清，著名的美籍華裔學者，哥倫比亞大學教授。1921年生於蘇州一個比較清寒的人家，其父是銀行的小職員，青少年時代常隨父親的調動顛簸於蘇、寧、滬之間。疲憊而寂寞，「家裏連一口書櫥也沒有，更談不上四壁放滿線裝書、洋裝書的書房了，從小未聞過書香，也看不到當代新文學著作和雜誌。」最甜蜜的回憶是九歲那年，從父親那裏得到一套《三國演義》，一個暑假看完，此後又癡迷的重讀四遍，大概算是幾十年後研究中國小說的啟蒙。

他小學、中學和大學讀的都是教會學校，特別是在滬江大學時，半數老師是洋人，華人教師也都是留過洋的，授課都用英文（國文除外），因此，夏志清的英文功底比較紮實，獨佔鰲頭的是英文寫作。

他的兩部扛鼎之作《中國現代小説史》和《中國古典小説》都是用英文寫就的。

大學畢業後到臺灣教了十個月英文，後由兄夏濟安介紹到他所執教的北京大學教英文寫作，此間有幸結識世界學壇公認的名詩評家燕卜蓀，獲益良多；在耶魯讀書時從業於「新批評」派鼻祖勃羅克斯(Cleanth Brooks)。他致力於探索研究西方學界最先進和尖端的理論。因為他熟知西方的經典，又諳熟中國古典與理論，特別是歷經中國傳統文化的薰陶，目光敏鋭且獨到，故能「博觀而約取，厚積而薄發」。他1951年獲耶魯英文博士學位，據説遲至六十年代，華裔學生在耶魯拿到英文博士的只有四位。畢業後他在耶魯作研究兼教學，1962年到哥大東亞語文系當教授。夏志清當年在哥大上課時經常出「洋相」：

夏志清與夫人王洞

只見他手執著紙煙，口中念念有詞，在黑板前轉來轉去，忙

得不亦樂乎。說得興起，就勁吸一口煙，可惜忙中有錯，左右手拿著的東西有時易了位，發現寫在黑板上的原來是紙煙，而吸到口中的，卻是粉筆！（劉紹銘，〈夏志清傳奇〉）

「學者不患才之不贍，而患志之不立。」

儘管天時地利人和，夏志清不忘根本，努力奮鬥。一生青燈黃卷，刻苦讀書。他把一本近作名冠為《雞窗集》，典出於晚唐羅隱的詩句「雞窗夜靜開書卷」和宋范成大的「雞窗夜可誦」。他在回憶文章中寫道，常常半夜兩、三點鐘起床看書、寫作，六時入睡。他坐擁書城，寓所「不僅是四壁，是八壁，十二壁，或更多。」他的學問都是從這些書裏涓涓而出的。「春玩秋花，秋登其實」。

夏志清的生活並不輕鬆，教學研究、學術討論、接待訪客，還有一件抱憾終身的心事。他的愛女自珍，自幼身體健康很差。朋友説他「是世界上少有『二十四孝父親』」，且摘抄〈歲除的哀傷〉中一段：

自珍即要六歲了，比起兩年前並沒有多少進步。這幾天她日裏睡，晚上起來，吃飽後，就要我馱她，一次一次馱著下樓梯到底樓門廊空地去玩。她騎在我肩上，非常開心，只苦了我，多少該做的事，永遠推不動了。馱她時當然不能戴眼鏡，昨夜大除夕，美國人守歲，酒少不了喝。有人喝醉了，在靠近門前吐了一地，我看不清楚，滑了一跤，虧得小孩未受驚嚇。二人摔跤，我左掌最先著地，承受二人重量，疼痛

不堪。虧得骨頭未斷⋯⋯我用功讀書，數十年如一日，想不到五六年來，為了小孩，工作效率越來越差，撫摸著微腫的左掌，更增添了歲除的哀傷。

這段酸心的文字，真教人不忍卒讀。時為1978年，他已是花甲在即的老人了。他發感慨：「我常常自嘲道，除了學術文章外，我寫中文稿，不是序跋，就是悼文」。衰年，儘管事業有成，功名天下，但體弱多病，常在回憶中生活。每臨秋風，面對落葉，不無傷感地說：

年齡稍長的朋友，就像孔乙己碟裏的茴香豆一樣，「不多了，已經不多了。」每給小鬼抓去一個，我生命上就添了一塊無法彌補的空缺。

一種「手折衰楊悲老大，故人零落已無多」的悲緒難以拂去。

夏志清回首一生，有三件事令他常縈心懷：一是兄長夏濟安英年早逝，令他悲痛不已。他寫了不少追憶文字緬懷手足之情。二是患了自閉症的女兒儘管影響了他的工作，但他仍倍加憐愛。三是與夫人王洞恩愛有加，相濡以沫。在太太悉心照料下，他做了心臟手術後，十多年來控制得宜，健康良好。他說他最想要做的事，是整理與兄長夏濟安二十年的函札，並刊印問世，作為時代的紀錄。

堪可告慰的是，夏先生的愛好多，聽評書、迷京劇、嗜電影、好歌劇。他的新朋舊雨、桃李門生多，訪客盈門，不覺寂寞。近得先生一函，四張箋紙密密麻麻，字跡俊秀雅潔，筆力遒勁，有鐵劃銀鉤

之韻，想來他的身體近況相當不錯。他見我寫信用的是毛筆，大發感慨：「讀來深感到特別快慰，來美後我已五十多年未握毛筆寫字，也該抽出些時間來練字了。」拳拳的炎黃情結透露紙背。

　　讀罷此信，我給他寄去一函《北平箋譜》，內夾一短簡，希望他能用此箋譜給我寫一幅小楷。我久等無音，又不好意思詢問。今年春節後，他清理信函專櫃，才「發現」我寄的箋譜和信，忙寫信致歉並摹狀他工作的忙亂，常出演騎驢找驢的喜劇，並云將隨此信把寫就的字一併寄我。當我拆閱來信，把信封翻個底朝天，也不見他寫的字。年齡教他創造了喜劇，十九又是他忙中出錯，忘了夾寄或塞到致他人的信函中了。

　　多可愛的「夏判官」，卻怎麼也判不清自己的生活瑣屑。

　　仁者壽。

聶華苓印象

近年來，我陸續為與其過從的作家們各畫一幅肖像，即寫一篇介紹他們的為人為文或對其感受、印象之類的文字，做為一種友誼的紀念。我有一個習慣，初稿寫成後，必先寄呈傳主本人審讀，一示尊重，二可匡正，特別是涉及史實方面的，免得日後引起不必要的麻煩和不快。先後寫了不少，多由傳主審正後退還再發表。偶有某種原因，傳主不願我設計的思路，另商選角度，推倒重來。唯我所敬重的聶華苓先生（我對有建樹的女士向稱先生），對我寫她的文章頗有微詞。

聶華苓在審讀我寫她的文章後，認為錯誤較多，對拙文多處作了圈點，並加批註，鄭重地要求我「別擅自發表」。老實說，對她的判決在理性上我是通達的，當時我便寫信表態：接受她的批評並承諾不發表；但對個別嚴厲的措辭，在情感上總覺得難以接受，某些地方有點被誤解的委屈，弄得一段時間，心中快快。冷靜下來之後，又頗慶

幸。如草率發表，豈不既誤傷了傳主，又誤導了讀者。

儘管如此，一朵無果之花，一場不愉快的合作，但終沒有影響聶華苓留給我諸多良好的印象。

聶華苓的大名素仰，她豐富多彩的人生經歷和其丈夫詩人安格爾對世界文化交流所做的貢獻，令人肅然起敬。結識她始於1998年，當時我所任職的出版社計畫出版她的一本「自傳」。是年夏，她作金陵之旅，我們始有一面之雅。溫馨的晚宴上，我們做了隨意的交談，她那博識儒雅的氣質、慈藹謙約的風度給我留下了「大家風範」的美好記憶。那時，我正在編輯「雙葉叢書」，她與安格爾是絕好的人選。事後，我將這一想法寫信告訴她，她表示有興趣，「很高興」。但極坦誠地言明她的顧慮：上海文藝出版社剛出版了她與安格爾的合集《鹿園情事》，如文章重複入選，似有雷同之嫌；而且「上海文藝出版社的版權怎麼辦？」一事當前，先為他人作想。

聶華苓（張昌華攝）

聶華苓與安格爾

聶華苓、安格爾是國際文壇上一對雙子星座。他們伉儷共同創辦的「國際寫作計畫」（IWP）飲譽世界，受人仰慕。南京鳳凰臺飯店的總經理蔡玉洗先生，是位熱心文化事業的商界名士，他有意效仿IWP，在他經營的飯店創辦「鳳凰臺國際寫作中心」，為海內外作家服務。蔡先生與我有誼，囑我致函聶華苓，誠邀她當「中心」顧問和題寫「中心」的銘牌。聶華苓覆信說：

> 要我當顧問很榮幸！至於寫中心銘牌，我的字實在不能見人。就免了罷！

其實，她的字寫得相當漂亮瀟灑。不事張揚，淡泊名利。

次年春，聶華苓的「自傳」《最美麗的顏色》出版了（那是一部用自述性文字編起來的準自傳）。收到樣書後，她來信云：「題目很好，但一看就知道是一些文章湊起來的，只怕現在的讀者不一定有興趣。但對你們的好意我是非常感激的。」謙約又平和。

後來《人物》雜誌的朋友知道我與她較熟悉，建議我寫一篇較全面介紹聶華苓的文字，以餉讀者。其實，我與她相交甚淺，所知寥寥，便函請聶華苓寄一些相關的個人資料來。她覆信鳴謝，為不拂我的好意，用航空特快郵寄來一大包資料。有趣的是，在一本她研究資料專輯的書首貼著一張小紙條：「這本書可否看完後寄還給我？平郵即可。這是僅有的兩本之一。」一片溫馨，雅致可人。大概是為增加我對她生活現況的印象和感受，囑我可向中國中央電視臺李近朱先生索借錄影帶「鹿園一日」（一部記錄聶華苓生活的紀錄片，中央電視臺首

安格爾墓碑

播），並示我如何聯繫。準是她同時向李先生打了招呼，時隔不久我便收到了那盤錄影帶。聶華苓待人的熱誠和善解人意，由此略見一斑。

聶華苓曾慨歎自己的一生像活了三輩子，一輩子在大陸（24年），二輩子在臺灣（15年），三輩子在愛荷華（時已38年），她彷彿覺得自己三輩子生活在三個截然不同的世界裡。我埋首有關她的資料堆中，發現三個人對她一生影響最大：童年時代她的母親孫國瑛、中年時的《自由中國》雜誌主編雷震和後半生的夫君安格爾，便以此為經線，以大寫意式概述了她顛沛流離、歷盡滄桑和卓有建樹、多彩多姿的一生。洋洋八千字，冠名為〈聶華苓的情愛畫廊〉。我承認標題有取悅讀者之嫌，媚俗了，但總自以為寫該文我還是下功夫的。我試從不同角度寫了兩篇，文章的原稿是我用毛筆一筆一畫寫就的。限於水平，文章或失之於對原資料沒有吃透，在理解上有偏差，或疏於粗俗，望文生義做嘩眾取寵的描寫，

也有原資料有誤，以至以訛傳訛（如《鹿園情事》一書就把安格爾墓碑上的詩句「我不能移山，但我能發光」，寫成「但我能照亮」），上述種種造成文章「錯誤百出」。後來，我仔細研究了聶華苓的批註，發現她對文稿的前兩頁是認真修改的，幫我糾錯，本意想成全我，認可這篇小文章。大概後來發現失誤太多，改不勝改而大為不悅，拍案而起，詞嚴利鋒地批評我了。我在描述安格爾前妻瑪莉憂鬱症發病時的一段，沒有掌握好分寸，有誇飾之嫌，她不客氣地批道：「我不願如此貶他前妻！」她的善良令我感動。儘管我有某些小小的委屈之感，但我仍感激她對我的關愛。她否定了我的文章後，又提出她的希望，說還希望我有機會寫一篇對她的「印象」。希望「你用自己特有的風格寫出你的文章」。寫著寫著，她在那封信的結尾，態度緩和了許多：「文章若不發表，我當感激，否則，我會非常不安，不安！」接到這封信後，我沒有做任何辯白（也無白可辯），禮貌地覆她一信，並將借用的資料寄還，順手夾寄了本社新出的兩冊圖書。她收到後當日發來傳真：「總之，我對您只有感激，冒昧之處，請原諒！」今年元旦，給友人分寄賀卡時，我也給她寄了一份。我壓根不想她作回覆的。孰料，她仍寫信來鳴謝，其時還耿耿於懷：「仍請抱歉失禮」，還誇我「你真是氣度很大的」。記得這一時期她的三封來信和電傳，都一再向我表示歉意。她為一兩句言重的措辭，不斷地自責，這真反倒令我「不安」起來。她是我敬重的文壇前輩啊！

其實，我一點也不見怪，聶華苓先生的率真我早就耳聞，1952年胡適由美返臺，當時她任職的《自由中國》雜誌主編雷震，委派她到機場迎接、獻花。她不樂意為之，給雷震留紙條：

你要我向胡適獻花，這是一件美麗的差事，也是一個熱鬧的
場面。我既不美麗，也不愛熱鬧，請饒了我吧。

聶華苓有一個不趨媚俗的獨立人格。

　　聶華苓，享譽世界的美籍華人作家，她的長篇小說《桑青與桃
紅》曾以七種文字在全世界二十個國家和地區發行。最令人矚目的
是，她與丈夫安格爾共同創辦的愛荷華「國際寫作計畫」，在二十一
年內接待世界八百餘位作家。1976年，他們伉儷同被二十四個國家的
三百名作家聯名推薦為諾貝爾和平獎候選人。她的為人與為文，是受
到世人尊敬的原因所在，應該有像樣的大塊文章書寫她。

余光中婚戀曲

（一）紫金山麓 一見鍾情

關於婚姻與家庭，德國詩人歌德有句名言：「不論是國王還是農夫，誰在家裏找到安樂，誰就是最幸福的。」家，是以夫婦為主體的多人世界。幸福之家的鑰匙藏在哪兒？對此，余光中有精闢的論述：「家是講情的地方，不是講理的地方，夫妻相處是靠妥協。」、「婚姻是一種妥協藝術，是一對一的民主，一加一的自由。」耐人尋味。余光中就是憑藉這一治家理論，構建了一個世人稱羨的「模範家庭」。

余光中，是以一闋〈鄉愁〉聞名大陸的臺灣詩人。

「小時候／一枚小小的郵票／我在這頭／母親在那頭」這首表現遊子對慈母眷戀的小詩，倒真像一枚小小的郵票，從海峽那邊郵來人心的歸屬，郵來兩岸關係冰融的春訊，為大陸讀者廣為傳頌。余光中不僅是詩人和教授，也是學貫中西的著名學者。「右

余光中（張昌華攝）

手寫詩，左手寫文」，兼長評論與翻譯。著作極豐，迄今已結集出版的各式作品達五十部。

余氏祖籍福建永春，1928年生於南京，家居紫金山麓，玄武湖畔的龍倉巷。其出生日正是重陽佳節。重陽登高、插茱萸，本為避邪祛災；但那畢竟是菊花的日子、茱萸的日子、詩酒的日子。詩能浩然，自可避邪；詩超然，自可避難。余光中挺為此自豪，也不乏沉重的哀傷。當時族人為他命名「光中」，即「光耀中華」的意思。

余光中的母親是常州人，師範畢業。兒提時的余光中濃眉大眼，臉正而長，剃著小平頭，聰慧過人，是個討人喜歡的孩子。母親常帶他到常州外婆家去玩，舅家是個大家族，表兄弟姐妹有三、四十個之多。他與她們捉迷藏玩耍，斯文秀氣的表妹們給他留下美好的回憶。兩家長輩們開玩笑說，將來讓光中娶哪個表妹吧。長大後，余光中真的娶了表妹，不過是那一群表妹之外的另一位遠房表妹：范我存。

　　范我存的父親范肖岩早年留法，浙江大學教授，母親孫靜華在上海蠶絲公司工作。他們夫婦都很「前衛」，將女兒寄在南京的姨媽家，就讀貴族學校明德女中。范我存九歲那年父親患肺病過世了。余光中是在范我存的姨媽家與她初識的。少男十七，少女十四，情竇初開。范我存自幼熱愛文學，喜歡繪畫。她早就聽姨媽說，這位表哥人品好，學習好，也會繪畫。余光中直覺得這位表妹十分清純可人，小名叫范咪咪，溫馴得像小貓咪。兩人談文論畫，說個沒完，有種知音之感。范我存不禁要多看表兄幾眼，余光中也誠邀表妹到他們家去玩。因為是親戚，二家常走動，關係也日益親近。朦朦朧朧的愛情種子，朧朧朦朦地撒播在這對少男少女的心田。

　　相識不久，范我存便收到余光中寄來的一份同人刊物，這份雜誌上刊登了余光中翻譯拜倫的詩作。可笑的是，余光中當時不知這位表妹的大名，在信封上寫她的小名「范咪咪」。這一暱稱，一直延用到今。豆蔻年華的范我存羞色中被表哥的文采傾倒⋯⋯1948年，時局動盪不安，內戰硝煙日熾，范我存被母親召回上海。次年，余光中第二次逃難到滬，第一件大事便是找表妹，但遍覓不見。范我存剛剛隨親戚飛往臺灣了，兩人失之交臂。

（二）日月潭邊　千里續緣

　　1950年，余光中一家由港輾轉到臺。余范兩家似斷線的風箏又連繫上了。因戰亂，余光中斷斷續續讀過金陵大學、廈門大學，都未畢業，來臺後轉到臺灣大學外語系續讀，而范我存在臺讀北一女中，因

體檢發現肺病，不得不休學在家養病，瘦得像棵水仙。肺病在當時是令人談虎色變的不治之症，傳染性特強。余光中從不想這些，常去探視、安慰她。他在文章中深情地寫道：

> 一朵瘦瘦的水仙，婀娜飄逸，羞赧而閃爍，蒼白而瘦弱，抵抗著令人早熟的肺病，夢想著文學與愛情，無依無助，孤注一擲地向我走來。

范我存大病癒後，到中壢市一家幼稚園任教。臺北、中壢，兩地相望，有盈盈一水間，脈脈不得語之憾。但頻頻的你來我往，打破了時空的阻隔。遠離故土，乍到臺島，一切都在動盪中，這對「同是天涯淪落人」的青年男女，在相互真情的撫慰中，愛情的種子催萌了。

　　戀愛之初，雙方家長都不大欣賞這樁婚事。男家有點「煩」女方患過可怕的肺病家族史，女家也有點嫌男方太多的書呆子氣。范我存是吃了秤砣鐵了心，非余光中不嫁，自不必說，癡情的余光中，用小刀在自家門前的楓樹幹上刻下「Y‧L‧M」。那是「余愛咪」三個英文字母的首字，愛得真是入木三分。那時余光中的詩文，已頻頻在臺灣最有影響的報刊上發表，聲譽鵲起。1952年，大學行將畢業前夕，余光中的第一本書《舟子的悲歌》出版了，梁實秋作序，遍受好評。同時，他受到范我存在繪畫藝術上的啟發，是范我存第一個把荷蘭畫家梵谷及其作品介紹給他，俾使余光中對梵谷的生平產生莫大的興趣。1955年他利用課餘時間翻譯洋洋五十萬字的《梵谷傳》，每譯就一章，由范我存謄清，再送給報紙連載。絕妙的是，文稿正面是譯

文，背面卻是余光中寫給范我存的情
書。猶如一件工藝品，一個做坯，一個
加工，兩人合作得珠聯璧合。他們在一
起有說不完的話題，音樂、美術、文
學，更少不了結伴郊遊。共同的勞動、
共同的志趣，加深了他們的戀情。余光
中後來說，他追求范我存，不全因表妹
溫柔美麗，重要的是：「她瞭解我，對
文學藝術有敏感的品味，這是吸引我的
特質。」范我存是個外柔內剛的女子，
先是余光中的知己，後為纏綿的情人，
還是文學助手、詩文的第一位讀者。根
藤纏繞，越裹越緊，難分彼此。

　　雙方的父母也十分理智，不再干
涉。他們在相戀六年之後，終將愛的方
舟劃到彼岸。1956年，他們攜手步上
紅地毯。梁實秋等一批社會名流做嘉賓
赴宴，祝賀新人。

　　婚後的生活是甜蜜的，不過對范
我存來說確實挺煩人的。她不得不淡出
殿堂（文學、藝術），深入廚房。七年

余光中結婚照

余光中的四千金

291

之內，她成了珊珊、幼珊、佩珊、季珊四個女孩的母親。當年的瘦水仙，成了「一窩雌白鼠的媽媽」。

> 四個女嬰馬戲團一般相繼翻筋斗來投我家，然後是帶爬、帶跌、帶搖、帶晃，撲進我們張迎的懷裏——她們的童年是我們的「笑季」。

余光中享受天倫之樂，他說得瀟灑，而范我存則是另一番感受。在回憶當「袋鼠媽媽」時她說：經常是門鈴、電話鈴齊響，她手挾著孩子，一邊搶先接電話，要對方等一下，再直奔玄關去開大門；要不就是在廚房，把孩子放在推車裏，忙著做飯。家中八條小辮子在翻舞，哭的、笑的、鬧的，不亦樂乎。她成了八口之家的管家婆。上有父母高堂，她不能慢待。公公生性好客，余光中交遊又廣，主雅客勤，訪客的鞋子常在門玄關排長龍。婚後第三年婆婆去世，操持家務的重擔全落在她一人的肩上。她成了余家的內務部長、外交大臣、不管部部長。古訓「子不教，父之過」，余家非也。本身當教師的余光中，雙手一攤，竟把教育子女的重擔盡數下放給太太。

從小到大，四個女兒的學校他都沒認過門，老師叫什麼名字他更不知道。

一次，范我存打趣地問余光中：「哎，你怎麼不擔心孩子的功課？」余光中倒理直氣壯：「為什麼要人管哪，我以前念書還不靠自己念？念書本來就靠自己嘛。」這話倒真把范我存噎住了。昔日的范我存，而今地道地成了「范我無」了。范我存非聖人，心悶時難免有怨

氣：「他忙起來，可以幾天關在房中，對你不理不睬，好像天塌下來都要由我去擋。」而內心裏又「覺得他的創作很重要，我們以他為幸，為他犧牲也值得了。」范我存的親和力特別強，裏裏外外，上上下下的雜事她都處置得十分得體。正因為此，余光中才放心大膽讓她「全包」。

范我存在朋友面前，總不忘唱一曲「光中頌」，為余光中擺好。她說他不吸煙、不喝酒，沒有任何惡習；當年，在辦《文學雜誌》的一群朋友中，他是唯一一個不上牌桌的「頑固份子」。寫作時像個苦行僧，只要一杯紅茶就打發了。平時飯菜也不講究，「很好伺候」。家中有兩件事，余光中是當仁不讓的：一信函、書報整理歸檔，不容別人插手，他怕弄亂；二是外出旅遊開車，他讓妻小坐享清福。其他的，他就當甩手掌櫃了。余光中評論范我存時特別深情，他說：「她幫我摒出一片天地，讓我在後方從容寫作，我真的很感謝她。」2001年5月，他們夫婦來南京東南大學演講時，余光中送我一本他譯的厚達六百頁的《梵谷傳》時，范我存在側，得意地說：「全部稿子都是我抄的呢！」

其實，他們兩人的性格並不相同：余光中在氣味不投的陌生人面前不苟言笑，肅然又肅然，話不投機半句多；范我存則三言兩語就能和陌生人打成一片，她有一種天然的親和魅力。性格互補增益了家庭的和諧，難怪朋友們都誇他倆是最佳「牽手」。

夫唱婦隨，是中國式的傳統美德。夫不語，婦善為，范我存屬於這個境界的良妻。

余光中一生作詩八百首，其中情詩一百首。那春心蕩漾的情詩，綢繆的愛情，美若仙幻。不妨抄錄斷片以餉讀者：

像一首小令
從一則愛情的典故裏你走來

（〈等你，在雨中〉）

覆你的耳朵於我胸膛
聽我的心說，它倦了，倦了
它已經逾齡，為甄甄啊甄甄
它跳得太強烈，跳得太頻
愛情給他太重的負荷，愛情

（〈下次的約會〉）

在水中央，在水中央，我是負傷
的泳者，只為採一朵蓮
一朵蓮影，泅一整個夏天仍在池上

（〈迴旋曲〉）

這纏綿悱惻的詩句，難免引人遐思。一個夏秋短暫的戀情中，那位「蓮」的小情人是誰？不免有好事者妄加猜測。面對這些本就是糊塗帳的情詩，范我存表現出一種驚人的理智，她說：

有些情詩不一定寫實，何必認真研究？有很多事情最好別追根究底。

范我存透露，五十多年前余光中剛認識她的時候，曾拿過一篇自己寫的小說給她看，內容是一個中學生暗戀女同學純純的愛，一看就知道是他自己的經驗。

> 到現在我還都保存著，還開玩笑跟他說，哪一天說不定有出版社搶著出版呢！

范我存表現出對歷史的一種寬容、大度，更多的則是自信。

熟悉他倆的朋友都認為：「崇拜他的女性一定很多，但他是個極理性的人。而且他和咪咪的感情那麼好，從來沒聽說過他有什麼風流韻事。」、「我絕不相信他會搞婚外戀情。」老朋友瘂弦說這些詩「也許是把咪咪的另一重人格加以美化，也許是另有其人，總之是花非花，霧非霧，像鏡花水月……」

對於情感，對於美，余光中有一段頗富哲理的精彩的論述，對我們頗有啟迪：

> 人難免會動情，如果控制得宜，也是一種智慧。
> 人如果太絕情，老是理性地慧劍斬情絲，也未免太乏味了，像是不良的導體；但若太自作多情，每次發生愛情就鬧得天翻地覆，釀成悲劇，又太天真了。愛和美不一樣，愛發生了實際生活，美要靠恰好的距離。水中倒影總比岸上的實景令人著迷。

余光中自豪地説：

> 因為我的婚姻體質好，就算生幾場病也不礙事，如果婚姻體
> 質不佳，生一次病恐怕就垮了。

他對太太見怪不怪，大而化之的態度十分欣賞，認為那是一種美德。
如捕風捉影地去搜尋詩中的「微言大義」，顯然是愚蠢的自尋煩惱。
那樣余光中哪有詩情，哪有佳作，豈能「光中」？唯只閉鎖「家」中
了。「如果妻子對藝術家丈夫把一本帳算得太清楚，對藝術絕對是一
種障礙，什麼都寫不出來了。」余光中如是説。

　　余光中是一個保守的人，外出吃飯都在固定的餐廳，買東西也在
固定的商店，缺乏革命性，在感情問題上亦同樣如此「守舊」。

（三）西子灣畔 萬種風情

　　余光中自香港返臺後，一直執教於中山大學，家居西子灣畔。

　　他的一生，是在女性的嬌寵中生活的。早年是母親，後來是妻
子，爾後是四個女兒。他戲説他整日與五個女人為伍，他們家是「女
生宿舍」，而他是「舍監」。這些諧趣盡現在他洋洋灑灑的文字
中，其中〈四個假想敵〉清淡中蘊深情，寫到了極致，讀之無不捧
腹、噴飯。

　　內睦者家道昌，外睦者人事濟。余光中的四個女兒都受過高等教
育，都是握管能文的才女，如今各自翱翔在自己的天空。奇怪的是，

她們沒有一個繼承父親的衣缽，余光中對此頗有遺憾，認為「她們懶於動筆」；而女兒眾口一詞：「我們怎麼也寫不過爸爸了，所以乾脆不寫。」

他與女兒的關係，有點「雲淡風輕」，他那「面冷心熱」的個性教女兒們有點敬而遠之。稍長大一點的女兒們，都覺得父親有「脾氣」，不過「來得急，去得也快」。佩珊說：

> 小時候爸爸喜歡捏我的下巴，有一天發現爸爸很久沒有這個舉動了，才意識到父女疏遠了。

她是四個女兒中最頑皮的一個：有時候還敢去撩撥撩撥他，過生日時，敢把蛋糕奶油抹在老爸的臉上。但總的說來，「我們都很敬畏爸爸，幾乎把他神格化了」。女兒們留學在外，有點抱怨，打電話回來都是媽媽接，爸爸只偶爾在旁插一、二句。問問：「你們那裏天氣如何」、「校長如何」之類，「從來不問我們私事」。珊珊則比較理解：

> 他把所有的感情都放在文章裏，很少同我們拉家常。家人在一起，他也喜歡談文論藝。

女兒們長大了，余光中希望她們各自有個幸福的家，即使有不盡如意的地方，他也從不作梗。在女兒面前他從不說什麼，只把愛藏在心裏。但他還是希望從妻子那裏打聽到什麼。他認為女兒的私情只應向母親傾訴。

余光中是受中西文化薰陶的知識份子，既「現代」，又「傳統」。他很羨慕西洋人的父親摟著嬌女竊竊私語的溫馨，但他畢竟是讀四書五經長大的儒者，實在做不到。深水靜流，何必波紋呢？對兒孫輩的愛都寄情在詩文中，〈日不落家〉、〈咪咪的眼睛〉、〈抱孫〉等等都是。

余光中對女婿們，都很親切溫和。佩珊離異時，女婿還特地帶酒來黯然道別。他難過地說：「是我們沒有福氣，失去你這半子。」他對子女從不施加任何壓力，兒大由己，他尊重他們的意願和選擇。

余光中就是這麼一個人。他自稱自己是個資深的書呆子，讀書、寫書，與書為伍，唯書是親。

他的休閒活動淡泊單調，不上歌臺，不下舞池。一次朋友過生日，請他們夫婦去KTV唱歌，他們很不適應，如坐針氈。他對現代都市人的生活，除了困惑就是讀不懂。

余光中向來「不喜歡在媒體上晃來晃去」，他是一位唯美主義者，追求心靈一片淨土。

他說他生就一副「不列顛的臉」，西裝、領帶，洋氣十足，外表一本正經；但他的錦心繡口是有名的。他把諧趣作為社交場合一件漂亮的服飾。一次文藝獎頒獎會，余光中是召集人，講臺上的花籃太大、太高，他的「尺碼」又不可觀，臉讓花給遮住，場面很尷尬。工作人員把花籃移走，余光中從容一笑：

「人面不知何處去」，有唐詩為證，我就從崔護的名句開始吧。

聽眾大笑。他剛到中山大學執教時，稱女研究生們為「村姑」，畢業後這些女弟子們相約來為他祝壽，他對「村姑們」說：「不要以為畢業離校，老師就沒用了。寫介紹信啦，作證婚人啦，為寶寶取名字啦，『售後服務』還多著呢！」說得大家笑得前仰後翻。學生們都說，把聽他的課當作一種享受。他是詩文大家，一次酒宴上談文論道，他說「菜單是詩歌，帳單是散文」。自己卻戲言：

> 寫詩，是為了自娛；寫散文，為了娛人；寫批評，尤其是寫序，為了娛友；翻譯，是為了娛妻，因為翻譯的工作平穩，收入可靠。

又說：「這四樣東西的版權將來正好分給四個女兒。」由於他德高望重，出書索序者如過江之鯽，他一面發牢騷：「奇怪了，我又沒跟人借錢，怎麼一下子出這麼多債務，永遠都還不清呢？」一邊又說：「受序人像新郎，新書像新娘，寫序者就是證婚人。」於是又一本正經地「證婚」：他寫序，於人為略，而於文為詳，就文本探人本，亦藝術人格。在不勝其煩中，他說真想寫一篇〈序你的大頭〉，朋友聽了，撫掌大笑。青年時期，他亦參加文壇論戰，中年以後，他已無興趣，對請邀參與論戰的朋友笑了笑：「與其鞏固國防，不如擴充軍備，不如提高品質，增加生產。」在談自己的寫作時，他自負又自嘲地說：

> 我寫作是迫不得已，就像打噴嚏，卻平空噴出了彩霞；又像咳嗽，不得不咳，索性咳成了音樂。我寫作，是為了煉石補天。

晚年，他的作品仍頻頻獲獎，他見其他領獎者都是後生，在致詞時說：

> 一個人年輕時得獎，應該跟老頭子一同得，表示他已成名；
> 但年老時得獎，就應該跟小夥子一同得，表示他尚未落伍。

1996年，余光中應邀到四川大學講學，有幾位研究生拿出他的詩集請他簽名題辭。當有人指出某本書是山東某出版社盜印時，余光中幽默地說：「山東出聖人，又出響馬嘛。」把幽默當作荒謬的解藥。

待人以誠，熱情好客是余家的傳統。父親余超英以好客稱著，當年深更半夜常一幫朋友來家裡吃宵夜。余光中在香港中文大學執教十年裏，他的家成為臺灣文藝界旅港友人的俱樂部，人稱「臺灣會館」，而余宅則享有「沙田孟嘗府」之譽。

面冷心熱的余光中的愛才與雅量，在臺灣文壇被傳為佳話。余光中執教的班上有個女學生叫鍾鈴，才識過人。她對余光中剛發表的詩〈火浴〉大加評論，認為「未臻至善」，投寄給《純文學》雜誌沒有採用。鍾鈴索性直接將文章交給余光中，余閱後十分賞識，馬上將作品推薦給《現代文學》，還接受她的批評，改寫〈火浴〉，加了一段。詩後附跋，細說原委：

> 現在我接納了她的意見，從原有的四段擴充到目前這種格局，不知道她看後會不會多加我幾分？

（四）晚霞似火　百年好合

三十五年前有一對紅燭

曾經照耀年輕的洞房

──且用這麼古典的名字

追念廈門街那間斗室

迄今仍然並排地燒著

仍然相互眷顧地照著

照著我們的來路，去路

燭啊愈燒愈短

夜啊愈熬愈長

最後的一陣黑風吹過

那一根會先熄呢，曳著白煙？

剩下另一根流著熱淚

獨自去抵抗四周的夜寒

最好是一口氣同時吹熄

讓兩股輕煙綢繆成一股

……

──〈三生石·紅燭〉

言為心聲。

余光中寫了不少獻給范我存的情詩，早年的〈咪咪的眼睛〉、〈珍珠項鏈〉等都是。最為感人的，是1991年為紀念他們結婚三十五

周年而吟的組詩〈三生石〉。〈紅燭〉為四首之末，其情真語摯，催人淚下。與其說他是在試參夫妻間的生死之謎與輪迴之說，不如說是他與范我存「生死戀」的真實寫照。

1998年，香港政府舉辦「香港文學節」製作專輯光碟，因余光中曾在港工作十年，其中有一段以〈珍珠項鏈〉為題，製作小組專程到高雄拍攝余光中為范我存佩戴在港買的那串珍珠項鏈的鏡頭。他們的鶼鰈情深得到社會的公認。

年華昭逝。廉頗老矣！

1999年，余光中退休時，中山大學難捨，將他留在西子灣畔，另聘為光華講座教授，每周授兩門課，仍為校園中一道美麗的風景。學校曾把他當作鎮校之寶，請他在運動衫上、雨具上題詩，以贈來賓。余光中成了中山大學的一張王牌、一面旗幟。古詩「人到中年萬事休」，余光中畢竟是校園老翁了，絢爛的詩情與生活日趨於平淡。但他每天仍有接不完的電話和信函，特別是近二、三年他的兩岸文化交流頻繁，近兩年內他訪問大陸七次！大陸多家出版社出版余光中的詩集、散文以至八卷本的「文集」。對寫書他喜歡親自過目、校對，費時甚多，難以靜心寫作。他戲言：「我現在是余光中的秘書，而非作家余光中。」檢視來自海內外各種文化活動的邀請，只要客觀情況許可，他都不拂主家的美意。唯不同的是，以往外出多是單來獨往，現在他要帶上太太這根拐杖，出雙入對了。范我存早年為家所累，身不由己，現在女兒們離枝飛去，她可盡心照顧余光中的飲食起居，聊作彌補。余光中還喜歡與太太一同外出旅遊，足跡遍及世界。這時范我存便成余光中的專職攝影師，把先生的風采凝固在記憶的相冊中。有

不少攝影作品作為插圖，嵌鑲在余光中的詩文中，夫文婦圖，一唱一和。2002年他們夫婦來南京，我有幸陪他們登鼓樓大鐘亭品茗。茶的品種很多，小姐問他要什麼，他指著太太說：「她要什麼，我就要什麼。」上車時，總讓太太先上，提醒別撞著頭，呵護有加。我還發現一個有趣的細節，他們夫婦曾分別在我的小本子上都留有手跡，兩人筆跡驚人的相似，幾近同化為「一體」了。

范我存是位自強不息的女性，自幼鍾情文學、美術。為了家，她把自個的田園荒蕪了。晚年她利用一切機會，尋找失去的自我。在港十年，稍得閒暇，范我存迷上了對古玉的研究。為此，她研習歷史之類的相關文獻，成為鑒賞古玉的專家，竟然設帳收徒，被傳為美談。六年前，她入高雄美術館當義務導覽。美術館展覽主題繁多：繪畫、雕塑，器物，古代、近代，東方、西方等不勝枚舉。展前，她找資料、聽專家講解，大大地豐富充實了自己。除參加教授太太們的「健身班」外，每周還學編中國結，利用中國古代即有的編結手藝將瑪瑙、琥珀、玉器串編成佩飾，既鍛煉身體又可娛己。

遺憾也是一種美。筆者猜想，如果說范我存有什麼遺憾的話，那就是她沒能身為獨子的余光中生個兒子（曾有一個，早夭）薪傳香火。當然這對傳統又現代的余光中是無所謂的。無子萬事他也足！他有四個各賦秉異的女公子。長女珊珊是美國堪薩斯大學藝術碩士，主修西洋美術史，曾出版專著《現代藝術理論》，已是兩個孩子的母親，女婿從事電腦軟體設計。次女幼珊，英國曼徹斯特大學文學博士，現執教於高雄中山大學。三女佩珊是美國辛辛那堤大學市場學博士，在臺

港兩所大學執教。么女季珊留學法國，喜歡藝術設計，她曾為父親的譯作王爾德《理想的丈夫》設計過封面，十分愉快……

暮年，他們另一個重要的任務就是盡享天倫了。兒孫們回家，便是余宅盛大的節日；也不忘時時到海外去和兒孫們親一親；或偕兒孫們至故土大陸探訪父輩的足跡。

有朋友向他們夫婦討教夫妻關係的秘訣，范我存說：

> 結婚後的信賴，是最重要的。雖然他不會把甜言蜜語掛在嘴上，但他的行動表示對我和孩子的愛，所以我覺得很滿足。

余光中則說：

> 夫妻之道，主要是溝通。彼此經常對話，就會有瞭解。我們不但有共同的興趣、愛好，又有共同的朋友，共同的價值觀，婚姻怎麼會不牢固呢？

詩人的愛情，情愛如詩。

教我如何不想他

——趙元任與楊步偉

滄海桑田。

芸芸在歷史上名赫一時的人物，經歲月的淘洗漸漸地變淡發白。探尋究裏，或因其大名顯而不「赫」，或因顯赫的範圍褊狹，或因區域的阻隔，或因某些複雜的人文因素而日益消聲匿跡。然名似消，而跡未匿者不乏其人。「天上飄著些微雲，地上吹著些微風，啊，微風吹動了我的頭髮」，這舒緩、深情、優美的旋律，文革年代做為靡靡之音的靶子，革過它，當今又常做背景音樂伴現在反映三、四十年代的影視作品中。其「跡」斑斑，昭然於目。感慨之餘，油然想起該曲作者趙元任先生及其夫人楊步偉女士。

趙元任（1892-1982），江蘇常州人。他是數學家、物理學家、哲學家、語言學家和音樂家。十七歲時由南京江南高等學校預科考入清華學校留美研究生班，在錄取的七十二名官費生中，他總分名列第二（胡適名列第五十五），先在康奈爾大學讀數學、物理，

後入哈佛攻讀哲學，繼而又研究語言學。當時美國語言界流行一句俚語：「趙先生永遠不會錯！」是的，趙先生何曾錯過，非但在他耕耘的科學領域裏，即使在對太太的選擇上也表現出他的智慧與天才。他毅然辭退了包辦婚姻，在眾多的追求者中慧眼識金，一眼認定了大他三歲的楊步偉。楊步偉（1889-1981），安徽池州人，生於南京，1913年留學日本，回國後創辦醫院，曾參加革命，抗拒包辦婚姻。結識趙元任後，毅然放棄一切，相夫教子，做個出色的賢內助。

趙元任是一個地道的文人。「天性純厚，道德風采、有修養，對人和藹可親，從不與人爭長短。語言風趣。」是謙謙然君子。楊步偉言行卻具男性的雄風，「天性豪爽而果斷，思想靈敏，心直口快，無話不說。」其慷慨正直、熱心助人是有口皆碑。這對性格反差如此之大的夫婦，同心永愛，竟白頭偕老，被世人傳為美談。胡適是他們的

趙元任與楊步偉

證婚人，在他們銀婚紀念時有詩贈之：「蜜蜜甜甜二十年，人人都説好姻緣，新娘欠我香香禮，記得還時要利錢。」到金婚紀念時，楊步偉步胡詩之韻，也作一首以表心跡：「吵吵爭爭五十年，人人反説好姻緣，元任欠我今生業，顛倒陰陽再團圓」趙元任對太太的詩的韻腳指疵一番後，作了首答詞：「陰陽顛倒又團圓，猶似當年蜜蜜甜，男女平權新世紀，同偕造福為人間。」境界高遠。

這對「爭爭吵吵」共度了六十五個春秋的賢伉儷，有著許多鮮為人知的故事。

（一）為他人牽線，卻把自己纏了進去

楊步偉是個敢為天下人先的角色。

1919年她從日本學醫歸來，在北京西絨線胡同創辦了「森仁醫院」，成為舊中國第一位醫院女院長。醫院名字裡就有學問：她姓楊，另有兩位留日學醫的同學名叫李貫中和林貫虹。三人的姓字都從「木」部，三木成「森」，創辦醫院時，林貫虹已病故，只有李貫中參與，兩人，所以稱「仁」。更深一層的意義，是體現楊步偉辦醫院的宗旨：救死扶傷，樹立醫道仁義，像森林一樣廣闊。醫院規模不大，信譽好，生意也不錯。楊步偉的主要任務是接生。

在一次宴請友朋的餐席上，楊步偉與李貫中共同結識了趙元任。趙那時剛從美國留學歸來，在清華執教。席間趙元任顯得比較活躍，語言幽默，還演唱了Annie laurie的歌曲。他隨身帶著照相機為大夥拍照。李貫中在餵小鳥，趙元任特地為她照了一張。萍水相逢，席終

人不散。趙元任在清華任課不多，日後幾乎三天兩頭跑十里路到醫院裏來玩，連著來了一個禮拜。一日忽然對楊、李兩位說，以後他不能常來了，不要怪他。楊步偉覺得好笑，你不來就不來罷，又無人請你來，幹嚜要怪你？她本以為他真的不來了，沒料到第二天他又衝了來，一腳還踢翻了院內一盆黃菊花，花盆也給砸了。（為此，趙元任每年要賠楊步偉一盆菊花。）楊步偉見了好笑。趙元任尷尬自語：「說不來了，又來了。」趙元任一來，李貫中顯得特別興奮。她總愛找個理由脫開醫務上的事，陪趙聊天。楊步偉漸漸地注意到這一點，當趙元任一到，楊步偉與他打個招呼，寒暄兩句，就找個藉口迴避。她一心想成全他們，而趙元任總愛和她倆一塊聊天。一日，趙元任對她倆說，羅素來華講學，請他當翻譯，他要到南方去接羅素。恰巧，李貫中也說要到南京去辦事。楊步偉建議李貫中與趙元任結伴同行，趙元任沒有那個意思，獨自走了。趙元任離京後，常打電話來問安，與李貫中、楊步偉兩個人都要講一番話，連寫信來，寄張風景小照都寫兩個人的名字，各有一份。李貫中對此很不滿，常在楊步偉面前抱怨這位趙先生太小器，捨不得多花一張郵票錢。趙元任回京後，李貫中要到南京辦事，趙元任與楊步偉一同到車站為她送行，李貫中上車之際，趙元任還為她拍了張小照。由車站回來的時候，趙元任突然向楊步偉提議讓各自的車伕回去，他倆步行回醫院。楊步偉只覺得趙先生洋氣，也無所謂，同意了。回到醫院，已屆午飯的時間趙元任卻沒有走的意思，楊步偉出於禮貌，只好請他吃飯。晚上羅素有場演講，趙元任請楊步偉去聽聽。聽完羅素演講，趙元任又主動送楊步偉回醫院，喝茶聊天。趙元任一坐下，似乎不想走，楊步偉又不好攆。楊步

偉是個手腳不能閒的人，一邊踩縫紉機、幹這忙那，一邊與他說話。一聊聊到十二點，趙元任不好意思再坐，臨走時對楊步偉說了一句：「聽君一席話，勝讀十年書。」楊步偉竊笑：這傢伙真會捧人。她以為李貫中不在場，他是應酬她一下而已，誰知翌日，趙元任又找了個藉口，到醫院轉一圈。第三天還是不請自到，並羞答答地問她，自己要不要辭掉清華的教職，搬進城與羅素同住，免得來回兩頭跑。楊步偉很詫異，這幹嘛要問我呢？趙元任終於搬進城與羅素同住，自己的房間一裝上電話，第一個就打給楊步偉，一日數次。有時趙元任把話筒放在鋼琴邊，請楊步偉透過電話聽他的演奏。一天兩人飯後聊天，趙元任忘了給羅素當翻譯的事，要遲到了，他拉著楊步偉匆匆趕入會堂。會堂裏席無虛坐，羅素乾待在講臺上發愣，見趙元任與一位年輕女性姍姍來遲，低聲對趙元任說楊步偉「Bad man, bad man」（壞人，壞人），楊步偉不好意思，聽了一會便溜場了。

　　李貫中要回北京了，趙元任與楊步偉一塊去接站，孰料失之交臂，沒有接到。李貫中先回到醫院，趙元任、楊步偉隨後才到。李貫中發現不對勁，向楊步偉大發雷霆，指責她搶了她的人。這時趙元任不得不以友好的口氣給李貫中寫了封長信，解釋他最初的本意和選擇。李貫中為此鬧病，住進療養院。楊步偉陷入尷尬的境地。這時，趙元任鼓足勇氣約楊步偉在中山公園見一面。在公園「公理戰勝」牌樓下楊步偉建議：「你以後不要再來看我們吧。」說完便走開，走不到十步，趙元任深情地喊了一聲：「韻卿」（第一次如此稱呼），楊步偉一愣，站住了。趙元任追問：「咱們就這麼樣算了嗎？」楊步偉從未向他承諾過什麼，感到很意外。要是平時，楊步偉準會反問：「怎

麼叫咱們？」可是今天楊步偉沒有任何表示。趙元任進一步堅決地說：「韻卿，我不能！」楊步偉默默無語，與趙元任並行，走過「今來雨軒」，穿過松林，走過「格言亭」、「社稷壇」……楊步偉這才大悟，她這位「第三者」本為他人牽線，卻把自己纏了進去，一進去便再也出不來了。就這樣，速戰速決，「他們」變成了「咱們」。趙元任此次回國是想辦理他的退婚手續，再回美國的。他沒料到，居然紅袖添香，找到了心上人。

楊步偉日後在她的自傳中自豪地寫道：「所以這樣子趙元任找到了他的本行，找到了他的本國」——「因為他找到了我！」

（二）「我就是我」的楊步偉

楊步偉向世人說：「我就是我，不是別人。我是五呎一，不是五呎四。」是的，她比別人矮「三吋」，但她的作為比別人更勝一籌；儘管她說過：「我是一個普普通通的中國女人」，她委實是一位與眾不同的女性。

楊步偉原名叫蘭仙，小名叫傳弟，學名叫韻卿；諢名大腳片、天燈桿子、攪人精、萬人嫌和敗家子。她出生在一個擁有百口人吃飯，一百二十八間房屋的大家族中。其祖父是中國佛教協會創始人楊仁山。她一出生便有四個父母。生父是長子，九個子女，楊步偉是老九。養父是二房，無子。楊步偉一生下來便過繼給二房，且她出生前已有丈夫；父母作主與姑家孩子結親，指腹為婚。一周歲時，家裏讓她「抓周」。生日那天，桌上放著書、算盤、粉盒……，據中國傳

統說法，說小孩此時第一次抓著的某件東西，就意味著這孩子將來的興趣或事業。楊步偉抓的是一管尺。楊步偉的解釋是，這意味著她將來做人要正直，或預言會「量這個、量那個，量體溫、量脈搏什麼的」。

在上家塾啟蒙時，她就「量」過孔夫子。啟蒙老師說，孔子曰：「割不正不食。」她在飯桌上批評孔夫子浪費東西，「他只吃方塊肉，那誰吃他剩下的零零碎碎的邊邊呢？」結果遭父母一頓臭罵，對聖人不恭。她「量」過先生，捉弄過先生，背著先生唱：

> 趙錢孫李，先生沒米。周吳鄭王，先生沒床。馮陳褚衛，先生沒被。蔣沈韓楊，先生沒娘。

被長輩斥為沒有規矩的「萬人嫌」；家裏人喊她「傳弟」，是想她能給二房帶個弟弟，喊她「大腳片」，那是她大腳；稱她「天燈桿子」，是她小時瘦而高；罵她「攪人精」，那是因為她太淘氣。別人想幹不敢幹的事，一攛掇她，她幹。那時她大伯（生父）負責南京獅子山、幕府山炮臺工程，請外國人施工，黎元洪是翻譯和書記，吃住都在楊家。下雪天，楊步偉捏個小雪人放在黎元洪的被子裏。黎元洪和她鬧著玩，拿尺子在她手心打五下，說她放的雪人弄濕了他的被子。打過後，楊步偉搶過尺，在黎元洪的屁股上還了五下，說是你的屁股不好，尿濕了床。她任性，野氣得很。她與家族的兄弟們膽大到至秦淮河遊「花船」叫局的程度。

在南京旅寧學堂上學時，祖父給她起了學名「韻卿」。入學考試作文題為〈女子讀書之益〉，她竟「膽大妄為」寫道：「女子者，國民之母也。」她已懂得女男平權，婚姻自由。十六歲時家裏正式下了定婚禮，要她嫁給二表弟。她不幹，堅決要退婚。自作主張寫了一封退婚信：「日後難得翁姑之意，反貽父母之羞。既有懊悔於將來，不如挽回於現在。」要死要活，家裏被鬧得雞犬不寧。養父迫於無奈，同意了，但要她聲明終身不嫁。生父氣得半死，要將她捉回來嫁了，「不嫁就處死」。最後還是祖父出面，放她一馬才收場。她終於勝利了。她感到：「有生以來到現在第一次，我才是我自己的人」。

至於「步偉」這個名字，是她的同學、好友林貫虹為她起的。少年時林貫虹看出她的不凡，對她說：「你這個人將來一定偉大的，叫步偉吧。」她不肯接受。後來，林貫虹死於傳染病，為紀念貫虹，她正式將韻卿易名為「步偉」。

1919年，社會掀起革命熱潮。楊步偉已加入了革命。時安徽督軍兼第一、四兩軍軍長的柏文蔚，要為五百人的女子北伐隊辦座崇實學校，請二十歲的楊步偉擔綱當校長。她毅然出任，領導學員學紡織、打絨繩、刺繡，轟轟烈烈，還坐鎮指揮，平息了一場未遂叛亂。後來又開辦森仁醫院。

1921年楊步偉與趙元任結婚，她捨棄一切，「完璧歸趙」，相夫教子，兢兢業業地做個好太太。說到他們的結婚，那也是她蓄意向世俗的一場挑戰。憑他倆的家庭關係、社會地位和經濟實力，婚禮應辦得極排場和體面。他們想打破家庭本位的婚姻制度，兩人別出心裁，先到中央公園當年定情的格言亭照張相，再向有關親友發了一份通知

書,聲明概不收禮。下午一個電話把胡適和朱徵請到家中,然後楊步偉親自掌勺,做了四碟四碗家常菜,掏出一張自己寫的結婚證書,請他們倆做證人、簽字。為了合法化,貼了四角錢印花稅。如此簡單,如此浪漫。

第二天報紙上以〈新人物的新式結婚〉為大標題,宣揚了一番。連羅素都認為這個婚禮「夠簡單了,不能再簡單了」。

趙元任自製結婚證書(胡適證婚)

親友收到通知書時,他們的婚已結過了。有送禮來的,一律都婉拒,連趙元任的姑母家送來的花籃都退了回去。(以致造成對方的不理解,斷絕往來多年。)證明他們辦事的認真、決絕,體現了楊步偉的「我就是我」的鮮明個性。

婚後,楊步偉便秤不離砣地隨丈夫漂洋過海。劍橋、清華、耶魯、哈佛跑個沒完。她是位閒著就難受的人,終生熱心於公益事業。在清華的四年期間,為改善教授們的伙食,由她出資與其他兩位教授的太太合夥成立了「三太公

司」，辦了「小橋食社」（為此有人嘲諷趙元任，說他太太辦館子，趙元任向楊步偉大發火，楊照辦不誤），有人送了副對聯：「小橋流水三間屋，食社春風滿座人。」未幾，大折其本，楊步偉獨家投資的墊底的四百元全砸了。她作了副對子自嘲：「生意茂盛，本錢幹盡。」退出了食社，她又忙著推廣節制生育，到婦女會、教職員會、母親會、女青年會演講，樂此不疲，還試辦了個「生產限制診所」。「三一八」學潮，診所成了進步學生的避難所，以致遭到政府「窩匪罪」的指控，在胡適的建議下，關門大吉。後來清華為子女教育問題辦成志小學，請她當董事長。那時清華離城區遠，交通不方便，楊步偉竟熱乎一陣，要辦汽車公司……她一刻也沒閒過，誠如自己所説：

> 我脾氣躁，我跟人反就反，跟人硬就硬，你要跟我橫，我比你更橫；你講理，我就比你更講理。我最愛替受欺負的人打抱不平，總愛多管閒事。

——她的同學林貫虹病死了，為將其送回老家福建安葬，她背著父母，把自己一對八兩重的金鐲子和四個戒指賣了幫助死者親屬，因而又得個「敗家子」的諢號。

楊步偉在花甲之年，花了三、四個月的時間寫了部「自傳」。胡適看了，讚歎不已：「韻卿，你還真有一手呢。」在談及與元任在家中誰説了算時，她很謙虛，「我在小家庭裏有權，可是大事情還是讓我丈夫決定，不過大事情很少就是了。」後面一句是幽默的點睛之筆。

（三）「他是一位最可愛的人」

趙元任出身於書香世家。母親擅崑曲，父親長奏笛，婦唱夫隨，他自幼便受到良好的音樂薰陶。他的家庭富有，儘管他父母在他十三歲時雙雙去世，趙元任結婚時，家裏人為他準備的結婚用品有珠寶首飾一盒子，還有十六口大紅描金的福建皮箱，光皮貨就有二十六件。童年的趙元任聰明、頑皮，以致磕掉兩顆門牙。他的求知欲極強，凡事又好打破沙鍋問到底。愛做物理實驗，自製望遠鏡觀察彗星等天文現象；曾將煤油裝在廢棄的玩具盒內加熱，放一種帶燃燒蠟燭的風箏，差點引起火災。他酷愛體育運動，從初中始堅持記日記。參加青年勵志社時，為以實際行動反美，到處勸說別人拒用煤油燈，改用蠟燭照明。在南京求學期間，一度染上一些惡習：抽煙、嗜酒、手淫。一旦他意識到這些危害時，以堅強的毅力強制自己根除了。他常以父親為自己起的名字寄予厚望而告誡自己：元任，任重道遠。

他博學多才。被尊為「漢語言學之父」。1945年他當選為美國語言學會主席。他與梁任公、王國維、陳寅恪並稱為「清華四大導師」，他是清華「數人會」會員之一。「數人會」，用切韻序的第一句話，就是「吾輩數人定則定矣」之意，這「數人」有錢玄同、黎錦熙、劉半農和林語堂等，研究考訂國語的羅馬拼音方式。趙元任對方言的研究非他人所及，他會三十三種方言。他的治學嚴謹和刻苦，令人歎為觀止。他研究方言，都是親自到民間調查，找人朗讀，作筆錄，記錄的卡片就有幾千張。到民間調查的生活苦不堪言，全是步行，不能按時吃飯，有時晚上找不到旅館，就向農家借住。跟隨他十

多年的助手楊逢時回憶說，每天跑下來累得要命，他一到旅館倒頭便睡著了，一覺醒來還見趙元任伏案在整理調查筆記。1927年，他們乘京滬杭的小火輪到宜興、溧陽去調查方言，後由無錫坐車到蘇州，太累了，在車廂的長板凳上睡著了，一覺醒來，車子開跑了，獨獨丟下他們乘的那一節，他也不知道。在出版《現代吳語研究》時，語音符號用國際音標，印刷廠沒有字模，他們就自己用手寫，畫成表格影印，每天工作十小時以上。趙元任出版的語言著作極豐，有《音韻學》、《注音符號總表》和《語言問題》等。他在音樂上亦有天賦，〈嗚呼三月一十八〉、〈我們不買日本貨〉和〈教我如何不想他〉等廣為流傳，這些作品也反映他現實主義的創作傾向。他有相當一部分的家庭音樂作品，常為女兒寫歌，教她們唱。連上郵局寄掛號信排隊的當兒，也不放過，讓女兒坐在長凳上學唱。他很會利用時間，把許多歌曲寫在小五線譜本子上，隨身攜帶，一有靈感就寫。他的大女兒趙如蘭回憶說：「他的許多音樂作品，都是在剃鬍子的時候創作的。」

　　趙元任的世界觀是入世的。他無意於做官（他與楊步偉結婚只求她一件事：別逼他這輩子做官），但投身於社會，直至逝世他一直與所有加入過的學術團體保持著聯繫。他為人的口碑極好，待人謙和、真誠。因忙於教學、研究，平時與一般朋友音訊往來自然有所節制。他不時地以「綠函」來彌補（信箋的封底、封面都是綠色的），這些綠函是印刷品，有時長達兩萬字，有一次他向全球的友人一下發了二百三十七封。一位他當年的「小學弟」胡光麃，收到信後發現趙學長把他的名中麃字少寫了四點成了「鹿」，毫不客氣地批評他一番，

足見他為人之平和。七十歲時趙元任退休了。退而不休。各學校請他演講，出版社請他寫書，工作量比退休前大三倍。

有不少人說趙元任怕太太。與其說怕，不如說愛。怕有多深，愛就有多深。趙元任不介意於此。楊步偉自詡：「跟誰辯論起來，要是兩人理由不相上下的時候，那總是我贏。」趙元任自不必與太太爭高低。他也不否認有點兒懼內，往往以幽默的語言來回答世俗。楊步偉的「自傳」要用英文出版，請趙元任翻譯並寫前言，趙寫的第一句話便說：「我們家結論既然總歸我太太，那麼序論就歸我了。」楊步偉說她先寫「自傳」，把好玩的事都寫了。趙元任就說：「那我就寫那些不好玩的吧。」看得出趙元任是以一種自豪、幸福的心情，欣然把「家的結論」拱手讓給太太的。跟隨他們生活多年的侄兒楊逢時說：「有時他們也有少一點爭論，因為姑母嗓子大，性情也急些，姑父也就順從不爭了。」、「他們這輩子恩恩愛愛過了六十多年。」有趣的是，二十年代旅歐的同學掀起一股離婚熱潮，有位朋友故意開玩笑：「有人看見趙元任和他母親在街上走」時，趙元任一笑了之，大有「女大三，抱金磚」之樂呢。「元任欠我今生業」，此言中肯。趙元任的勳功章，理所當然的有楊步偉一半。楊步偉男士雄風發揮到頂點，誰能說這不是趙元任對她愛到極致的體現呢？

1973年他們伉儷作了一次闊別故土後的大陸遊。周恩來、郭沫若、竺可楨等接見了他們。八十年代初趙元任又回國一次，北大聘他為名譽教授。在招待宴席上他的學生王力（王了一），還請先生唱了一曲〈教我如何不想他〉，並解釋了那個「他」之謎。

1981年，楊步偉先他而去，趙元任悲痛萬分。他在致友人信中悲愴地寫道：

> 韻卿去世，現在暫居小女如蘭劍橋處，一時精神很亂，不敢即時回柏克萊，也不能說回「家」了。

次年，趙元任追楊步偉後塵到天國。子女遵其遺囑，對兩位老人均未舉行葬禮，把骨灰撒入大海，將他們的房產、書籍以及產業全部捐給了加州大學。難怪胡適先前在評價趙元任時便說：「他是一位最可愛的人。」

趙元任與女兒趙如蘭

神仙伴侶

——袁家騮與吳健雄

吳健雄（1912-1997）是世界公認最傑出的女性物理學家，被譽為「核子物理女皇」和中國的居里夫人。

1990年5月7日，中科院南京紫金山天文臺莊重宣佈：將新近在宇宙太陽系裏發現的、編號為第2752號的小行星，命名為「吳健雄星」。此舉旨在表彰吳健雄在高科技領域對人類所作出的貢獻，意味著她與張衡、祖沖之、牛頓、愛因斯坦一樣永恆。吳健雄在人間消失了，但她的輝煌業績一如「吳健雄星」燦爛於環宇，垂範於人世。

（一）椿庭恩澤

吳健雄出生在江南小鎮：江蘇太倉瀏河鎮，這個魚米之鄉地處長江出海口的要衝，歷史上的交通十分便利，是市集百貨轉貿中心，自元之後，有六國碼頭之稱。明永樂年間鄭和下西洋的開錨地即在此。乃父吳仲裔

先生是位思想開明、有遠見卓識的達觀人士。他早年就讀於著名的上海南洋公學（交大前身），因不滿校方禁止新思想的傳播，參與鬧學潮的行列。學潮之後，毅然退學，轉入以倡導「學術自由、相容並蓄」的愛國學社（蔡元培主辦）。嗣後又入同盟會，並參加上海商團，學習軍事技能。1923年袁世凱就座臨時大總統，獨攬大權，黨同伐異，導致「二次革命」，年輕的吳仲裔積極參加反袁鬥爭，加盟進攻上海製造局的戰鬥、奪取軍火庫。二次革命敗北，他掃興回歸故里。吳健雄此時出生，小名薇薇。她係健字輩，行二。族人依「英、雄、豪、傑」命名，故得名健雄。雖為女兒身，吳仲裔倒希望她不讓鬚眉，胸懷男兒志，積健為雄。

　　吳仲裔先生不僅思想開明，且敏而好學，多才多藝。唱歌、吟詩、拉風琴、狩獵，還迷上無線電。他自己動手裝了部礦石收音機，讓小薇薇聽到那「來自天上的聲音」，給她買「百科小叢書」，向她講述科學趣聞。這一切，在小薇薇的心田播下了科學的種子。吳仲裔深明大義，洞識教育之重要，特別關注女性教育。當時瀏陽鎮上有座火神廟，匪患肆虐，香火已燼，廟院為商團所占。吳仲裔苦口婆心的說服眾鄉紳，拆廟建校，明德女子職業補習學校始立，校名取意為「大學之道，在明明德」。吳仲裔自任校長，將其妻樊復華也拉做教員，廣納四鄉平民子女讀書，除開設弘揚中華文化的《論語》、《古文觀止》外，還增立數學、注音符號等新興學科，研習縫紉、刺繡和園藝等。吳健雄七歲時便進校受啟蒙教育。吳仲裔在課餘常帶女兒到鎮上的天妃廟去玩，尋覓鄭和航海事蹟碑，向女兒講述三寶太監鄭和

率船隊下西洋的故事。「春雨潤物細無聲」，在不經意中滋潤、激發著吳健雄對科學的興趣、探索精神和愛國主義情懷。

成名後的吳健雄，回憶她的人生歷程，言及其父對她一生的影響時十分激動。她說：

> 如果沒有父親的鼓勵，現在我可能在中國某地的小學教書。
> 父親教我做人要做「大我」，而非「小我」。

椿庭恩澤，鑄就了吳健雄的輝煌。

由於歷史的原因，時空橫隔，吳健雄對父親感戴卻不能盡其孝道。抗戰時期，她孤身海外，每念祖國和家人的命運，「使人心碎」。1943年，吳健雄的母親、外祖母在淪陷區上海，父親、叔叔在修築滇緬公路。聞父有疾，她寄了一包裹醫藥用品到重慶，兵火歲月，郵路不通遭退回。父親在生前，她不能侍奉膝下，唯在他駕鶴遠行之後，以父名設獎學金，彌補終身之憾。

1984年10月，她第一次回到闊別四十多年的故鄉，參加母校明德學校恢復校名暨明德樓落成典禮，獨資捐建明德學校紫薇樓。她平時以儉樸稱著，為設「吳仲裔獎學金」她慷慨解囊，捐出近一百萬美元鉅款，以這種獨特的方式表達她的寸草心，造福桑梓。四年後，又專程回故鄉，參加紀念父親吳仲裔誕辰一百周年紀念活動，並親自向太倉縣五十九名優秀師生頒發首屆「吳仲裔獎學金」。

（二）師恩三疊

得天下英才而教育之，這是所有為師者的天職。

吳健雄由一個普通農村的女孩子，成長為「一顆從『微觀系統』出現的大星」，是中外眾多師長培育之果。人們愛稱吳健雄是中國的居里夫人，儘管她是1936年赴美，而居里夫人1934年時已作古，失之交臂；但吳健雄在中央大學作畢業論文的指導老師施士元先生是居里夫人的學生，由此而言，倒真有一種嫡親的師承關係。吳健雄到美後，能以一個外籍女科學家的身份參與製造原子彈的「曼哈頓計畫」，一緣其時她本身已嶄露頭角，更得力於她的老師、諾貝爾獎得主美國「原子彈之父」、這項計畫的主持人奧本海默對她的賞識和厚愛；吳健雄在柏克萊的導師、1959年的諾貝爾獎得主塞格瑞，對她更是恩愛有加。他們共同發現了對鈾原子核分裂連鎖反應有關鍵影響的惰性氣體「氙」。吳健雄就有關研究成果寫了篇論文，準備以前列塞格瑞的名字發表，塞格瑞發現後刪去了自己的名字。後來這篇論文以吳獨自署名的方式，在美國最有權威的《物理評論》上刊出，奠定了她在物理界的地位，俾使她順利地獲得了博士學位。此舉成為科壇佳話。塞格瑞早年遊學歐洲，與居里夫人有所過從。他對她倆均有所瞭解。他在評論吳健雄時寫道：

> 她的意志力和對工作的投身，使人聯想到居里夫人，但她更加入世、優雅和智慧。

1944年的諾貝爾獎得主、哥倫比亞大學教授拉比，儘管他以歧視女性的偏見，不啟口給吳健雄以教席，但對吳健雄的關懷、幫助和影響，仍令吳健雄感激涕零。

而吳健雄自己認為，一生中影響她最大的兩個人，一個是父親，另一個則是她親炙其教誨的胡適先生。

吳健雄第一次認識胡適是她在蘇州女師讀書時。胡適與杜威一道應邀到蘇州女師講學，胡適的講題是〈摩登婦女〉，令吳健雄眼界大開。她像著了迷似的，次日又追隨到東吳大學再次聆聽。胡適演講的風度，對社會改造、對新時代婦女的見解，使少年吳健雄「思緒潮湃，激動不已」，由此而傾倒在他的教鞭下。

1929年吳健雄以優異成績從女師畢業，獲保送南京中央大學。因她學的是師範，按規定必須為社會服務一年方能入學。吳健雄在這一年裏沒有去教書，而是跑到上海中國公學求學，成為胡適的得意門生。胡適時已為舉國知名的學者，加之他翩翩然的風采和博學，成為青年學生的公眾偶像。吳健雄在中國公學讀書，胡適並不認識她，胡適只知道有一個優秀女生叫吳健雄。那是一次歷史考試，胡適監考，發現坐在前排的一個溫文爾雅的小女生，兩個小時內把三個小時容量的卷子做好了，第一個交卷。他流覽了一遍十分滿意。胡適把卷子送到教務處，巧遇楊鴻烈、馬君武兩位老師，他壓抑不住興奮地說：「從來沒有見過一個學生對滿清三百年的思想史理解得那麼透徹」，給了她一百分。楊、馬兩位老師也說這個班上有個女生十分聰穎，常得滿分。於是三個人做個小遊戲，各自把那位女生的名字寫下來，一對照，三人寫的都是吳健雄！

胡適對吳健雄的影響深，時間長。後來在臺北和美國許多地方，他們見面，多次談話。胡適對吳健雄期許甚高，呵護備至。一次胡適外出旅遊，瞥見英國物理學家盧瑟福的書信集，特地買下寄給她。1936年，胡適乘到美國參加哈佛大學三百周年紀念演講之際，專程到柏克萊去和吳健雄作了長談。次日胡適等船回國之間隙給吳健雄寫了封長信，云：「你是很聰明的人，千萬珍重自愛，將來成就未可限量。」、「你的海外住留期間，多留意此邦文物，多讀文史的書，多讀其他科學，使胸襟闊大，使見解高明。」、「我要你做一個博學的人。」諄諄之誨，殷心可鑒。信發出十多天後，胡適忽然想到信中的一個字母「M」系「A」之誤，專此又去函更正。胡適這一字不苟的精神使吳健雄受了「很大的啟示」。距此二十三年後，吳健雄已躋身世界著名科學家的行列，是時，她追懷往事，思緒萬千。在一封致胡適的信中說：

　　　幾星期以前在整理舊物時，翻到我在西部做學生時您給我的信件，有一封是我剛從中國來到西岸後不久時你給我的信。信中對我誘掖獎導，竭盡鼓勵，使人銘感。所以我把他翻印出來特地寄奉，不知老師還記得否？我一生受我父親和您的影響最大，可惜我父親在今年正月三日在上海故世，家兄健英亦在去年六月去世，從此生死永別，言及及此，肝腸寸斷，淚不自禁……

　　吳健雄對胡適的仰慕，以及後來胡適對吳健雄的激賞，儘管有人說此「給人們許多想像的空間」，那也只是世人的想像而已。也有人認

為：吳健雄對胡適一直執弟子禮，「不過以她當時的年紀和人生經歷，衡度那時的社會風氣，在吳健雄純稚熱烈的少女情懷中，無疑有著愛慕情懷的。」吳健雄也確有留給他人想像空間、情感十分微妙的手札：

> 剛在電話中替你道別回來，心想您明天又要「黎明即起」的去趕路，要是我能在晨光曦微中獨自駕車到機場去替您送行多好，但是我知道我不能那樣做，只能在此默祝您一路平安。
>
> 但另一方面卻又怕您以為我誤會您的意思，使您感到不安，其實以我對您崇敬愛戴之深，決沒有誤解您的可能，請絕對放心好了。
>
> 念到您現在所肩的責任的重大，我便連孺慕之思都不敢道及，希望您能原諒我，只要您知道我是真心敬慕您，我便夠快活的了。

吳健雄對自己所取得的成就，總不忘恩師的嘉惠。她說她的研究成果「不過是根據胡先生平日提倡『大膽假設，小心求證』之科學方法」。

1962年2月24日，對吳健雄來說是個黑色的忌日。是日，臺北中研院院士會後，下午有個酒會，吳健雄、袁家騮應邀出席。胡適講完話後請吳健雄講，吳健雄說他們已公推吳大猷作代表發言了。胡適遂請院士們用點心，正和朋友打招呼時，忽然面色蒼白，而後仰身倒

下，後腦勺碰到桌沿再摔到地上，吳健雄親眼目睹這一慘劇，「悲痛萬分，泣不成聲」。翌日，吳健雄到殯儀館瞻仰胡適遺容，「全身發抖，悲傷尤甚」。三年之後，吳健雄伉儷再度赴臺到胡適墓前掃墓、獻花，參觀胡適紀念館。吳健雄把那封她珍藏了二十九年的信，即1936年胡適在三藩市等船時寫給她的一封勉勵信交給了胡夫人，胡夫人亦將其放在展館中陳列。

一個美麗而動人的師恩三疊的故事，就此畫上了句號。

（三）神仙眷侶

大概是物理女皇吳健雄王冠上的寶石太璀燦奪目，以致她的先生袁家騮（1912-2002）顯得些微黯淡了，其實袁家騮也是享有國際聲譽的物理學家，在高能物理、高能加速器和粒子探測系統研究上卓有成就。他們是本世紀華人中最知名的一對伉儷，人稱神仙眷侶。

袁家騮與吳健雄

　　袁家騮出身顯赫，是袁世凱「二皇子」袁克文的公子。風流才子袁克文年少時就作「絕憐高處多風雨，莫到瓊樓最上層」之名句，因微言諫諷八十三天的洪憲帝而遭禁，幽囚天津。袁家騮幼時在老家河南安陽讀書，十三歲時到天津上南開中學，後入燕京大學攻讀物理。在燕大的校長司徒雷登的幫助下，得獎學金赴美深造。

　　袁家騮雖出身世家，但為人有品，他謙和、誠懇，待人有禮，廣結善緣。他自小聰明伶利，才華橫溢。十三歲時作一首詠雪的五言絕句：「入夜寒風起，彤雲接海橫。紛紛飄六出，路靜少人行。」受其父賞識。袁家騮多才多藝，對平劇、國樂都有興趣，也會拉二胡，到美國還把二胡帶在身邊，興時一起，便把〈教我如何不想他〉、〈毛毛雨〉等歌曲譜寫下來自娛。吳健雄聰慧典雅。他們的結合頗有戲劇性，一個是反軍閥義士之女、一個是軍閥之孫，冰炭不相容，但他們倒譜出鸞鳳和鳴的協奏。唯能解釋的只是緣分了。他們的相識，緣於一位在美長大的華裔Victor楊。1936年8月，吳健雄到柏克萊經友人介紹認識了楊。楊告訴她，兩個禮拜前中國剛來一個留學生，也是學物理的，叫袁家騮，並介紹他們相識。吳健雄想參觀學校的物理系，袁家騮充當嚮導。學校原子實驗設備的完善和精良吸引了吳健雄，她毅然改變東去的計畫，決定留在柏克萊，遂與袁家騮成了同窗。

　　吳健雄是江南女子，才貌出眾，又飽受中國傳統文化的薰陶，愛穿中國的高領旗袍，更顯女性的柔媚，加之她的氣質典雅，行止不凡，她成了男生們歆羨的焦點，眾星拱月一般。他們將她的姓氏「吳」發聲作「嗚」，半開玩笑地唱在一首情歌中，連女同學們也親暱地叫她「基基」（中國話姐姐的發音）。對她「有意思」的洋男生要

數威爾森和史丹利為最。如果説「一張照片能勝過千言萬語」的話，那麼應該承認吳健雄在1940年到1942年間，於情感世界中同時接受過袁家騮和有猶太血統的史丹利。她曾與史丹利和另一好友渥科夫手拉手拍過一張春意盎然的小照，照片上史丹利笑得滿面悦色。會笑的人總是最後笑的。袁家騮終於使「吳健雄號」愛的方舟停泊在自己的港灣。吳健雄畢竟是個具有中國傳統的女性，她迷人的外表和謹慎的言行裏有一種理性和誠實的個性。對吳健雄的謹嚴，物理學家泰勒格帝有過有趣的評説：「居里夫人有極其豐沛可觀的愛情，但吳小姐卻沒有。」這是最好的註腳。羨於吳健雄的成就和才貌，婚前婚後身邊來自男性的騷擾始終不斷。吳健雄從容大度，應付裕如，又不失禮。1957年在以色列召開的一個物理學國際會議上，一位主持會務的男士邀請她在以色列逗留幾個月，遊覽訪問。當時吳健雄是與同一實驗室的一男性物理學家同去的。她笑著回答邀請者，指著同仁説：「你去問他吧，如果他來我就來。」禮貌而又風趣地婉拒了。另一次，一位男士戲稱她為「袁教授」，她大為不悦地更正道：「我是吳教授，袁太太。」1975年，她破例打破男人的天下，當選美國第一任物理學會女會長。一位慕名而來採訪的記者，在拜訪後十分感佩地説：「她全身上下每一英吋都像一個會長。」其風度的迷人不言而喻了。

　　1942年5月30日，吳健雄三十歲生日的前一天，她與袁家騮結婚了。婚禮是在袁家騮的指導教授、諾貝爾獎得主密立肯家中進行的，隆重而又簡樸。密立肯教授送給他們的禮物是一句話：「實驗第一，生活第二。」兩人在美國的許多同學好友都前來慶賀，錢學森也在座。婚後他們到洛杉磯的一個海灘上度「蜜周」（只有一個禮拜），

便投身於各自的教學、研究工作中。婚後，他們相親相愛。袁家騮恪盡丈夫的職守，還延攬太太的活兒，勇當家庭主「夫」，練就十八般武藝：洗衣、吸塵、帶孩子以至下廚。袁家騮烹飪的代表作是紅燒獅子頭。他盡可能地讓吳健雄全身心地從事研究。袁家騮在金婚歲月談感受時，一派紳士風度地說：「夫妻也如同一個『機關』，需要合作，婚前要有承諾，婚後要協調。」朋友評論袁家騮一貫以太太為榮，說：「不管吳健雄去什麼場合，拎照相機的人總是袁先生！」結婚不久，因工作關係，他們成了牛郎織女。一個在紐澤西州普林斯頓大學，一個在麻州史密斯學院，各自從事自己的教學或研究，只有周末，兩人才在紐約相會。1956年，楊振寧、李政道懷疑「宇稱守恆定律」，因實驗太困難，希望渺茫，無人肯接受。他們找到吳健雄，這時，吳健雄已與袁家騮買好返回大陸的船票，她想看看闊別二十多年的故鄉。但是天人交戰，這項極富挑戰意義的實驗吸引了她。袁家騮也積極支持，他退掉一張船票，孤身一人回國。吳健雄的實驗終於成功了，她作為人梯，把兩位年輕的中國科學家推上了諾貝爾獎領獎臺。生活中也偶有瑣事發生小矛盾，袁家騮解決的秘訣是：「太座第一」。袁家騮聽媒體說吃飯時喝點紅酒有益健康，他試著勸吳健雄，可吳健雄耳根不軟，幽他一默：「你自己喜歡喝，就相信這種說法。」家中的許多事多為吳健雄做主，但她對丈夫又有種天性的依賴。每遇到棘手的事，她總對人說：「等家騮再說」，體現一種相互的尊重。她常向人誇耀：

我有一個很體諒我的丈夫，他也是物理學家。我想如果可以讓他回到他的工作不受打擾，他一定會比什麼都高興。

誰主沉浮？在家裏好辦，到外面就頗令人費思量。說來有趣：1973年他們回大陸探親，周恩來總理在人民大會堂宴請。大會堂每省都有一個廳，主人通常是以客人的省籍來安排接見的地點。袁是河南人，吳是江蘇人，怎樣才體現平等呢？還是周總理高明，最後決定安排在介於蘇豫之間的安徽廳，以示「公平」。

他們只有一個兒子叫緯承，小時候住寄宿學校，每周一和周末都是袁家騮坐兩個小時火車接送。緯承長大了，母親的盛名使他壓力很大。他對吳健雄說：「做你的兒子真不容易。」但他還是做得很出色。他是哥大的博士，也是一個物理學家。1974年袁緯承與露西·尼恩小姐結婚。1978年生一女兒叫婕塔。

吳健雄一家

天下沒有不散的宴席。吳健雄終先袁家騮駕鶴遠行，袁家騮不勝悲哀。葉落歸根，袁家騮親自護送吳健雄的骨灰回大陸，安葬於太倉瀏河。吳健雄的墓地在明德學校紫薇閣旁，墓體設計由貝聿銘任設計顧問。明德學校的科技樓被命名為「吳健雄樓」，袁家騮捐贈二十五萬美元作為基建費。他表示，他是瀏河的女婿，瀏河是他的第二故鄉。作為一個科學家，他拿不出更多的錢來，但他可請海內外優秀的科學家來做學校的顧問，推動明德學校的發展。

佳偶天成，伉儷情深。

（四）炎黃情結

「中國人還是中國人。」這是建築大師貝聿銘在評論吳健雄的中國情結時說的話。

1931年，吳健雄被保送進入中央大學。中大在南京雞鳴寺北極閣下玄武湖旁。她與畫家孫多慈成為硯兄，同住學校後門石婆婆巷女生宿舍東、南兩樓，那時吳健雄身材嬌小，活潑可人。「一雙神采奕奕的眸子，靈巧的嘴唇，短髮，平鞋，樸素大方但剪裁合身的短旗袍」，在全校兩百位女生中脫穎而出。「不僅是男孩子，女孩子竟也有人為她神魂顛倒呢」。孫多慈是被女同學用「拉朋友」的方式被拉去認識吳健雄的。孫多慈說那時吳健雄很靦腆，人一叫，她臉一紅，點點頭，趕快避開。她總微笑著，以一種兩相默契的超越形式的友誼關懷著朋友。她的用功是有名的，功課做不完，題目想不出是不上床睡覺的。每逢周末，她叔叔常開車來接她出去玩，她有時為了溫習功

課也不去。她幾乎成了離群索居的獨行俠，晚上有時在燭光下攻讀。中大畢業時是以總分八六點三分，冠全校之首的優異成績畢業的。大學時代的吳健雄不止一心唯讀聖賢書，兩耳並聽窗外事。大一時，適值「九一八」事變發生，中大的莘莘學子們憤怒了，紛紛湧向街頭遊行示威。物理系同學公推吳健雄作遊行請願的領頭人，她當仁不讓。她極有心計，講究策略，她精心選擇遊行路線和時間。為要求政府抗戰，是年12月冒著大雪，率同學到總統後大院靜坐，直至深夜，不肯離去。僵持之下，蔣介石迫於無奈出來接見，說了一番「學生並不全然滿意」的話，才離去。吳健雄畢業後，應有「東方劍橋」之譽的浙江大學之邀，教了一年書，又受聘於中研院物理所。1936年在叔叔的資助下，與林語堂等同乘「胡佛總統號」輪赴美求學。在美國哥大，她又巧遇孫多慈，一見如故。她邀孫多慈住她家，孫多慈正在籌辦畫展，怕影響她的研究，遲遲不去。畫展結束後，吳健雄主動找到孫多慈，見孫多慈困居在斗室，陰暗潮濕，條件極差，吳健雄硬將她的行李搬到自己家中，騰出一間敞亮的大房間讓孫多慈住。那時孫多慈的法語不好，吳健雄為她找了一位在哥大教法語的老太太輔導她。孫多慈為了謀生替餐館作大畫，時正夏日，滿頭大汗；吳健雄強要袁家騮開車去送中餐，他們見她畫的一幅大畫畫價很賤，只賣一百元，吳健雄堅持以雙倍的價格買她的畫作，令孫多慈感激得潸然淚下。對孫多慈一度出現情感上的危機，她也率直的坦誠己見，正告這種師生戀是危險的。朋友們感到，科學家的吳健雄是認真的、一絲不苟的，但絕不是冷漠的。吳健雄對朋友們的手足之情使人終老難忘。稱吳健雄為「大妹」的田蘊蘭教授，在吳健雄去世後回憶她的人品時說：

吳健雄在各方面的表現，更甚於西方的居里夫人。她不只教學，她在管理、領導上展現的才能，提倡兩性平權的見識，令人如沐春風的處世風格，實在叫人折服。她對當代後世的影響，也必然凌駕居里夫人。

令世人扼腕的是，吳健雄與諾貝爾獎無緣。但她本人對此並不介意。眾人為她不能成為諾貝爾獎得主大抱不平，為西方對東方的偏見、對東方女性的偏見而吶喊。十多年後，以色列人設立了沃爾芙獎，專為那些應得而未得到的諾貝爾獎落選者而設，吳健雄是該獎第一位得主，獎金甚而超過諾爾貝獎。她此生獲得的獎項與榮譽一一列出，不下兩頁紙。獎譽等身，然而她總認為自己是個平凡的東方女性。

1980年，她退休了，絢爛的生活趨於平淡，但她敬業的精神是退而不休。她的炎黃情結更濃烈。她非常關心祖國的科技教育事業，多次回國訪問講學。對北京正負電子對撞機、合肥同步輻射加速器、臺灣同步輻射加速器等大型物理實驗設備關懷備至，提出許多建設性的意見，並親自參與籌建工作。在中國物理學會、南京大學等校設立了多種獎學金。

1992年中國的四位諾貝爾獎得主：李政道、楊振寧、丁肇中、李遠哲，在臺北發起成立「吳健雄學術基金會」，要給八十華誕的吳健雄一個驚喜。她在會前獲知，一再婉拒，竟躲了起來。她說：

> 我不喜歡出風頭，做研究是我的本分，我只是運氣好，成果還不錯而已，不要以我的名字成立基金會。

最後，朋友們逼著夫婿袁家騮博士吹枕邊風，迫使她就範。

美國原費米國家實驗室主任Robert・wilson博士夫人，專事作了一首〈吳健雄贊〉，詩云：

你上「大都會」去觀賞中國的藝術
為精緻、美妙的想像蔥蘢而著迷
或遠離市中心去拜會衣冠齊楚的
女主人——中國贈予吾邦的厚禮

我們謳歌的女士比「秦朝」年輕
若要在古墓中尋找她的同類
她比堅韌的青銅還富光彩
她比宋代的瓷器還要珍貴

啊，新生的鳳與工作的龍
渾然化為一體，龍鳳呈祥
締造她當之無愧的聲譽，讓我們
同聲歡呼，吳健雄，科學的女皇

縱觀吳健雄絢爛多姿的一生，中科院馮端院士撰文說：

吳健雄教授和袁家騮教授均將他們半個世紀的生涯奉獻給了崇高的科技事業，道德文章，堪為當代青年人效法的楷模。

《故紙風雪——文化名人的背影》圖片來源

辜鴻銘的東西南北

辜鴻銘 　　　　　　　孔慶茂編，《辜鴻銘》，江蘇文藝出版社，1996年版。

蔣夢麟二題

蔣夢麟 　　　　　　　熊治祁編，《中國近現代名人圖鑒》，湖南人民出版
　　　　　　　　　　　社，2002年版。
徐賢樂 　　　　　　　《萬象》雜誌第八卷第二期（2006年5月）

顧維鈞及其四位夫人

《黃慧蘭回憶錄》書影　百花文藝出版社，1990年版。
黃慧蘭在中國駐美使館「雙橡園」
　　　　　　　　　　　袁道豐，《顧維鈞其人其事》，臺灣商務印書館，
　　　　　　　　　　　1988年版。
顧維鈞晉見法國總統　　　　　　同上
宋美齡等在華盛頓舉行的慈善會上　同上
顧維鈞夫婦與英國瑪麗王太后合影　同上
顧維鈞與嚴幼韵　　　　　　　　同上

梅貽琦，清華的名片

梅貽琦 　　　　　　　熊治祁編，《中國近現代名人圖鑒》，湖南人民出版
　　　　　　　　　　　社，2002年版。
清華大學匾額 　　　　歷史資料

清華大學匾額（朱自清題）
                          歷史資料
梅貽琦手跡   《梅貽琦先生紀念集》，吉林文史出版社，1995年版。

王世杰二三事

王世杰   《崇陽文史資料》，第二輯（內部）。
王世杰與胡適、梅貽琦（中）
                        孫郁編，《胡適影集》，山東畫報出版社，2004年版。
蔣經國賀王世杰九十華誕
                        《崇陽文史資料》，第二輯（內部）
武漢大學舊影   蘇雪林提供
武漢大學校園內王世杰紀念碑
                        友人攝

毀譽參半傅斯年

傅斯年   《傅斯年生平相關資料》，臺灣大學出版。
「不成話」   同上
傅斯年生份證   同上
毛澤東致傅斯年手書及詩
                        內部資料
傅斯年在《世界評論》上抨擊宋子文
                        《傅斯年生平相關資料》，臺灣大學出版。
傅斯年手跡   同上
第一屆院士會議（傅斯年末排右三）
                        同上
傅斯年最後一次演講   同上

徐志摩亂點鴛鴦譜

徐志摩	陳勝吾提供
陸小曼	同上
淩叔華	陳小瀅提供
徐陸結婚紀念友朋題字	《愛的新月》，江蘇文藝出版社，1996年版。

大學校長羅家倫

羅家倫與清華大學同事	
	羅久芳，《羅家倫與張維楨》，百花文藝出版社2006年版。
羅家倫手跡	同上
羅家倫作抗日軍歌	同上
羅家倫與夫人張維楨	同上

蘇雪林：歲月的書籤——蘇雪林日記中的七七八八

一百零三歲的蘇雪林	張昌華攝
蘇雪林日記一頁	
	《蘇雪林日記》，（1～15卷），成功大學，1999年版。
蘇雪林九十華誕會	同上
李登輝　蘇雪林祝壽	同上
蘇雪林與謝冰瑩	同上
蘇雪林與唐亦男等	張昌華攝
蘇雪林回故鄉	蘇門攝
蘇雪林魄歸故里	張遇攝

詩酒臺靜農

臺靜農	陳子善編，《回憶臺靜農》，上海教育出版社，1995年版。
臺靜農書法	同上
臺靜農畫作	同上

悲情葉公超

葉公超	秦賢次編，《葉公超其人其事》，傳記文學出版社，1986年版。
葉公超手跡	同上
葉公超在辦公室	同上
葉公超賦閒後打獵取樂	同上
葉公超畫作	同上

畫家的凌叔華

毀於戰火的《九秋圖》	陳小瀅提供
凌叔華與陳西瀅	同上
徐志摩的拜年卡	同上
凌叔華畫作	同上

文理大師顧毓琇

顧毓琇	顧毓琇生前提供
顧毓琇與冰心	同上
顧毓琇與錢鍾書（左一）、楊絳	同上

顧毓琇與江澤民　　　　　同上
書影與手跡　　　　　　　江蘇文藝出版社，2000年版。

風沙紅塵中的無名氏

無名氏與其兄卜少夫　　　無名氏生前提供
無名氏在南京　　　　　　張昌華攝
無名氏與前妻劉菁　　　　無名氏生前提供
無名氏與馬福美　　　　　同上

生活者林海音

林海音　　　　　　　　　林海音生前提供
林海音與何凡結婚照　　　同上
《城南舊事》劇照　　　　同上
林海音家書　　　　　　　同上
林海音紀念　　　　　　　夏祖麗提供

夏志清的人文情懷

夏志清　　　　　　　　　夏志清提供
夏志清與夫人王洞　　　　同上

聶華苓印象

聶華苓　　　　　　　　　張昌華攝
聶華苓與安格爾　　　　　聶華苓，《鹿園情事》，上海文藝出版社，1998年版。
安格爾墓碑　　　　　　　同上

余光中婚戀曲

余光中　　　　　　　張昌華攝
余光中結婚照　　　　余光中提供
余光中的四千金　　　同上

教我如何不想他──趙元任與楊步偉

趙元任與楊步偉　　　《浪漫人生》，江蘇文藝出版社，1998年版。
趙元任自製結婚證書（胡適證婚）
　　　　　　　　　　同上
趙元任與女兒趙如蘭　同上

神仙伴侶──袁家騮與吳健雄

袁家騮與吳健雄　　　袁家騮生前提供
吳健雄一家　　　　　同上

世紀映像叢書

世紀映像叢書

世紀映像叢書

世紀映像叢書

國家圖書館出版品預行編目

故紙風雪：文化名人的背影 / 張昌華著. --
一版. -- 臺北市：秀威資訊科技, 2008. 09.
面； 公分. --（史地傳記：PC0051）

ISBN 978-986-221-028-4（平裝）

1.作家　2.傳記　3.中國當代文學

782.248　　　　　　　　　　　　97009979

史地傳記　PC0051

故紙風雪 ── 文化名人的背影

作　　　　者 / 張昌華
主　　　　編 / 蔡登山
發　行　　人 / 宋政坤
執 行 編 輯 / 詹靚秋
圖 文 排 版 / 鄭維心
封 面 設 計 / 蔣緒慧
數 位 轉 譯 / 徐真玉、沈裕閔
圖 書 銷 售 / 林怡君
法 律 顧 問 / 毛國樑　律師
出 版 印 製 / 秀威資訊科技股份有限公司
　　　　　　台北市內湖區瑞光路583巷25號1樓
　　　　　　電話：02-2657-9211　傳真：02-2657-9106
　　　　　　E-mail：service@showwe.com.tw
經　銷　　商 / 紅螞蟻圖書有限公司
　　　　　　台北市內湖區舊宗路二段121巷28、32號4樓
　　　　　　電話：02-2795-3656　傳真：02-2795-4100
　　　　　　http://www.e-redant.com

2008 年 9 月　BOD 一版
定價：410 元

讀　者　回　函　卡

感謝您購買本書，為提升服務品質，煩請填寫以下問卷，收到您的寶貴意見後，我們會仔細收藏記錄並回贈紀念品，謝謝！

1. 您購買的書名：＿＿＿＿＿＿＿＿＿＿＿＿＿＿＿＿＿

2. 您從何得知本書的消息？

□網路書店　□部落格　□資料庫搜尋　□書訊　□電子報　□書店

□平面媒體　□ 朋友推薦　□網站推薦 □其他＿＿＿＿＿

3. 您對本書的評價：(請填代號　1.非常滿意 2.滿意 3.尚可 4.再改進)

封面設計＿＿　版面編排＿＿　內容＿＿　文/譯筆＿＿　價格＿＿

4. 讀完書後您覺得：

□很有收獲　□有收獲　□收獲不多　□沒收獲

5. 您會推薦本書給朋友嗎？

□會　□不會，為什麼？＿＿＿＿＿＿＿＿＿＿＿＿＿＿＿

6. 其他寶貴的意見：＿＿＿＿＿＿＿＿＿＿＿＿＿＿＿＿＿

＿＿＿＿＿＿＿＿＿＿＿＿＿＿＿＿＿＿＿＿＿＿＿＿＿＿

＿＿＿＿＿＿＿＿＿＿＿＿＿＿＿＿＿＿＿＿＿＿＿＿＿＿

＿＿＿＿＿＿＿＿＿＿＿＿＿＿＿＿＿＿＿＿＿＿＿＿＿＿

讀者基本資料

姓名：＿＿＿＿＿＿＿＿＿　年齡：＿＿＿＿　性別：□女 □男

聯絡電話：＿＿＿＿＿＿＿＿　E-mail：＿＿＿＿＿＿＿＿＿

地址：＿＿＿＿＿＿＿＿＿＿＿＿＿＿＿＿＿＿＿＿＿＿＿

學歷：□高中(含)以下　□高中　□專科學校　□大學

　　　□研究所(含)以上 □其他＿＿＿＿＿＿＿

職業：□製造業 □金融業 □資訊業 □軍警 □傳播業 □自由業

　　　□服務業 □公務員 □教職　□學生 □其他＿＿＿＿＿

秀威與 BOD

BOD（Books On Demand）是數位出版的大趨勢，秀威資訊率先運用 POD 數位印刷設備來生產書籍，並提供作者全程數位出版服務，致使書籍產銷零庫存，知識傳承不絕版，目前已開闢以下書系：

一、BOD 學術著作—專業論述的閱讀延伸
二、BOD 個人著作—分享生命的心路歷程
三、BOD 旅遊著作—個人深度旅遊文學創作
四、BOD 大陸學者—大陸專業學者學術出版
五、POD 獨家經銷—數位產製的代發行書籍

BOD 秀威網路書店：www.showwe.com.tw
政府出版品網路書店：www.govbooks.com.tw

永不絕版的故事・自己寫・永不休止的音符・自己唱